Oberrheinische Freiheitsbäume

Von Mainz über Basel
zum Bodensee

Ein politischer Reiseführer
von Hellmut G. Haasis unter Mitarbeit von Volker Gallé

PHILO

Oberrheinische Freiheitsbäume – von Mainz über Basel zum Bodensee.
Ein politischer Reiseführer
von Hellmut G. Haasis unter Mitarbeit von Volker Gallé.
Herausgegeben von der Heinrich Böll Stiftung Rheinland-Pfalz.

Umschlag nach einer Illustration in: Heinrich Boos:
Geschichte der rheinischen Städtekultur, IV, 1901
Umschlaggestaltung: Gunter Rambow, Frankfurt/Main
Satz: Sven Jahn, Frankfurt/Main
Druck und Bindung: Nexus Druck GmbH, Frankfurt a. M.
Printed in Germany
ISBN 3-8257-0080-1

Hellmut G. Haasis / Volker Gallé
Oberrheinische Freiheitsbäume

Hellmut G. Haasis, geb. 1942 in Mühlacker (Württemberg), studierte Theologie, Geschichte, Politik und Soziologie. Geschichtsausgräber, Erzähler, Rundfunkautor, Dramatiker. Märchenclown *»Druiknui«* für Kinder. Jugenderzähler mit Stories über die ersten mutigen Demokraten.
Veröffentlichungen u. a.: F. A. Karcher: »Die Freischärlerin« (1851, neu 1977); »Volksfest, sozialer Protest und Verschwörung«. Hambacher Fest (1981); »Spuren der Besiegten« (1984); »Gebt der Freiheit Flügel« (1988); »Edelweißpiraten« (1996); »Joseph Süß Oppenheimers Rache« (1994); »Joseph Süß Oppenheimer, genannt Jud Süß« (1998); »Blauwolkengasse« (Exilbibliothek, seit 1990).
1990 Thaddäus Troll Preis; 1997 Civis-Preis der ARD für das Hörspiel »Jud Süß« (WDR); 1998 mit der Süß-Biografie auf Platz 1 der Bestenliste der Literaturkritiker; 1999 Schubart-Literaturpreis der Stadt Aalen für die Süß-Biografie.
Lebt, schreibt, spielt, fantasiert zwischen Basel, Strasbourg und Upflamör. Vorsitzender der Bürgerinitiative *»Rättet die althe Rächdschreipung«*. Kommandör des *»Karl-Valentin-Ährenbadaillons«*.

Volker Gallé, geb. 1955 in Alzey (Rheinhessen), studierte Germanistik, Philosophie und Ethnologie (Magister). Journalist, Mundartautor, Liedermacher, Schriftsteller. Lebt in Rheinhessen, arbeitet als Journalist in Worms.
Veröffentlichungen/Stücke/Programme: »Kunstreiseführer Rheinhessen« (1992); Theaterstück »Jakobinischer Bilderbogen« (1993); »Geheimnisvolles Rheinland-Pfalz« (1996); Mundart und Jazz mit »Fromaasch« (ab 1996); CD »De Wind hodd kaan Haß« (1997); Soloprogramm »Die Achtundvierziger« (1998/99).

Inhalt

EINLEITUNG

Der Oberrhein fiel 1848-49 auf, als hier der turbulenteste Teil der deutschen Revolution ablief. Nur wer den Kontakt mit der Geschichte verloren hat, mag glauben, dass es sich hier um einen Zufall handelt.

Die Jakobinerforschung hat wieder aufgedeckt, dass das Schwergewicht der frühen deutschen Demokratie gerade hier lag, mit den ersten Republiken, den politischen Klubs, den demokratischen Zeitungen und Flugschriften und einer bürgerlichen Traditionsbildung. So weitet sich der Blick zurück und sieht den Bauernkrieg, den Bundschuh und die Salpeterer des Hotzenwaldes genauso in dem verschollenen Freiheitsstrom wie die mittelalterliche Kommunebewegung zwischen Mainz und Basel.

Ursprünglich sollte sich dieser Reiseführer auf Denkmäler, Museen und Erinnerungsstätten von 1848-49 beschränken. Doch zum einen erschien dann viel Brauchbares, zum andern kam uns die Eingrenzung auf einige Sekunden der Weltgeschichte zu eng vor. Deshalb nahmen wir auch die Jakobinerzeit und frühere Freiheitsbewegungen mit herein, die zum Interessantesten am Oberrhein gehören. Natürlich alles in knapper Auswahl, sonst hätten wir mehrere Bände geschrieben – und die Reisenden erschlagen.

Die detaillierte Arbeit an der weit verstreuten Überlieferung veränderte die Darstellungsweise. Uns zogen immer mehr nicht bloß Örtlichkeiten, Gebäude, Gegenden an, sondern die darin gestaltete und erlittene Geschichte. Mehr und mehr rankten sich Erlebnisse um einzelne Orte und Personen, nicht bloße Fakten. Eine Baugeschichte wird man bei uns nicht suchen dürfen, eher die lebendig erzählte Geschichte eines Beitrags zu mehr Freiheit.

Je länger wir suchten, desto mehr empfanden wir es als fraglich, dass unser geistiges Auge gerne vom hässlichen Gegenstück *»wegsieht«*, bevorzugt an der Schokoladenseite klebt, den hübscheren Themen. Besonders beim Elsaß liegt diese Gefahr auf der Hand, aber auch beim Bodensee. Deshalb bezogen wir gelegentlich auch die absoluten Gegenkräfte der Freiheitsimpulse mit ein, die Niederlagen von den grausamen Judenverfolgungen bis zu Konzentrationslagern. Erst wer sich dem Negativen aussetzt und nicht wie der neue Ganghofer vom Bodensee lieber *»wegsieht«*, wird die animierende Wirkung der oberrheinischen Freiheitslinien spüren.

Zum Schluss ein Trost für alle, die hier zu wenig finden und enttäuscht sind: wir haben noch viel mehr ausgebuddelt, doch jedes Buch hört hinten einfach plötzlich auf. Schließlich wünschen wir, dass sich dieser unschuldige Versuch eines freiheitlichen Reiseführers dank seiner Handlichkeit auch herumtragen und benützen lässt.

Wie benutzt man das Buch?

1. Wir empfehlen das *»Hinsehen«*. An vielen Orten und in allen Gegenden ist noch viel mehr zu diesem Thema verborgen. Suchen Sie selbst weiter.

2. Besorgen Sie sich für größere Orte zuerst Stadtpläne. Die kann man sich oft umsonst von den Touristenämtern schicken lassen. In kleineren Ortschaften frage man sich bei Einheimischen durch, daraus könnte sich ein interessantes Gespräch ergeben. In vielen Zeitgenossinnen stecken Lokalpatriotinnen, die sich durch »auswärtiges« Interesse ein bisschen geehrt fühlen.

3. Lassen Sie sich Zeit. Die alten Freiheitsbewegungen hatten oft einen langen Atem über Jahre, Jahrzehnte. Am eindrücklichsten prägt sich uns selbst ein Ort ein, wenn wir in einem ruhigen Café vom alten Geist der Gegend lesen. Das beflügelt die historische Phantasie – und ohne die geht nicht viel.

Kapitel 1 und das Nachwort schrieb Volker Gallé, die anderen Hellmut G. Haasis

Volker Gallé / Hellmut G. Haasis:
Zwischen Alzey, Strasbourg, Basel und Überlingen *Februar 1999*

Kapitel 1

RHEINHESSEN

Auf dem Wiener Kongreß (1814/15) schuf Fürst Metternich (1773-1859) unter der Maßgabe einer Restauration vorrevolutionärer Verhältnisse eine ganz neue europäische Landkarte, die in erster Linie dem wieder herrschenden konservativen Adel zupaß kam. Beim Reichsdeputationshauptschluß von 1803 waren nämlich die rechtsrheinischen Fürsten für den Verlust sämtlicher linksrheinischer Besitzungen an Frankreich ganz im Stil revolutionärer Säkularisation mit Kirchenbesitz entschädigt worden. Zudem gab es territoriale Verschiebungen zugunsten napoleonfreundlicher deutscher Fürsten, was die politische Auflösung gerde der beiden Staaten zur Folge hatte, welche die Landschaft im Rheinknie zwischen Bingen, Mainz, Worms und Alzey bis dato geprägt hatten: Kurmainz und Kurpfalz. In Wien traten jetzt die Kriegsgewinnler wieder auf den Plan. Das erst 1806 zum Großherzogtum erhobene Hessen-Darmstadt erhielt den nördlichen Teil des französischen Departements Donnersberg und schuf damit 1816 seine linksrheinische Provinz »Rheinhessen«. Dieser Landschaftsname ist also erst gut 180 Jahre alt und damit vergleichsweise jung.

Mit gleicher oder vielleicht sogar noch größerer Berechtigung hätte man diese Landschaft auch »Rheinfranken« nennen können, bezogen nämlich auf die fränkische Geschichte seit dem 6. Jahrhundert – heute noch wird die Mundart dem Rheinfränkischen zugerechnet – und auf deren Fortsetzung im nie zustande gekommenen mittelrheinischen Herzogtum Rheinfranken, das als Kernland des ostfränkischen Königtums und späteren Deutschlands in viele miteinander konkurrierende Modelle politischer Macht zersplittert war: in Fürstbistümer wie Mainz, in Grafschaften wie die Kurpfalz mit ihrem linksrheinischen Oberamt Alzey und Freie Reichsstädte wie Worms. Zum anderen würde sich der Name auf die bis heute politisch und mental prägende französische Zeit dieser Landschaft von 1795 – hier eigentlich schon von 1792 – bis 1816 beziehen.

Aber eigentlich fehlt bis heute ein neuer dritter Name, welcher die Landschaft weder durch die deutsche noch die französische Brille sieht, sondern die Eigenart einer Mischkultur beschreibt, welche die Errungenschaften der französischen Revolution ebenso zäh verteidigte wie die deutsche Sprache, doch weder von französischen

noch von preußischen und österreichischen Truppen besetzt sein wollte.
Kein Wunder, daß man hier – wie am übrigen Oberrhein – immer wieder auf alte Verfassungsrechte pochte: in der Kommunebewegung der Städte, als sich etwa in Mainz und Worms die Bürger gegen die politischen Machtgelüste der Bischöfe zur Wehr setzten, in der Auseinandersetzung zwischen Patrizieren und Zünften und im Bauernkrieg, als sich der »Bockenheimer Haufe« bei Pfeddersheim den kurpfälzischen Söldnern geschlagen geben mußte. Dazu kommt, daß hier im Unterbewußtsein aus galloromanischer Zeit unterdrückte und verballhornte mutterrechtliche Traditionen überwinterten, wie z.B. der Dreijungfernstein in der Nikolauskapelle des Wormser Domes zeigt. Landschaftsprägend war auch die intensive Geschichte deutsch-jüdischer Symbiose, insbesondere in den beiden Schum-Städten Mainz und Worms. Auch Ketzerbewegungen und Reformatoren fanden hier immer wieder begeisterten Zulauf. Überall in der Region faßt die Reformation schnell Fuß, sogar in ihren radikalen Formen wie der Täuferbewegung.

Die aufklärerischen Ideale der französischen Revolution von Freiheit, Gleichheit und Brüderlichkeit fallen hier also auf fruchtbaren Boden. Die Revolution wird durchweg begrüßt, Skepsis entsteht erst gegenüber den Revolutionstruppen unter Custine. Trotzdem wird die erste Republik auf deutschem Boden, die Mainzer Republik 1792/93, von einem erstaunlich großen Teil der Bevölkerung getragen. Festgehalten hat man später dann aber vor allem an den republikanischen Errungenschaften der napoleonischen Zeit, dem aus Kirchen- und Adelsgut umverteilten Besitz, dem neuen Recht mit Schwurgerichten und einer Verfassung mit Grundrechten wie der Versammlungsfreiheit und der Freiheit der Presse und der Religion. In seiner Besitzergreifungsurkunde von 1816 mußte der Großherzog zugestehen: »Die Rechte des Feudalsystems, die Zehnten und Frohnden sind und bleiben in diesem Landesteil unterdrückt. Das wahrhaft Gute, was Aufklärung und Zeitverhältnisse herbeigeführt, wird ferner bestehen.« (nach Hoffmann, S.21) Mit der Zeit versuchte man in Darmstadt natürlich, diese Sonderstellung aufzuweichen. So wurden 1835 die Provinzialregierungen mit ihrem gewähltem Provinzialrat und relativ selbstständigen Bürgermeistereien abgeschafft und durch Kreisräte ersetzt, welche als obrigkeitsstaatliche Beamte die Bevölkerung in überschaubaren Gebieten stärker überwachen und die Direktiven der Landesregierung nach unten durchsetzen sollten. Heinrich von Gagern aus Monsheim, später Präsident der Nationalversammlung in der Paulskirche, hat dieses restaurative Vorgehen in der 2. Kammer der hessischen Landstände 1836 heftig angegriffen. Mit logischer Konsequenz hat man daher auch im Revolutionsmärz von 1848 die Kreisräte in Rheinhessen wieder abgeschafft.

Das Festhalten an den französischen Institutionen hatte neben einer kulturellen Orientierung der Region nach Paris und an Autoren wie Heine bis weit ins Bismarckreich hinein vor allem eine republikanische Grundstimmung zur Folge, die sich darin deutlich ausdrückte, daß in Rheinhessen anders als in der Paulskirche bei allen Wahlen von 1848/49 die Demokraten und nicht die Liberalen in der Mehrheit waren: Alle drei in Rheinhessen gewählte Abgeordnete, Zitz in Mainz, Mohr in Worms und Brunck in Bingen, gehörten der linken Donnersbergfraktion an. Die Niederlage von 1849 zerstörte dieses zwischen 1792 und 1848 mühsam auch ins Politische gewendete Selbstbewußtsein.

Viele führende Köpfe der Demokraten mußten emigrieren. Die Turnvereine wurden verboten und erst wieder zugelassen, als es gelungen war, die Geschichte im Jahnschen Sinn nationalistisch zu reinterpretieren. Die Bevölkerung paßte sich mehrheitlich an, zum Teil aus Unwissen und Vergessen, zum Teil aus Angst und aus Gründen grenzlanderfahrener Überlebensstrategie, aber auch, weil man die von Preußen 1870/71 gezimmerte Einheit der Nation auch 1848 als ein Wunschziel im Auge hatte. Doch der Einheitsgedanke der rheinhessischen 48er war aus Sicht der Republikaner gegen die Vielfalt der Fürstenwillkür gerichtet gewesen und nicht aus Sicht eines sich national gebärdenden Fürstenhauses gegen das Nachbarland Frankreich. Diese Politik hatte zudem auch die wirtschaftlichen Ziele des Bürgertums unterstützt. Und so verwundert es nicht, daß der aus einer jüdischen Familie stammende Alt-Achtundvierziger Ludwig Bamberger (1823-99), 1848 Redakteur in Mainz, 1849 Freischärler und Anhänger der Proudhonschen Volksbanken, 1850 als Emigrant in Paris, 1869/70 Mitgründer der Deutschen Bank und von 1868-93 nationalliberaler Reichstagsabgeordneter, zwar in den 70er Jahren des 19. Jahrhunderts wesentlich die Währungs- und Finanzpolitik des neuen Reiches prägte (Münzgesetz von 1873/Bankgesetz von 1874), sich am Ende dieses Jahrzehnts aber mit anderen »Linksliberalen« wegen des konservativen Kurswechsel Bismarcks von der Mehrheitsfraktion abwendete und die »Deutsche Freisinnige Partei« mitbegründete, die sich vom Tod Wilhelms I. und dem Regierungsantritt Friedrichs III. eine liberal-bürgerliche Wende in der Politik versprach. Friedrich III. starb 1888 nach nur 100 Tagen Regierungszeit, das eher westlich orientierte politische Modell der Freisinnigen mit Freihandel und Bürgerrecht kam nicht zum Zug. Statt einer möglichen Koalition liberalen und sozialen Denkens, wie sie 1848/49 im Südwesten erstmals in vielen Genossenschaftsmodellen vorgedacht worden war und in der Weimarer Republik nochmals in politischen Koalitionen versucht wurde, begann unter Wilhelm II. die Auflösung nationalen und sozialen Denkens in völkisch-deutscher Stimmung. Vor dem aufkommenden Antisemitismus hat sich Bamberger 1893 resigniert aus der Politik zurückgezogen. Typisch für diese Zeit ist die Debatte um die Aufstellung des Heine-Denkmals 1893/94, die der Alt-48er und damalige OB Georg Oechsner betrieb. Vor allem die konservative Kreuzzeitung und das dem politischen Katholizismus nahestehende Mainzer Journal zogen dagegen vom Leder. Es sei ein »Denkmal deutscher Schande« und seine Aufstellung ein »Triumpf des Weltjudenthums«; man soll dafür lieber »in Paris betteln gehen«. Hier mischen sich drei Spielarten von Ressentiment, die der Region im 19. Jahrhundert erst mühsam und schrittweise eingetrichtert werden mußten: Antidemokratisch, antifranzösisch und antisemitisch. Nachdem Oechsner sein Amt krankheitsbedingt niederlegen mußte, fand sich keine Mehrheit mehr für das Projekt.

Diese Anpassung der Bevölkerungsmehrheit ans »Typisch Deutsche« und die Preisgabe einer eigenen regional-politischen Identität wiederholte sich im März 1926 bei der Erstaufführung von Carl Zuckmayers »Der fröhliche Weinberg« in Mainz. Das Stück, das heute als Aushängeschild für rheinhessische Lebenslust und Liberalität gilt, wurde als Verspottung angesehener Winzerfamilien, nämlich der Gunderlochs in Nackenheim, und als »Schweinerei« aufgenommen. 6.000 bis 7.000 Winzer protestierten anläßlich einer Aktion gegen höhere Steuern gleichzeitig auch gegen die Erstaufführung. Auf einem Transparent stand: »Carlche, komm nach Nackenheim,/Du sollst uns hoch willkommen sein!/Wir schlagen krumm und lahm dich all/und sperrn dich in de Schweinestall/, denn da gehörste hi!« Damit blies man ins gleiche Horn wie der Völkische Beobachter: »Das Ganze ist eine geist- und witzlose Schweinerei ... Karl Zuckmayer ist ... Halbjude. Daher der Hang zum Schweinigeln.« (Carl Zuckmayer, Ich wollte nur Theater machen, Ausstellungskatalog, Marbach S.97)

▩ ALZEY

Im Brennpunkt des 48er Geschehens lag der **Obermarkt**. Hier fanden im Mai 1849 allein zwei Volksversammlungen statt, bei denen der liberale Bürgermeister Heinrich Gottlob Pantocrates Seubert (1809-64/Bürgermeister von 1848-58) und seine Märzvereinsfreunde Lehne und Preetorius sowie die Vertreter des Demokratenvereins Ferdinand Haas und Balthasar Matty das Volk dazu aufforderten, die in Frankfurt beschlossene Reichsverfassung gegen die »rebellischen Regierungen« durchzusetzen.

Am 11.5. um die Mittagszeit machte die rheinhessische Freischar unter Glockengeläut und großer Anteilnahme hier Station, vorneweg die 9. Kompanie unter Hauptmann Ferdinand Haas aus Alzey. Auf dem **Dach des Alzeyer Rathauses**, nicht weit davon am Fischmarkt, wehte am 19.9.1848 nach dem Frankfurter Volksaufstand eine rote Fahne, welche der örtliche Demokratenverein gehißt hatte. Am **Obermarkt 9** tagte übrigens 1918 der Alzeyer Arbeiter- und Soldatenrat.

Dem Rathaus gegenüber, in der **Löwenapotheke**, befand sich von 1788-98 die Post. Franz Friedrich Simon, der Postmeister, war Patriot, also ein überzeugter Anhänger der französischen Revolution, und wurde 1797/98 und 1806-13 Maire. Er wohnte bis 1810 im Haus **Spießgasse 66**. Präsident der Kantonsverwaltung, die wie das alte kurpfälzische Oberamt im **Burggrafiat in der Schloßgasse** residierte, war der lutherische Pfarrer Friedrich Franz Matty (1755-1833). Sein ebenfalls republikanisch eingestellter Sohn Johann Georg Balthasar (1804-83), 1851 »wegen politischer Umtriebe« als Pfarrer von Freilaubersheim abgesetzt, war von 1849-56 Landtagsabgeordneter und 1877 erster Prediger der Freiprotestanten, deren Gemeinde heute **Am Rabenstein 14** ihren Sitz hat. Kommissar der Alzeyer Kantonsverwaltung war der Notar Peter Nikolaus Theyer (1773-1831), ein Schüler des Mainzer Jakobiners Hofmann, der im Haus Dietz (**Hellgasse 14**) wohnte. Sein Sohn Friedrich Carl (1798-1868) war Notar in Wöllstein und Alzey und Gründer der deutschkatholischen Gemeinde. Aus dem Haus Belmont in der **St. Georgenstraße 19** stammt die Frau des Mainzer 48ers Ludwig Bamberger. Als Versammlungslokal des Märzvereins hat wahrscheinlich das Gasthaus »**Zur alten Post**« **(Roßmarkt 13)** gedient (Dokument im Museum). Am **Ende der Wilhelmstraße**, die früher eine Sackgasse war, stand 1848/49 die **Lederfabrik** des liberalen Landtagsabgeordneten Wilhelm Preetorius (1791-1863). Sein Sohn Carl Julius (1830-1901) organisierte 1866 eine Demonstration von 5.000 Rheinhessen gegen Bismarcks Politik und gründete hier 1879 den freisinnigen »Alzeyer Beobachter«; sein Bruder Philipp Emil (1827-1905) emigirierte und wurde Redakteuer in St.Louis.

Im Museum gegenüber (Antoniterstr.41/ Öffnungszeiten: Di-So, 10-12/14-16.30 Uhr) finden sich Dokumente und Schautafeln zur Zeit von 1792-1849, aber auch zwei Sensen der Bürgerwehr und eine Lithografie vom Gefecht im Kirchheimbolandener Schloßgarten.

ARMSHEIM

Von 1847-49 und von 1863-66 vertrat der Gutsbesitzer Karl Behlen aus Armsheim den Wahlkreis Wörrstadt im hessischen Landtag. Er unterschrieb die sogenannte »Erklärung der Dreizehn« vom Mai 1849, die als Programm zur Bildung einer demokratischen Fraktion im Darmstädter Landtag gilt. Das Mißtrauen gegenüber der Regierung Jaup in bezug auf die Durchführung der Reichsverfassung führte schließlich am 20.5. zu einem Aufruf »An Sämtlich Gemeinden Rheinhessens!«, sich zu bewaffnen. Das in Wörrstadt herausgegebene Flugblatt wurde von drei Delegierten des Provinzial-Comitees unterzeichnet, von Friedrich Ritzinger aus Wörrstadt, dem späteren Mainzer OB Georg Oechsner und Karl Behlen. Sein Haus befindet sich in der **Bahnhofstraße**.

BADENHEIM

Der »Bauerndichter« Isaak Maus (1748-1833), Anakreontiker, Landwirt und von 1809-24 Bürgermeister von Badenheim, gilt auch als Verfasser der anonymen Revolutions-Flugschrift »Ein überrheiner Bauersmann an seinen Churfürsten« (Mainz 1792). Sicher ist, daß er in der poetischen Grußadresse »Der Deutsche an die Franken« (Januar 1792) die Bedeutung der französischen Revolution für die Umsetzung der Aufklärung gefeiert hat. Er soll sich im übrigen viele geistige Anregungen aus den Schriften des Illuminaten Carl Friedrich Bahrdt (1740-92) geholt haben, der in **Heidesheim** bei Bad Dürkheim ein Philanthropin, eine Art Summerhill der Aufklärung, betrieb. 1794 erscheint in Frankfurt eine Verteidigungsschrift, in welcher er feststellt, die Franzosen hätten die »Deutschen Bürger und Landleute« zum Freiheitseid gezwungen. Zu diesem Zeitpunkt waren Custines Revolutionstruppen geschlagen und die Mainzer Republik aufgelöst: der reaktionäre Ortsherr Graf von Schönborn griff hart durch. Maus wurde mehrfach vernommen, seine Grußadresse findet sich heute noch bei den Gerichtsakten, zwei seiner Freunde büßten mit Gefängnis, Amtsenthebung und Verbannung. Maus kam mit finanziellen Einbußen davon. 1809 wird er dennoch französischer Maire, nach Napoleons Niederlage 1814 bleibt er Bürgermeister, 1818 wird er Mitglied des Provinzialrates. Sein Sohn Wilhelm (1777-1849) publizierte 1848 im »Binger Volksboten«, dem Organ der Demokraten, politische Kolumnen. Am **Geburts- und Wohnhaus von Isaak Maus (Hauptstraße 29)** befindet sich eine Gedenktafel, auf dem **Friedhof** sein Grabstein.

BERMERSHEIM

Das kleine Dorf bei Alzey gilt als Geburtsort der Hildegard von Bingen. Ihre Familie hatte hier Besitz. Das dokumentiert sich darin, daß die Ortsherrschaft bis zur französischen Revolution vom Kloster Eibingen, einer Hildegardgründung, ausgeübt wurde. Und dieser Umstand führte im 18. Jahrhundert schließlich zu den für die Region typischen Auseinandersetzungen bäuerlicher Eliten auf dem Hintergrund unterschiedlicher Konfessionszugehörigkeit, die um 1800 in die Demokratiegeschichte mündeten. Dabei war die revolutionäre Opposition weniger von der Konfession abhängig als von den Machtverhältnissen: Wo die Katholiken in der Minderheit waren, wurden sie gern jakobinisch gegenüber einer lutherischen Obrigkeit (z.B. in Worms), wo Lutherische oder Reformierte in der Minderheit waren, geschah es umgekehrt (z.B. in Bermersheim). Im November 1792 verweigerten die durchweg begüterten, reformierten Familien Heilmann, Helbig, Neidlinger, Fuchs und Schmitt um ihren Kirchenvorsteher Georg Knell die Abgaben ans Kloster. Amtmann Nick ersuchte die Kurpfalz um militärische Hilfe gegen den »Freiheitsschwindel«. Lehrer Stellwagen ließ an Neujahr 1793 im Schulunterricht Kokarden austeilen. Es entstanden zwei Gruppierungen, die Patrioten (französisch), zu denen sich bald auch die katholischen Familien Kießling, Racké und Friess gesellten, und die Getreuen. 1794 gab es in Bermersheim etwa 20 Patrioten und 40 Getreue. Die wechselnde politische Lage führte u.a. dazu, daß der Konventsabgeordnete Racké in Ehrenbreitstein inhaftiert wurde, Maire Heilmann und elf Patrioten in Königstein. Diese Kluft hat dann auch die dörfliche Familiengeschichte des 19. Jahrhunderts weiter bestimmt.

BECHTHEIM

Johann Heinrich Friedrich Susemihl (1756-unbekannt) war seit 1777 leiningscher Amtmann in Bechtheim. Da er sich 1792 als Jakobiner betätigte, mußte er 1793 nach Frankreich emigrieren. 1798 kehrte er als Regierungskommissar und Notar nach Bechtheim zurück. Seine Tochter Louise heiratete den Mainzer Jakobiner Theyer, der Regierungskommissar und Notar in Alzey war. Dessen Sohn Friedrich Carl wiederum, ebenfalls Notar in Alzey und Pfeddersheim, war Mitbegründer der dortigen Deutschkatholiken und des Märzvereins von 1848. Am 28. Juni 1798 (10. Mesidor) ließ Susemihl das »Fest des Ackerbaus« im Kanton Bechtheim mit einem großen Festzug feiern, der von Bechtheim über die Felder nach Mühlheim bei Osthofen ging, wo oberhalb des Möllingerschen Hofes ein Festplatz eingerichtet war. Den Kopf des Umzugs bildete eine eigens gebildete Reiterei, an der sich auch Juden beteiligen durften. Es folgten Kinder mit Strohhüten und blau-weiß-roten Bändern, danach kam die Verwaltung. Nach einer Fußgruppe mit Ackergeräten folgte ein Ochsenwagen, »auf dem eine junge Frau mit einem säugenden Kinde sitzt und auf welchem eine Korngabe, ein Rechen und eine Sense stehet«, eine Mischung von Erntedank, antikem Fruchtbarkeitskult und rousseauscher Freiheitsikonografie. Durch Wein erhitzt, kam es am Ende zu einem »gegenseitigen, furchtbaren Raufen« zwischen den französisch gesinnten Patrioten und ihren Gegnern.

BINGEN

Positive Resonanz fand die französische Revolution in der kurmainzischen Stadt vor allem in Dromersheim, wo der Krämer Krebs seine Wirtsstube »mit demokratischen Schriften tapeziert« haben soll. Maire wurde am 3.12.1792 das Klubmitglied Kaemmerer, ehemals Stadtschultheiß, ein Freund des bekannten Mainzer Jakobiners Mathias Metternich (1741-1825), der sich im Juli 1797 in Bingen niederließ, um hier bei Drucker Henz seine Wochenzeitung »Politische Unterhaltungen am linken Rheinufer« (68 Ausgaben bis 1798/dreimal in der Woche) zu publizieren, die bis in die Pfalz hinein vor allem die Emanzipation der Bauern und Arbeiter zum Ziel hatte.

Während die Binger 1793 von den Mainzer Kommissaren nur durch die Drohung, die Stadt anzuzünden zur Urversammlung und damit zur Republik gezwungen werden konnten, waren sie vom März 1848 bis zum Juni 1849 begeisterte Anhänger der Revolution. Am 8.3. feierten sie die Erfüllung der rheinhessischen Märzforderungen in Darmstadt mit einem Fest und einer Illumination der **Rochuskapelle**, Gastwirt Georgi rief mit einem launigen Weinspruch einen »Reformkeller« ins Leben und Kaufmann Friedrich Klü (**Ecke Speisemarkt/ Salzstraße**) annoncierte »Freiheits-Cocarden«. Andrerseits versuchten einige Leute, wohl aus der Unterschicht, unter dem Denkmantel des März-Aufruhrs, die **Judengasse** zu stürmen, was durch das energische Auftreten einiger angesehener Juden verhindert werden konnte.

Bereits 1846 war ein Turnverein gegründet worden, beim ersten nationalen Turnfest in Bingen 1847 sollen Flugblätter mit der Forderung »Brot und Revolution« verteilt worden sein. Der Verein trat 1848 dem Demokratischen Turnerbund in Hanau bei und sagte sich damit von Jahns monarchistischer Linie los. Kein Wunder war es daher auch, daß man am 13.5. den Demokraten Brunck aus Fürfeld in die Nationalversammlung wählte und als seinen Nachfolger am 23.12. den Mainzer Schütz, der zu diesem Zeitpunkt bereits steckbrieflich gesucht wurde. Brunck wurde übrigens ebenso wie das Bürgerkomitee am 19.3. im Hotel **»Weißes Roß« (Vorstadt 40/42)** gewählt. Hausherr Josef Soherr versteckte hier auch seinen Freund, den Schriftsteller Georg Weerth (Feuilletonist der Neuen Rheinischen Zeitung unter Chefredakteur Karl Marx), als dieser Ende September 1848 vor den Preußen aus Köln fliehen mußte. Ein anderes, eher konstitutionell eingestelltes Familienmitglied, Eberhard Soherr, war 1. Sekretär des Bürgerkomitees, Freimaurer und von 1860-68 Bürgermeister.

Große Volksversammlungen des Demokratenvereins fanden auch auf dem **Fruchtmarkt** statt, so am 8.10.48 mit 6.000 und am 29.4.1849 sogar mit bis zu 10.000 Teilnehmern. Bei der letzten Versammlung riefen Zitz und Bamberger zur Volksbewaffnung auf, was ohne Widerspruch angenommen wurde. Zwischen 50 und 100 Binger Turner schlossen sich als eigene Kompanie unter ihrem Turnwart und Hauptmann Jakob Nix der rheinhessischen Freischar an, die sich in Wörrstadt für den Zug in die Pfalz sammelte.

▩ ENSHEIM

Seit 1799 veröffentlichte der reformierte Pfarrer Johann Konrad Schiede zahlreiche satirische Schriften. Deswegen wurde er 1802 als Hofprediger der Grafen von Isenburg entlassen und »flüchtete« ins Linksrheinische. Von 1802-08 war er Pfarrer in Ensheim (Ev. Kirche von 1723), von 1808-22 in Alzey. Zu seinen Schriften, die unter dem Pseudonym »Momus« erschienen, gehören u.a. folgende Werke: Allerneueste Reisen ins Innerste Afrikas (1802), Die privatisierenden Fürsten (1802-04), Gynaikokratie oder die Regierung der Frauen und Jungfrauen als einziges Rettungsmittel der Welt (1816).

Schiedes spitze Feder richtete sich gegen Jedermann. So erfindet er 1808 in dem Band »Kirchliche Licht- und Wasserstrahlen« folgende Nachricht: »So stürzte sich gestern eine Frau nach dem Genusse der kostbaren Karnevalsschwelgereien in den Rhein. Sie wurde aus den Wassern gerettet, und ihr Mann droht denjenigen mit einem Prozesse, welche seine Frau aus den Fluthen herausgezogen, weil sie dieselbe in dem vollen Genusse der Freiheit, eines unveräusserlichen Menschenrechts, gekränkt hätten, und verlangt, daß sie die Gerettete auch behalten und ernähren sollen.« Bezüglich der Religion berichtet er: »Wir trafen ein Dorf an, wo Atheisten und Religionsspötter sich sogar unter den Bauern befanden.«

Am 6.6.1815 wird in der **Obergasse 28** Johann Schmitt (1815-1893) geboren, 1850/51 Landtagsabgeordneter der Demokraten und seit 1833 Lehrer im hessischen Schuldienst. Im Juni 1848 wird er zum Vorsitzenden des neugegründeten »Hessischen Volksschullehrervereins« gewählt, 1850 aus politischen Gründen aus dem Schuldienst entlassen. Seine bereits 1844 gegründete Lehrerzeitung »Hessischer Schulbote« muß 1853 ihr Erscheinen einstellen. 1856 wechselt er als Vikar nach **Nierstein** und übernimmt erneut die Redaktion des »Schulboten«. Erst 1867 erhält er wieder eine definitive Anstellung im Schuldienst. Ein Jahr später wird – als Vorläufer der heutigen Bildungsgewerkschaft GEW – der »Hessische Landeslehrerverein« gegründet und Schmitt zu seinem Vorsitzenden gewählt. An seinem **Geburtshaus** wurde 1928 eine Gedenktafel angebracht, die heute noch zu sehen ist.

▩ FREILAUBERSHEIM

Von 1829-51 war Johann Georg Balthasar Matty (1804-83) hier ev. Pfarrer. Sein Vater Friedrich Franz (1755-1833) war lutherischer Pfarrer in Alzey und seit 1798 Präsident der französischen Kantonsverwaltung. 1851 wurde Balthasar Matty als Pfarrer wegen »politischer Umtriebe« abgesetzt: Von 1849-56 und später noch einmal von 1872-81 war er hessischer Landtagsabgeordneter der Demokraten. Auch sein Bruder Johann Andreas (bis 1836 Pfarrer in Eppelsheim) saß 1850 im Landtag.

1877 wurde Matty erster Prediger der 3142 Mitglieder umfassenden rheinhessischen Freiprotestanten. Sie waren aus der Landeskirche ausgetreten, weil diese ihre Forderungen nach mehr Mitsprache der Laien und Gemeinden und gegen die allgemeine Kirchensteuer nicht erfüllt hatte. In einer Verfassung der heute noch bestehenden Freiprotestanten von 1902 heißt es, der Zweck der Religionsgemeinschaft sei »die Förderung wahren religiösen Lebens im Einklang mit der fortschreitenden wissenschaftlichen Forschung sowie der gesamten Kulturentwicklung der Gegenwart ... Die Gemeinschaft untersteht keiner höheren Kirchenbehörde, sondern übt freie Selbstbestimmung hinsichtlich ihrer Lehre, ihres Kultus und aller ihrer Einrichtungen.« Über die unitarischen Bestrebungen ihres Alzeyer Predigers Rudolf Walbaum geriet die Gemeinde in den 30er Jahren vorübergehend in das Umfeld der »Deutschen Glaubensbewegung«.

▩ FÜRFELD

Als die großherzoglich-hessische Regierung in Darmstadt 1836 die obrigkeitsstaatlichen Kreisräte einführte, lehnte der Gutsbesitzer Franz Joseph Brunck (1787-1848) aus der **Rathausgasse 8** eine Wiederwahl ins **Bürgermeisteramt**, das er seit 1814 inne hatte, ab. Er blieb aber Mitglied des hessischen Landtags (1826-48), Vizepräsident des Landwirtschaftlichen Vereins (1831-48) und wurde schließlich 1848 in die Frankfurter Nationalversammlung gewählt, wo er sich der radikaldemokratischen Donnersbergfraktion anschloß, obwohl er ein persönlicher Freund von Gagerns war. Von Beruf war er Kataster-Geometer, seine politische Bildung erhielt er zur Franzosenzeit. Als der Katholik 1812 eine lutherische Frau heiratete – damals durchaus keine Selbstverständlichkeit – übertrug ihm sein Vater die Verwaltung des Familienguts in Fürfeld, das er durch Ersteigerung ehemals feudaler Güter mit ca. 300 Morgen zum größten Gut Rheinhessens machte. 1828/29 ließ er für die ev. und kath. Schule des Dorfes ein gemeinsames **Schulhaus** bauen, weil er kommunale Simultanschulen statt Konfessionsschulen anstrebte. Im Landtag trat er für gleiche Rechte von Juden und Christen ein, für vom Besitz unabhängige staatsbürgerliche Rechte und natürlich für die Märzforderungen. Er starb in der Nacht zum 21.10.1848 im Frankfurter Goethehaus am Großen Hirschgraben.

▩ GAU-ALGESHEIM

Der Pariser Revolutionsmaler Johann Jakob Hauer (1751-1829), der vor allem durch seine Portraits von Charlotte Corday und die Szene zum Tode Marats bekannt wurde, ist als Sohn des Schneidermeisters Georg Philipp Hauer in Gau-Algesheim, möglicherweise in der **Weingasse**, geboren. Ab 1769 studierte er an der königlichen Künstlerakademie in Paris. Im Juli 1789 war er Kommdant im 2. Bataillon der Nationalgarde, wo auch Marat diente. 1792 wurde Hauer als Kapitän Kommandant des Batallions der Cordeliers (Strickträger), einer der radikalsten Klubs. Zu dieser Zeit wohnte er im Anwesen Ecke Rue St.André-des-Arts/Rue Contrescarp. 1820 übersiedelte er nach Blois an der Loire. Vielleicht ist Hauer in Paris auch dem späteren Maire von Gau-Algesheim (1811-22) Rudolf Eickemeyer begegnet, der 1775/76 hier Kunstgeschichte studierte. Eickemeyer (**Geburtshaus Kirchgarten 21/Wohnhaus Kloppgasse 6**) war ursprünglich kurmainzischer Ingenieur, dann Klubmitglied und Revolutionsgeneral.

▩ GIMBSHEIM

Der Gutsbesitzer Nikolaus Mahlerwein (1769-1834) war bis 1801 französischer Maire, danach großherzoglich-hessischer Bürgermeister und von 1826-30 und 1834 Landtagsabgeordneter der Liberalen. Als kurpfälzischer Unterfauth suchte er bereits 1793/94 die Auseinandersetzung mit dem Oberfauthen Guerdan, dem er eine unordentliche Erledigung der Amtsgeschäfte, unsittlichen Lebenswandel und mangelnde Schreibfertigkeit vorwarf. Im dörflichen Machtkonflikt gewann zunehmend die »rationale, auf Werte der Bildung und Vernunft bezogene Argumentation« (Alzeyer Geschichtsblätter 30, S.159) der Aufklärung und der neuen bäuerlichen Oberschicht die Oberhand über den Verweis auf traditionelle Hierarchien und Privilegien aus der alten Beamtenschaft.

▩ GUNDERSHEIM

Der Pächter des etwa 1 km vom Dorf in westlicher Richtung gelegenen **Münchbischheimerhofes** Georg Philipp Rauschert war 1834 Landtagsabgeordneter der Liberalen. Seine Schwester war mit dem Alzeyer Demokraten und Lederfabrikanten Wilhelm Preetorius verheiratet. Seit dem Oktober 1848 gab es im Dorf einen Demokratenverein, der bis zu 100 Mitglieder zählte. Der gemäßigte Bürgerverein hatte nur 15 Mitglieder und so wundert es nicht, daß mit dem Gastwirt Valentin Esper von 1849-52 ein Demokrat zum Bürgermeister gewählt wurde. Im Frühsommer 1849, so die Ortschronik von 1936, sei an der **alten Turnhalle** ein Freiheitsfest gefeiert worden, für das Rauschert ein Faß Wein gespendet habe. Die Häuser seien mit Bildern von Hecker, Struve, Zitz und Blum geschmückt gewesen, ein Trupp preußischer Husaren habe die Bilder später von den Wänden geschlagen.

▩ GUNTERSBLUM

Der 1848 gegründete Turnverein war eindeutig republikanisch-demokratisch ausgerichtet, also nicht auf der konstitutionell-monarchistischen Linie Turnvater Jahns, sondern im Sinne Ludwig Bambergers und des Demokratischen Turnerbundes, der sich im Juli 1848 mit fast allen rheinhessischen Turnvereinen vom Deutschen Turnerbund abspaltete, weil dieser einen Antrag abgelehnt hatte, die »demokratische Republik als die allein vernunftmäßige Regierungsform Deutschlands« (Braun, Geschichte des Turnens in Rheinhessen I, S.57) in der Satzung festzuschreiben. Man sieht das daran, daß der Guntersblumer Turnerpräsident Georg Conrad Frey sich mit anderen Turnern am rheinhessischen Freischarenzug 1849 beteiligte. Der Turnverein wurde daher nach der Niederlage verboten. Wer nicht in die Schweiz emigrierte oder nach Nordamerika auswanderte wie der Brauereigründer Franz Neukirch, schloß sich mit Bäckermeister Frey den örtlichen Deutschkatholiken an, die in Guntersblum 1848 aus Opposition zum obrigkeitsstaatlich denkenden Pfarrer aus der protestantischen Gemeinde ausgetreten waren. Dieser schrieb 1851 an die großherzogliche Regierungskommission: »Schließlich kann ich die Bemerkung nicht unterdrücken, ... daß die hier stattgehabte Agitation für die Sache der Deutschkatholiken auch nur eine Fortsetzung der demokratischen Bestrebungen ist, welche von dem politischen Gebiet auf das religiöse und kirchliche übertragen wurden.« Weil den Deutschkatholiken ev. Kirche und Ratssaal verweigert wurden, mußten sie sich im Saal des **Gasthauses »Zur Krone« (Ecke Alsheimerstraße)** treffen. Noch der 1910 in Guntersblum geborene Schriftsteller Georg K. Glaser (gest. 1995) erinnerte sich an diese Tradition, wenn er vom »Rebellenblut« seiner Dolgesheimer Großmutter und ihrer altkatholischen (er meinte: deutschkatholischen) Bindung erzählte. In dem Roman »Geheimnis und Gewalt« (1951) schreibt er: »In meiner engeren Heimat hat Paris den Klang eines Wortes aus dem Märchen ... Es war die Stadt Heinrich Heines, die Stadt Johann Christophs, die Stadt Hugos, Balzacs, Zolas, die Stadt Marats, Robespierres, Dantons, die Stadt der ewigen Barrikaden und der Kommune, die Stadt der Liebe, des Lichtes, der leichten Luft, des Lachens und der Lust.« (S.207)

▩ INGELHEIM

»Die auf Freiheit, Gleichheit und Bruderliebe gestützte soziale demokratische Republik sichert allein Jedem ein seiner Menschenwürde entsprechendes Dasein.« Daß der in Worms gewählte demokratische Paulskirchenabgeordnete Dr. Martin Mohr (1788-1865) aus **Ober-Ingelheim (Stiegelgasse 48)** lebenslang alle drei Grundsätze der französischen Revolution hochhielt, wundert nicht, denn der im Hunsrückdorf Warmsroth geborene Bauernsohn erfuhr Ausbildung und Berufsaufstieg als Gerichtsschreiber unter Napoleon, bevor er nach einem Jurastudium 1829 Präsident des Mainzer Kreisgerichts wurde. Bereits 1833 wurde er zwangspensioniert, weil er eine Verordnung der großherzoglich-hessischen Regierung du Thils für verfassungswidrig erklärt hatte, da sie dem Landtag nicht vorgelegt worden war, dessen Präsident er 1850 trotz der Niederlage der Demokraten und seiner Verhaftung 1849 werden sollte. Sein **Grab auf dem Friedhof an der Burgkirche** ziert ein **Denkmal** mit Büste und der Aufschrift: »Dem Freunde – sein Volk«; im Sockel ist ein Dokument mit den Unterschriften von 5.000 rheinhessischen Demokraten eingemauert.
Am 27.8.1848 fand in Ober-Ingelheim eine Volksversamlung von etwa 8.000 Personen statt, auf der man auf Antrag des Mainzer Abgeordneten Zitz die Abberufung des Provinzialkommissars von Dalwigk forderte. Im Mai 1849 schlossen sich 270 Bürger aus dem Ingel-

Denkmal für Martin Mohr auf dem Burgkirchenfriedhof in Ingelheim.

heimer Grund auf Betreiben der Turner Jakob Brodrecht (Gerichtsbotengehilfe in Nieder-Saulheim) und Johann Besant (Ackerknecht aus Budenheim) der rheinhessischen Freischar in Wörrstadt an. Die Ingelheimer wurden als 4. Kompanie von Hauptmann Stahl aus Mainz geführt. Einer von ihnen, Jakob Wolf (38 Jahre), wurde am 14.6. beim Gefecht im Schloßgarten von Kirchheimbolanden auf der Flucht vor den Preußen in einem Getreidefeld nahe der B 40 erschossen. Zuvor hatte er noch zwei neugierige Pfälzer Buben gewarnt: »Macht bloß, daß ihr nach hause kommt, wie leicht kann euch eine Kugel treffen, hier wird nicht mit Erbsen geschossen.« Bereits am 12.6.1849 wurde aus einem **Getreidefeld bei Nieder-Ingelheim** auf den Oberbefehlshaber der preußischen Truppen, den »Kartätschenprinzen« und späteren König Wilhelm I. geschossen. Verhaftet wurde der 26jährige Adam Schneider aus Nieder-Ingelheim, den man jedoch freisprechen mußte. In Ingelheim ging daher das Gerücht, der Preuße habe selbst die Schüsse angeordnet, um härter durchgreifen zu können. Diese widerständige Gesinnung zeigte sich noch 1913, als die Bevölkerung einen in Erinnerung an die Befreiungskriege an der Frei-Weinheimer Hafenmole gepflanzten »Freiheitsbaum« in »Napoleonseiche« umbenannte.

Noch bis in unsre Tage hing im Nieder-Ingelheimer Gasthaus **»Zur Alten Post« (Mainzer Straße 67)** ein Gemälde, das zwölf im Mainzer Hochverratsprozeß von 1850 Angeklagte zeigt, darunter Brodrecht und Besant (mit Heckerhut) sowie den damaligen Wirt des Gasthauses Ferdinand Felix. Weitere Angeklagte aus Ingelheim waren der Essigsieder Phil. August Gebhard, der Landwirt Karl Kaibel, die beiden Ärzte Hermann Thudichum und Karl Gieswein, der Tagelöhner Franz Wedekind und der Fabrikant Friedrich Gebhard. Alle wurden von den Geschworenen freigesprochen. Man wußte also sehr gut in Rheinhessen, weswegen man die französischen Errungenschaften, die sogenannten »rheinischen Institutionen«, darunter auch die Schwurgerichte mit ihrer regionalen Verwurzelung gegen die Restauration verteidigte.

Trauernde Germania: Denkmal für die im Juni 1849 gefallenen Freischärler auf dem Friedhof von Kirchheimbolanden.

MAINZ

Die alte Römerstadt am Rhein war seit jeher ein Nest der Rebellion, angefangen bei den Ketzerbewegungen und der gegen den Erzbischof gerichteten Kommunebewegung des Mittelalters bis hin

Politische Gefangene beim rheinhessischen Hochverratsprozeß 1849 (v.l.n.r.): Brodrecht (Saulheim), Werger (Worms), Lohnstein (Worms), Böninger, Mayer, Wittmann, Müller, Besent, Ritzinger (Wörrstadt), Schmit, Festae, Schön.

zur Mainzer Republik (1792/93) und zu den 48er Demokraten um Franz Zitz, Ludwig Bamberger und Ludwig Kalisch.
1077 und 1116 vertreiben die Mainzer ihren Erzbischof, 1117 verteidigen sie die Stadt gegen den König und erzwingen vom Erzbischof Gerichtsbarkeit und Steuerrecht. Beim Aufstand 1159/60 wird der Erzbischof erschlagen. Die Mainzer werden dafür von Kaiser Barbarossa gestraft, die Stadtmauern müssen niedergelegt werden und die Stadt wird endgültig zur Residenz statt zu einer freien Stadt.
1296 verdächtigte man die Mainzer Beginen der Häresie, weil sie der »Lehre vom freien Geiste« anhingen. Kern dieser mystischen Tradition war die Vorstellung vom Einswerden des Menschen mit Gott. Die Möglichkeit der Vergöttlichung des Menschen aber wurde als Hochmut gedeutet, tatsächlich jedoch machte sie jegliche Form von Kirche als Vermittler zwischen Mensch und Gott ebenso überflüssig wie die vorhandenen Hierarchien der Ständegesellschaft. Die Idee des Einzelnen war geboren, jeder erhielt gleiche religiöse Chancen, dazu engagierten sich die Beginen ebenso wie die mittelalterlichen Freikirchen der Waldenser, Bogomilen oder Katharer in besonderem Maße sozial und lebten als Gemeinschaft nach dem Armutsgebot, das sonst nur in den Klöstern galt. 1398 erhob der ehemalige Inquisitor Johann Wasmod vom Homburg in seinem Traktat »De beguttis et begardis« erneut Ketzereivorwürfe, was im Mainzer Raum 1406 zu einer Verfolgungswelle führte. Am 28.10.1458 schließlich wird der Begarde Hans Becker auf dem **Höfchen** mitsamt seinen Büchern in der Ketzergrube verbrannt. Er hatte behauptet, an Pfingsten 1457 sei der heilige Geist über ihn gekommen und habe seine Vergöttlichung bewirkt. Daraufhin ging er nicht mehr zur Beichte und zum Abendmahl, fastete nicht mehr und fühlte keine Verpflichtung zum Gebet mehr. Die Anklageschrift ergänzte, er habe das Allerheiligste in den Kirchen verhöhnt, eine durchsichtige üble Nachrede wie sie auch aus dem Antisemitismus als Stereotyp bekannt ist.
Auch Beckers »Bücherverbrennung« erhielt Tradition, besonders bemerkenswert in der Gutenbergstadt, deren Buchdrucker zu Vorreitern der Freiheitsbewegung werden sollten. Kein Wunder daher, daß Metternich hier 1819 als Gegengewicht seine für Zensur im ganzen Reich zuständige Bundeskriminalbehörde einrichten ließ.
Die Mainzer Buchdrucker und Buchbinder gründeten früh eine Gewerkschaft (Mai/Juni 1848 als Verein) und gehörten zum Stamm der Sozialdemokratie. Aus einer solchen Familie stammt z.B. auch der Mainzer Anarchosyndikalist Rudolf Rocker (1873-1958, Geburtshaus in der **Martinsstraße 8 auf dem**

Kästrich), der das geistige Klima des südwestdeutschen Förderalismus, die Genossenschaftsbewegung, das sozialistische Programm und die Freiheitsbewegung von 1848/49, der sein in Wörrstadt geborener Großvater zugetan war, in seiner Weltanschauung vereinigte. In seinem großen Werk »Die Entscheidung des Abendlandes« (1937) beschreibt er den Nationalismus als »das letzte, schädlichste und gefährlichste jener zentralistischen Hemmnisse auf dem Weg zur Freiheit des Menschen«, die für ihn »das eigentliche Ziel aller kulturellen Entwicklung ausmacht.« (Peter Wienand, Der geborene Rebell, S.367)

In Mainz wurde 1793 die erste Republik auf deutschem Boden gegründet, der Jakobinerclub tagte im **Akademiesaal des Kurfürstlichen Schloßes** und der Nationalkonvent im **Deutschhaus**, wo sich heute der **Landtag** befindet. Führende Köpfe der Revolution waren der Weltreisende und Schriftsteller Georg Forster (1754-94), der in den **Professorenhäusern (Gedenktafel Neue Universitätsstraße 5-9)** lebte, der Kostheimer Adam Lux (1765-93) und der Mathematikprofessor Matthias Metternich (1741-1825), dessen Sohn Germain Franz (1811-62) dann auch 1848/49 und beim Bund der Kommunisten eine wichtige Rolle spielte. Am **Höfchen** wurde ein Freiheitsbaum gepflanzt, auf dem **Domplatz** ein zweiter (**Sternmosaik im Boden**). Die aus dem Code Napoleon entstandenen rheinischen Institutionen (Grundrechte, Gewerbefreiheit, öffentliche Gerichtssitzungen, Geschworenengerichte, Trennung von Kirche und Staat, Sicherheit des Eigentums) sowie die neuen Besitzverhältnisse nach der Enteignung und Versteigerung feudaler und kirchlicher Güter zur französischen Zeit wurden im Linksrheinischen vehement gegen die Reaktion verteidigt. So wundert es nicht, daß der Funke der Pariser Revolution vom Februar 1848 sofort in Mainz übersprang.

Am 28.2., einen Tag später als in Mannheim, wurden hier – lange vor Frankfurt, Wien und Berlin – die Märzforderungen formuliert. Karl Buchner beschrieb die revolutionäre Stimmung 1850 so: »Am Aschermittwoch, dem 8. März, versammelte das Tedeum die Bürgerschaft aus allen Confessionen, auch der jüdischen, im **Dome**, wo der Bischof den Dankgottesdienst mit einer Anrede eröffnete, welche die Bedeutung der Institutionen ... in den wärmsten Worten der Andacht und Weihe zu Herzen führte. Um 8 Uhr Abends war die Stadt ein Lichtermeer und nicht ein Fenster dunkel geblieben. Ein Fackelzug unabsehbar durchzog die **Hauptstraßen der Stadt**: dem Abg. Zitz, dem Vicegouverneur v. Hüser und dem Kommandanten Freiherren von Jetzer wurden Lebehochs gebracht. Auf dem **Gutenbergplatz** angekommen, nahm Zitz – damals der Held des Tages – abermals vom **Balcone des Theaters** das Wort. Er gab Kunde von der erfolgten Vorlage der erwähnten drei wichtigen Gesetzesentwürfe und deren Annahme durch die zweite Kammer, ... forderte aber auch auf, nicht träge und laß zu werden ... Uebergehend in ein Gebet an die Freiheit, trug Zitz dieses Gebet knieend vor und forderte am Schluß desselben zum Schwur auf, für die Freiheit zu leben und zu sterben. Die Tausende erhoben Alle die Hand zum Schwur. Eine Rakete stieg in die Lüfte und in diesem Augenblicke stand der **Dom** in einem Lichtermeer.« Der Großvater des späteren Paulskirchenabgeordneten und Freischarenkommandanten Franz Zitz (1803-77), der Gastwirt Jacob Schneiderhenn

Geburtshaus von Kathinka Zitz am Kirschgarten in Mainz

aus Mombach, war bereits Jakobiner gewesen, und deren Wahlspruch hieß bekanntlich »Freiheit oder Tod«. Als Schriftstellerin und Demokratin bekannt wurde auch seine Ehefrau Kathinka (1801-77, Geburtshaus am **Kirschgarten 21**, Grab auf dem **Hauptfriedhof**). Der Mainzer Demokratenverein wurde am 11.5.1848 im **Frankfurter Hof in der Augustinerstraße** gegründet, seine Satzung stammt aus der Feder des späteren Reichstagsabgeordneten Ludwig Bamberger (1823-99), damals ein Anhänger von Proudhons Volksbankenkonzept, erster Vorsitzender wurde der Uhrmacher Philipp Jakob Schöppler (1804-70), 1863 Mainzer Delegierter zu Lassalles ADAV (Allgemeiner Deutscher Arbeiterverein) und 1868 Delegierter zum Brüsseler Kongress der IAA (Internationale Arbeiter Assoziation) sowie am Lebensende Anhänger Bakunins. Der Arbeiterbildungsverein war bereits am 25.3.1848 im **Pariser Hof (Ludwigstraße 12)** gegründet worden, sein erster Vorsitzender wurde der Buchdrucker und spätere Mainzer Oberbürgermeister Carl Wallau (1823-77).

Das gemeinsame Organ von Demokraten- und Arbeiterbildungsverein war die Sonntagszeitung »Der Demokrat«. Ihr Herausgeber war der Schriftsteller Ludwig Kalisch (1814-82). Er stammte aus einer im polnischen Lissa beheimateten jüdischen Familie. In Mainz übernahm er 1843 zuerst die Redaktion der Zeitschrift »Narrhalla« und schrieb nach wie vor lesenswerte Satiren gegen die Zensur. Nach seiner Emigration – 1851 war er in Zweibrücken wegen »Unterstützung der revolutionären Gewalt« in Abwesenheit zum Tode verurteilt worden – schrieb er u.a. für Blätter wie die »Gartenlaube« als Korrespondent aus Paris und London und übersetzte Opernlibretti wie Offenbachs »Orpheus in der Unterwelt« ins Deutsche. 1849 erschien in Frankfurt seine »Allgemeine Heulerbibliothek« (Heuler und Philister sind Ausdrücke der Narrhalla für Spießer), in welcher er sich über die Ängste der Liberalen vor einer grundlegenden sozialen Veränderung lustig machte: »Weil die Demokraten so transparent sind, daß ihnen die Sonne durch den Leib scheint, müssen wir, die wohlgesinnten Bürger, uns schnüren, damit man uns nicht ansieht, daß wir wohlgenährt sind. O meine verehrten Mitbürger, es ist schon so weit gekommen, daß man in Todesangst geräth, wenn einem der Rock zu eng wird. Dick sein gilt für Reaktion; und am Ende wird die galloppirende Schwindsucht für eine demokratische Tugend gelten und man wird nur zwischen der Abzehrung und der Hinrichtung zu wählen haben.« So treffend und aktuell bis heute er dabei die soziale Frage thematisiert, so sehr übersieht er dabei wie sein Kollege Ludwig Bamberger die Gefahren der Gewalt, seien es jakobinische und später marxistische Terreur einer Partei, die Menschen zum Glück zwingen will, bzw. dies vorgibt, oder die antisemitische Plünder- und Pöbelmentalität der Selbstbereicherung, die im Schatten von Revolutionen immer wieder wuchs.

Die besondere rheinhessische Demokraten-Mentalität blieb noch weit bis in Bismarcks Obrigkeitsstaat hinein und darüber hinaus erhalten, wenn auch zunehmend in der Minderheitenposition. Noch 1893/94 suchte der Alt-48er Georg Oechsner (1822-95) als Oberbürgermeister das in Düsseldorf verschmähte und von der österreichischen Kaiserin Sisi gesponserte **Heinedenkmal** in Mainz aufstellen zu lassen. Er scheiterte jedoch mit seinem freisinnigen Vorhaben an der nationalistisch-antisemitisch gefärbten Mehrheit von Konservativen und politischem Katholizismus.

Erfolgreicher war der Mainzer Arzt Jakob Moleschott, dem es gegen große Widerstände der Nationalliberalen und durch eine kurzfristige, taktische Absprache mit der katholischen Volkspartei 1880 gelang, eine Straße und einen Platz nach Georg Forster zu benennen. Die Nazis benannten beide 1933 nach Horst Wessel um, der Platz heißt heute nach dem Infanterieregiment 117 17er Ehrenhof, die Forsterstraße gibt es wieder.

▩ MONSHEIM

Das **Monsheimer Schloß** (gegenüber der Einmüdung der alten B47 in die B 271) war von 1832 bis 1851 Sitz und Hofgut Heinrich von Gagerns (1799-1880), der am 19. Mai 1848 als Führer der Liberalen zum Präsidenten des Paulskirchenparlaments gewählt wurde. Er stammte aus einer nassauischen Diplomatenfamilie, sein Vater war mit Talleyrand und vom Stein befreundet. Das dürfte auch den Ausschlag gegeben haben, daß er erstens für eine konstitutionelle Monarchie, eine Zusammenarbeit des gebildeten Besitzbürgertums mit dem Adel (etwa im Sinn Goethescher Reformideen) und zweitens für eine nationale Einigung unter preußischer Vorherrschaft eintrat. In Preußen nämlich waren unter vom Stein im Zug der Befreiungskriege, die von Gagern als Burschenschaftler in Jena erlebten, erstmals aufklärerische Reformen ins absolutistische Staatswesen eingedrungen. Daß er dennoch immer die großdeutsche Option, also einen Bund mit Österreich, offenhielt, weist ihn andrerseits als durchaus förderalistisch-südwestdeutsch aus. Über diese realpolitische Diplomatie mit nationaler Zielsetzung, die er 1848/49 dirigierte und an der er scheiterte, stellte er jedoch offenbar die Verfassung. Und diese Verfassungsvorstellungen ihrerseits waren geprägt von seinen politischen Erfahrungen als rheinhessischer Landtagsabgeordneter in Darmstadt, wo er als Führer der liberalen Opposition die auf dem Code Napoleon beruhenden rheinischen Institutionen mit Presse- und Redefreiheit und Schwurgerichten so vehement gegen die Reaktion verteidigte, daß man ihn aus dem Staatsdienst entließ und ihn ein konservativer Abgeordneter sogar zum Duell forderte.

1834 schrieb er an seinen Vater: »Meine Rolle ist Widerstand gegen den reaktionären, freiheitsmörderischen Geist, von dem der Bundestag und alle deutschen Kabinette mehr oder weniger beseelt sind ... Ich habe nie gehört, daß man dem deutschen Nationalcharakter zu viel Trotz beigemessen habe. Also etwas Trotz, selbst Hoffahrt und erklärte Absicht, Widerstand zu leisten, frechem Übermute und kleinlichem Getriebe entgegenzusetzen, wird durchaus nicht schaden.«

Diese Grundhaltung gegen den Überwachungsstaat Metternichs einte ihn auch mit dem habsburgischen Nonkonformisten Erzherzog Johann, den er am 24.6.1848 zum Reichsverweser vorschlug. Gagerns Scheitern machte ihn vergessen, aber er blieb bis zum Tod bei seiner nicht mehr mehrheitsfähigen Haltung, Preußen und Österreich, Nation und Verfassung, Bürgertum und Adel zu versöhnen.

In einem Nachruf schrieb die »Frankfurter Zeitung«: »Wir sahen Gagern zuletzt im Sommer 1872 an einem schwülen Julinachmittag am Bahnhof zu Alzey. Mit einer

Anzahl demokratischer Parteigenossen kamen wir von dem Kirchheim-Bolandener Friedhof, wo dankbare Erinnerung den dort gefallenen Blutzeugen für die Reichsverfassung ein Denkmal errichtet und geweiht hatte. Da geht ein Flüstern von Mund zu Mund, man deutet auf den hochgewachsenen Greis, der einsam den Perron entlangwandelt. Der toten Streiter für die deutsche Freiheit hatten heute Tausende gedacht; ob wohl aber ein einziger des Lebenden, der dort schreitet?«

▩ NACKENHEIM

Die Eltern von Carl Zuckmayer (1896-1977) betrieben hier eine Fabrik für Weinflaschenkapseln (**Weinbergstraße 82**). Am **Rathaus** (Carl-Zuckmayer-Platz) erinnert eine **Büste** an den Schriftsteller, dessen lebensfroh-freigeistige Beschreibung seiner Heimat im heute auf der **Freilichtbühne im Weingut Gunderloch** gern gespielten Drama »Der fröhliche Weinberg« 1926 heftige Proteste in Nackenheim und in völkisch-nationalistischen Kreisen hervorrief. Ganz in der sprachlichen Tradition von Max Stirner formulierte Zuckmayer 1965 einmal seine Weltanschauung:
»Ich glaube, sagen zu können, daß der Grundzug meiner dramatischen und epischen Arbeiten eigentlich der Freiheitsdrang ist, – der allem Irdischen von der Alge bis zu den Enzyklopädisten einwohnende Antrieb zu voller Entfaltung, Erfüllung, Ausbreitung der Art, sowohl der generellen wie der vereinzigten.«
Mehrere Vorfahren Zuckmayers gehörten dem Mainzer Jakobinerclub an, so sein Ururgroßvater, der Kasteler Wirt Michael Zuckmayer, der Kasteler Bierbrauer Johann Keller und der Buchbinder Jakob Veit Zech, der zusammen mit seiner Frau Ursula 1793-95 von den Preußen inhaftiert wurde und danach nach Frankreich emigirieren mußte. Während der Großvater mütterlicherseits in Zuckmayers Autobiografie als deutsch-national, jüdischer Bismarckanhänger beschrieben wird, gilt der Vater der Großmutter als »Franzosenschwärmer«, der die »Histoire de la Grande Revolution« von Hippolyte Taine übersetzte. Zuckmayer selbst bezeichnet sich als »ein Deutscher aus der südwestlichen Ecke, die stets zum Europäertum geneigt hat.«
Und zur Region: »Früher als anderwärts waren hier, wohl unter dem Einfluß der französischen Revolutionsbesatzung und der napoleonischen Zeit, die Gettos verschwunden, es gab keine Judenviertel, und selbst die religiös gestimmten Juden lebten nicht in Absonderung. Die Aufgeschlossenheit des Strom- und Grenzlandes, das leichte und schmiegsame Temperament seiner Bevölkerung mochte dazu beigetragen haben. Ein Antisemitismus aber, der sich

auf die Rasse, auf die Religion und Herkunft der Voreltern oder eines Vorelternteils bezog, war völlig unbekannt.«

In seiner Heinerede (1972) zieht er Verbindungen zwischen sich und dem Dichter der Revolution, die ihm allerdings erst im zweiten Blick auffielen, so Heines Affinität zu den Münsteraner Wiedertäufern, über die Zuckmayer nach Anregung von Ernst Blochs Müntzerbuch ein Dramenfragment verfaßt hat, und Heines Grundhaltung als Emigrant, die seiner eigenen in den USA gleicht: »Denn Heine ist nicht aus Deutschland emigriert, weil er Jude war, sondern, wie auch viele in unserer Zeit, weil er ein Deutscher war, der den politischen und sozialen Zustand seiner Heimat nicht ertrug und sich in seinem freien Schaffen davon bedroht fühlte – ja, weil er das war, was man einen deutschen Patrioten nannte, der Absolutismus und Unterdrückung haßte, aber seinem Volk, nämlich dem deutschen, wenn es unter demokratischer Devise zu Freiheit und Einheit gelangt sei, sogar eine führende Rolle in der Entwicklung einer freien, menschlichen Gesellschaft zudachte.« Das sind exakt Begrifflichkeiten der Mainzer Republik (Patrioten = Jakobiner) und der 48er Revolution (Freiheit und Einheit).

In Nackenheim war im übrigen die Munizipalisierung im Frühjahr 1793 ganz im Sinn der Klubisten verlaufen. Dafür hatte Pfarrer Melchior Arand gesorgt, der auch zum Maire und Konventsabgeordneten gewählt wurde. In einer Messe hatte er verkünden lassen, Demokratie und Katholizismus seien kein Widerspruch, worauf ihm die Gemeinde geschlossen folgte. Den Gottesdienst hatte man zuvor mit dem französischen Revolutionslied »Ça ira« durch die Militärkapelle des 6. niederrheinischen Bataillons eröffnet.

▩ NIEDER-OLM

In dem kurmainzischen Dorf gab es bereits 1792 sehr aktive Klubisten um den Feldvermesser und späteren Maire Georg Gabel. Bei allen Abstimmungen fanden sich hier klare Mehrheiten für die französische Verfassung. Zwischen 1806 und 1808 wurde die von Mainz nach Paris verlaufende **Pariser Straße** fertiggestellt, dabei das alte Schloß abgerissen und die heute noch auffällig schnurgerade Struktur eines Straßendorfes geschaffen. An dieser Nieder-Olmer Hauptstraße liegt auch die **Kath. Kirche**, die zur Franzosenzeit als »Tempel für Dekadenfeiern« genutzt wurde. Daß die Auseinandersetzung zwischen Demokraten und der katholischen Kirche hier prägend wurde, dokumentiert sich auch im Werk des Nieder-Olmer Schriftstellers Wilhelm Holzamer (1870-1907, Geburtshaus in der **Pariserstraße 113**). Sowohl in der Erzählung

»Sein letztes Hochamt« als auch in seinem einzigen Drama »Andreas Krafft« beschreibt er die Biografie seines Großvaters Andreas Holzamer, der 1842 als Lehrer nach Nieder-Olm kam und 1860 nach einem Streit mit dem örtlichen Priester um die Freiheit und Selbständigkeit der Schule zwangspensioniert wurde. Daraufhin eröffnete der überzeugte 48er eine Privatschule, die auch sein Enkel bis 1883 besuchte. Das vom französischen Laizismus inspirierte Thema der Trennung von Kirche und Staat beschäftigte die Rheinhessen noch lange und führte am 18. Mai 1947 sogar zur Ablehnung der Landesverfassung und insbesondere der Schulartikel, mit denen auf Drängen der katholisch-rheinischen, nördlichen Landesteile die Bekenntnisschule wiedereingeführt wurde.

▩ SAULHEIM

Von 1803 bis 1842 war Johannes Baptist Joseph Neeb Bürgermeister in Nieder-Saulheim. Er hatte nach seiner Entlassung aus der Mainzer Zentralschule das Rittergut der Freiherren von Dienheim (**Schloßgässchen 14**) gekauft. 1767 im kurmainzischen Steinheim am Main geboren, studierte er an der Mainzer Universität und im Priesterseminar Philosophie und Theologie, u.a. bei dem späteren Jakobiner Blau, der ihn als Mitglied für den radikal-aufklärerischen, freimaurerischen Illuminatenorden gewann. 1792 wurde Neeb zum Priester geweiht, im gleichen Jahr erhielt er einen Ruf als Philosophieprofessor an die Universität Bonn. Bereits dort vertrat er gegen die konservativ-klerikale Geschichtsphilosophie vom Sündenfall das aufklärerische Konzept fortschreitender Vernunft in der Geschichte. Als die Franzosen Bonn besetzten, hielt er sich gerade in Miltenberg am Main auf, von wo er 1797 als Professor der Philosophie und der philosophischen Moral an die Zentralschule Mainz berufen wurde. In der französischen Verwaltung übernahm er den Posten eines Adjunkten (Beigeordneter). Als die Zentralschule in ein Lyzeum umgewandelt wurde, strich man Philosophie aus dem Fächerkanon. Neeb verlor seine Stellung, gab auch sein Amt auf und zog nach Saulheim. Den geistlichen Stand hatte er bereits vor Jahren verlassen, 1808 heiratete er zum ersten Mal, zwei weitere Ehen (1809 und 1810) folgten. Neeb engagierte sich politisch als Maire und Bürgermeister, als Departementalrat und hessischer Provinzialrat sowie als Abgeordneter der 2. Kammer in Darmstadt für den Kanton Wöllstein (1820/1823/1826) und den Kanton Wörrstadt (1832). Außerdem war er Sekretär des Landwirtschaftlichen Vereins. Auf einer Sitzung dieses Vereins in Eltville starb er am 13.6.1843 an einem Schlaganfall. Nach dem Tod seiner dritten Frau

hatte er die Rücknahme der Exkommunikation beantragt, was 1825 gewährt worden war.
In seinen Schriften (Frankfurt 1817, III, S.62) berichtet er davon, wie die Truppen der Allianz bei ihrem Feldzug gegen das revolutionäre Frankreich im Sommer 1792 die spitze Zunge eines Niedersaulheimer Bürgers, die an Kerwe- und Büttenreden erinnert, mit Gewalt zum Verstummen brachten:
»Johann Schmid hieß der geborene Dichter, er machte den Zensor Cato in der Gemeinde aus Selbstberuf. Jede ungereimte Tat, die während der Woche bei einem Einwohner der Müßiggang gebar, züchtigte er in seinen Ausruhestunden von der Arbeit in gereimten Versen, die er an dem Abend vor dem Sonntage heimlich an die Kirchentüre anheftete. Der politischen Ungereimtheit, welche den unglücklichen Feldzug nach Champagne zur Folge hatte, glaubte er auch ihr Dichterrecht antun zu dürfen und überschritt die politische Grenze der poetischen Lizenz in Unschuld. Ein Offizier aus einem Lande, wo man nicht Deutsch spricht, und der außer seinen Heiligen nichts Heiliges kannte, hörte davon, zwang den armen Mann, ihm die Knittelverse herzusagen, und, um aus ihm Akzente zu locken, die dem Ohre des Barbaren wohler taten, ließ er ihm 50 Prügel geben. Das Leben des armen Mannes unterlag nach sechs Monaten den Schmerzen und der Beschimpfung.«

Für die Bürgerwehr agitierte 1849 der Niedersaulheimer Gerichtsbotengehilfe Jakob Brodrecht im Ingelheimer Grund. Er ist auf dem bekannten Bild der 1850 im Mainzer Hochverratsprozeß Angeklagten zu sehen. Sie waren im **Eisernen Turm (Mainz)** inhaftiert, wurden schließlich aber alle von den Geschworenen freigesprochen. Brodrecht wurde von einem pfälzischen »Specialgericht« wegen seiner Teilnahme am Freischarenzug am 31.10.1851 zum Tode verurteilt. Da war sein Aufenthalt nach dem Gerichtsakten aber bereits »unbekannt«, möglicherweise war er emigriert.

WENDELSHEIM

1757 wurde im **Wendelsheimer Pfarrhaus (Donastraße 15)** der Schriftsteller Friedrich Christian Laukhard (gest. 1812 in Kreuznach) geboren. »Er studierte Theologie und wurde bekannt als Verfasser aufklärerischer Schriften«, heißt es auf einer **Gedenktafel am Geburtshaus**. Dabei ist er als Theologe sehr umstritten gewesen und als Roman- und Essayautor heute vergessen. Was seinen Namen lebendig erhalten hat, sind einmal sein unbändiger Freiheitsdrang, der ihn zu einem unsteten, konfliktreichen und genußfreudigen Leben ganz im Stil Francois Villons führte, und darauf fußend seine Autobiografie, die noch immer lesenswert ist und als eine der ersten Sozialreportagen in der deutschen Literatur gelten kann. Goethe hat 1820-22 Laukhards Beschreibung der Belagerung von Mainz, die dieser 1793 als preußischer Soldat erlebte, zur Auffrischung der eigenen Erinnerung benutzt. Laukhard war kein Jakobiner und rieb sich gern satirisch an der Propaganda beider Seiten, aber er begrüßte die französischen Freiheitsrechte und notierte unerschrocken die Verfolgung der Klubisten nach dem Ende der Mainzer Republik:

»Schon gleich nach der Eroberung der Kreuznacher Schanzen schritten unsere Leute hin und wieder zu Einziehungen und Züchtigung der Klubisten; dies geschah besonders in Wöllstein und an einigen anderen Orten. Der gewesene Maire zu Wendelsheim, Brandenburger, wird die Erinnerung an die braunen Husaren sobald nicht vergessen.« (Briefe Bd.III, S.202)

Im gleichen **Pfarrhaus** wohnte 1848/49 Pfarrer Georg Wehsarg (1782-1868), der in seiner Freizeit malte. In zwei Bildern, die heute im **Rathaus (Unterwendelsheim 64)** hängen, hat er die revolutionäre Aufbruchsstimmung von 1848/49 festgehalten. Einmal sieht man eine Gruppe von bewaffneten Turnern (in weiß) und Freischärlern (in blauer Heckeruniform mit Hut) vor dem Pfarrhaus, vielleicht am 28.5.1849 auf dem Durchzug zur rheinhessischen Volksversammlung in Nieder-Wiesen, ein andermal einen Erntewagen mit schwarzrotgoldener Fahne vor der Martinskirche, vom Kirchberg aus gesehen. An der **Außenwand des Rathauses** hängt eine frisch restaurierte **Ge-**

Rathaus von Wendelsheim mit Gedenktafel an die Revolution von 1848

Gedenktafel an die Revolution von 1848 am Rathaus von Wendelsheim

denktafel, welche »die Einwohner der Gemeinde Wendelsheim am 7. März 1848 bei Verkündigung der bürgerlichen Freiheit« gestiftet haben. Die Sammlung wurde von Pfarrer Wehsarg, Bürgermeister Christian Best, Lehrer Christian Diefenthäler und Rittmeister Ludwig Schönfeld initiiert. Auf der Tafel steht: »Halte Auge und Ohr offen für Enthüllung von Unredlichkeit und Vernachlässigung. Achte die freie Wahl deiner Ueberzeugung und du achtest dich selbst. Hüte dich vor dem, der durch Verleumdung oder Freigiebigkeit Ehrenämter anstrebt. Sicherheit und Friede in der Gemeinde über Allem.«
Daß der Gemeinschaftsgedanke so eng an die Gemeinde gebunden ist, zeigt, daß man Einheit 1848 in Wendelsheim wohl eher in Tradition des südwestdeutschen Förderalismus und Kommunalismus als Zeichen kommunaler Selbstverwaltung denn als nationalen Aufbruch verstand. Füllhorn und Lorbeerkranz als Ornament erinnern an die klassizistischen Embleme der französischen Revolution und ihrer antireligiösen, der Rousseauschen Aufklärung verpflichteten Natur- und Freiheitsfeste, und darüber hinaus – allerdings wahrscheinlich ohne Absicht – an die gerade im deutsch-französischen Zwischenland von Köln bis Basel zu galloromanischer Zeit stark verbreiteten Fruchtbarkeitskulte der Matronen oder drei Frauen, die ihrerseits wieder an steinzeitlichem Mutterrecht festhielten. Nicht von ungefähr sind daher die Revolutionsgestalten des frühen 19. Jahrhunderts, Marianne und Germania, Frauengestalten, nicht umsonst dominierte in der frühen Rezeptionsphase des Nibelungenliedes als Nationalepos die Figur der »lieblichen Kriemhild« als Symbol des »Familiär-Gefühlssinnigen« (von See, Barbar-Germane-Arier, S.99) und wurde erst 1870/71 vom heroisch-selbstgewissen Siegfried und 1914-45 vom düsteren Hagen verdrängt.

WESTHOFEN

Die Geschichte des »unruhigen Dorfes« in der ersten Hälfte des 19. Jahrhunderts ist auch die Geschichte eines Konflikts zwischen den beiden begüterten und miteinander verwandten Familien Orb und Sponagel. Im März 1793 übernachtete der französische Revolutionsgeneral Custine auf seinem Rückzug im blauen Zimmer des Orbschen Stammhauses (**Wormser Straße 3**). Bereits zu diesem Zeitpunkt war Johann Dietrich Orb (1742-1814) französischer Agent und Standesbeamter, 1798 wurde er Maire (**Rathaus am Gänsemarkt**, 1824 **abgerissen**). 1800 löste ihn sein Neffe Johann Georg Sponagel (1763-1843) in diesem Amt ab, Orb wurde Adjunkt (Beigeordneter).

Als Orb 1814 starb, folgte ihm sein Sohn Johannes, genannt Jean (1781-1851) im Amt und löste schließlich 1825 seinen Vetter Sponagel ab, der wohl aus politischen Gründen von der Darmstädter Regierung abgesetzt wurde. Daraus resultiert die folgende Familienfehde zwischen Liberalen/Konservativen (Orb) und Demokraten (Sponagel). Sie erreichte ihren ersten Höhepunkt, als Johannes Sponagel, der ein Gut in der Seegasse besaß und mit seinen politischen Freunden im damaligen **Wirtshaus »Zum Schwanen« (Ohligstraße 3)** tagte, nach der Rückkehr vom Hambacher Fest 1832 eine schwarzrotgoldene Fahne auf dem **Kirchturm** befestigte. Der Polizeidiener Franz Bischof mußte sie auf Geheiß von Bürgermeister Orb wieder herunterholen, was ihm eine nächtliche Tracht Prügel einbrachte. Als er daraufhin bewaffnet wurde, protestierte der »bekannt exaltierte Liberale Sponagel« heftig.

1833 folgte der nächste Streich, als die Sponagelsippe mit Erlaubnis von Orb zu Ehren des Großherzogs einen »Ludwigsbaum« pflanzen ließ, der von der Obrigkeit jedoch zu Recht als Aufruhr stiftender »Freiheitsbaum« entlarvt und ausgerissen wurde. Bei der Pflanzfeier rief man nämlich doppelbödig: »Es lebe Ludwig, unser konstitutioneller Landesvater! Es leben unsere rheinhessischen Institutionen!« Letzteres aber waren die Errungenschaften des Code Napoleon, welche Darmstadt abschaffen wollte und die 1848 den Kern der Märzforderungen ausmachen sollten. Der unschuldige Orb wurde zeitweise vom Amt suspendiert, Johannes Sponagel schrieb einen ironischen Leserbrief an die Wormser Zeitung, die daraufhin von der Zensur eingezogen wurde. 1847 errichtete der Veteranenverein ein **Denkmal am Marktplatz** zum Andenken an die »Epoche der Grossen Weltereignisse von 1793 in der französischen Republik«. Im Juni 1848 wurde der örtliche Demokratenverein gegründet, der im Jahr darauf bereits über 200 Mitglieder zählte, während der liberale Bürgerverein es nur auf 120 Mitglieder brachte. Präsident der Demokraten war der 24jährige Bürgermeisterenkel Johann Georg Sponagel (1824-99), der im Haus **Am Markt 15** lebte. Im Hochverratsprozeß 1850 wurde er wegen eines Gefechts der Bürgerwehr bei Rheindürkheim gegen die Preußen

Zug auf das Hambacher Schloß am 27. Mai 1832 (kolorierte Federlithographie)

angeklagt, aber von den Geschworenen freigesprochen.

Mit seinen Freischärlern nahm er auch an Oberst Blenkers Operationen im Mai 1849 in Ludwigshafen und Worms teil. Am 28.5.1849 kritisierte er als Vertreter der Radikalen aus den Gemeinden auf der rheinhessischen Volksversammlung in Nieder-Wiesen, daß man sich nicht offensiver gegen die Reaktion gewehrt habe.

Eine weitere Besonderheit Sponagels ist sein Eintreten für die Frauenemanzipation. Am 9.12.1848 beantragte er als Mitglied des Bezirkstags das Kommunalwahlrecht für Witwen, weil sie Familienvorstände im Sinn der Gemeindeordnung seien. Weil man ihn daraufhin in den eigenen Reihen als Träumer bezeichnete, antwortete er im Februar und März 1849 in mehreren Artikeln in der von Ludwig Kalisch in Mainz herausgegebenen Zeitschrift »Der Demokrat«: »Nur nicht allzuängstlich! Die Bejahung dieser Frage gehet, wie alle großartigen Ideen, nicht auf einmal, sondern nach und nach in Erfüllung. Ist ja die Emanzipation der Israeliten auch nicht auf einmal ... durchgegangen, und heute sitzt ein Jude auf dem Präsidentenstuhl in Frankfurt a.M. und hilft einen deutschen Kaiser machen; ein Anderer wurde in der ehemaligen freien Reichsstadt Worms zum Bürgermeister ... erwählet. So ändern sich die Verhältnisse.«

Vielleicht erklärt es sich daher, daß im Mai 1849 in Westhofen ein De-

mokratischer Frauenverein gegründet wurde.
Nach der Niederlage 1849 wanderten zahlreiche Westhofer Demokraten aus. Der Wormser Arzt und Publizist von Löhr schreibt in einem Brief vom 9.10.1849 aus Le Havre: »Das Meer war prachtvoll. Die Sonne schien hell und freundlich und in langer Prozession zogen über 200 Schiffe hinaus ... Wir standen am Quai, an uns fuhr ein Schiff voll Westhofer vorbei, die das Heckerlied sangen.«

■ Wöllstein

Der zum kurmainzischen Amt Neu-Bamberg gehörende Marktflecken galt bei den Jakobinern als revolutionäre Mustersiedlung, und dass obwohl aus dieser Region kaum führende Namen oder Orte überliefert sind. 1792 wurden hier 158 Stimmen für die französische Verfassung abgegeben. Das war fast einstimmig. Und auch die Eidleistung 1793 geschah hier ganz ohne Druck. Die Kommissare Falciola und Meuth berichteten begeistert, daß sie auf den **Zinnen des Rathauses** einen »emporragenden Freiheitsbaum erblickten, geziert mit Kranz und Nationalbändern und einer Freiheitsmütze auf dem Wipfel.« Und weiter, daß »die Wöllsteiner den Namen der deutschen Marseiller bekamen«. Umgesetzt hat das der Mainzer Jakobiner Friedrich Lehne (1771-1836), der nach der Melodie der Marseillaise das »Lied des freien Wöllsteiners« gedichtet hat, welches Ende 1792 in den Mainzer Revolutionszeitschriften »Der Bürgerfreund« (redigiert von Metternich) und »Der Patriot« (redigiert von Wedekind) erschien:

Freischaren-Oberst Ludwig Blenker aus Worms

Wir pflügten willig unsre Äcker,
viel träge Prasser nährten wir;
doch seht, sie wurden immer kecker,
erniedrigt waren wir zum Tier.
Geblendet von dem schnöden Glanze,
den ihnen unser Fleiß verschafft,
war stolz und stark durch unsre Kraft
manch fetter Pfaff, manch geiler Schranze.
Wohlan, die Wahl ist leicht!
Nur Freiheit oder Tod;
weh dem, Fluch dem,
der je es wagt und unsrer Freiheit droht!

Wir selbst, wir machen die Gesetze,
denn wer weiß besser, was uns nützt?
Dadurch behalten wir die Schätze,
die dann kein Schwelger mehr besitzt.
Wir wählen uns gerechte Richter,
die keines Schurken Gold besticht;
Vertrauen wecket ihr Gesicht,
schreckt nie wie jene Amtsgesichter.
Wohlan, die Wahl ist leicht ...

Der Bezug auf die bäuerliche Situation ist kein Zufall. Ein führender Kopf der Wöllsteiner Szene war nämlich der Badenheimer Bauerndichter Isaak Maus, der sich in seiner Rede zum Revolutionsfest am 10.8.1798 zur »frommen Aufklärung« bekannte.

Daß die Revolutionspropaganda auf dem Land bis weit ins 19. Jahrhunderte auf den alten Widerständen des Bauernkriegs beruhte, beweist nicht nur Georg Büchners berühmt gewordener »Hessischer Landbote« für das länger feudale Rechtsrheinische, sondern auch eine Aussage des Mainzer 48ers Ludwig Bamberger in seinen Memoiren 1899:

»Ein französischer Republikaner sagte einmal zu mir: In meinen Kandidatenreden wüte ich, wenn ich vor Bauern stehe, noch immer gegen den Zehnten, welchen vor hundert Jahren der Adel und die Kirche erhoben, und warne vor deren Wiederkehr. Das wirkt noch immer.«

So ist es auch kein Wunder, daß die Versteigerung ehemals kirchlichen und adligen Besitzes zu französischer Zeit im Linksrheinischen nicht nur den Besitzstand vieler heute noch prominenter Weingüter bildete, sondern auch zur stabilen ökonomischen Basis für die Verteidigung der unter Napoleon errungenen Verfassungsrechte und Institutionen werden konnte.

1848 setzt sich diese Tradition nahtlos fort. In Wöllstein entsteht der republikanisch-demokratisch orientierte »Demokratische Centralverein« mit zahlreichen Filialen in den umliegenden Dörfern. Es werden durchweg Demokraten in den Landtag gewählt, 1820-24 der Saulheimer Bürgermeister Neeb, 1826-48 der spätere Paulskirchenabgeordnete Brunck aus Fürfeld und 1849-56 der Mitbegründer der Freiprotestanten Baltasar Matty, zuvor Pfarrer in Freilaubersheim. Der örtliche Wahlverein sprach sich im April 1848 sehr fortschrittlich gegen die indirekte Wahl der Abgeordneten durch die bessergestellten Bürger aus. Laut »Rheinischer Zeitung« vom 8.7.1848 übte der Centralverein eine starke Anziehungskraft auf ärmere Gewerbetreibende aus.

WÖRRSTADT

Wegen seiner zentralen Lage fanden in Wörrstadt 1848/49 viele politische Versammlungen statt. Aber schon früher gab es hier politische Aktivitäten von Demokraten. So wurden der Arzt Georg Ludwig

Koeler und sein Freund, der Apotheker Dietrich Christoph Dassel – die **Apotheke** soll sich damals im Haus Pariser Str. 78 befunden haben – wegen ihrer jakobinischen Aktivitäten 1793 verhaftet und zuerst in der **Frankfurter Hauptwache** und dann in der **Festung Königstein** inhaftiert. Dassel wurde später erster Maire des französischen Kantonsstädtchens. 1832 tagte im Gasthaus **»Zum Goldenen Löwen« (Pariser Str. 50)** eine Versammlung des Preßvereins gegen die Zensur. Dieser Verein mit Hauptsitz in Zweibrücken war es schließlich auch, der zum Hambacher Fest aufrief.

In einem erhalten gebliebenen »Schwarzen Buch« sind die Teilnehmer der Versammlung nach einem Spitzelbericht notiert, darunter auch der damals 24jährige spätere hessische Landtagsabgeordnete Karl Behlen (später Armsheim). Ihm wurden »Zugehörigkeit zum Preßverein, Verbreitung revolutionärer Schriften« vorgeworfen. Er flüchtete. Behlen hat auch, gemeinsam mit dem Wörrstädter Friedrich Ritzinger und dem Mainzer Georg Oechsner (später OB) als Delegierter der Provinzialkomitees am 20.5.1849 einen Aufruf an sämtliche Gemeinden Rheinhessen zur Volksbewaffnung unterschrieben. Ritzinger, der 1853 nach Indianapolis (USA) emigrierte und dort eine Versicherungsgesellschaft leitete (sein Sohn gründete eine heute noch bestehende Bank), war auch Mitglied der 1845 gegründeten Wörrstädter Deutsch-Katholiken, die von 1848-54 die **Ev. Kirche** zu Versammlungen nutzen durften.

In dieser Kirche fanden 1848 auch politische Versammlungen statt. So tagten hier am 6.6.1848 die rheinhessischen Bürgerkomitees. »Der Demokrat« (11.6.) kritisiert: »Die himmlische Macht war ganz aus den Hallen vertrieben und die weltliche machte sich so breit darin, daß einzelne Bauern ganz behaglich am Altare sitzend ihre Pfeife schmauchten.«

Als Großherzog Ludwig II. am 16.6. starb, ordnete die Regierung an, vier Wochen lang zwischen 12 und 1 Uhr die Glocken zu läuten. Daraufhin entfernten Mathias Klug, der Vizepräsident des örtlichen Demokratenvereins, und einige Freunde in einer Nacht-und-Nebelaktion am 26.6. die Klöppel, um das Läuten zu verhindern.

Am 9.5.1849 traf sich die rheinhessische Freischar auf ihrem Weg in die Pfalz in Wörrstadt. Ludwig Bamberger, mit Zitz Zivilkommissar des »Rheinhessischen Freischärler-Bataillons« schrieb im Juli 1849: »Der Ort war über und übervoll mit Zuzüglern, an allen Ecken wurde nach Herzenslust getrommelt, geschossen, musizirt, geschimpft, gejubelt ... Alsbald erdröhnten alle Schmiede- und Schlosserwerkstätten von Wörrstadt von den Hämmern unserer braven Sensenmacher; was an gedienten Soldaten im Orte war, wurde zusmamengesucht, um Patronen zu fabriziren. Alles war voll Eifer, die ganze Einwohnerschaft natürlich auf der Straße und in der größten Aufregung.«

Erste Bedenken kamen Zitz und Bamberger, als nicht nur die gut bewaffneten Turner aus Mainz eintrafen, sondern auch unbewaffnete, wenn auch entschlossene Mitglieder des Arbeitervereins und schließlich auch einige hundert »Bassermannische Gestalten« aus dem Obdachlosen-, Landstreicher- und Armenmilieu des Mainzer »Rheinufers«:

»Vor allem der erbsündliche demokratische Geldmangel war es, der uns bei dem Anblick dieser furchtbar entblößten und unbewaffneten Schar erschrecken ließ. Wie konnten wir es verantworten, solche Leute, denen erst das Hemd auf den Leib gegeben werden mußte, so lange, bis ihnen Bedeckung und Bewaffnung angeschaft war, einer Provinz zuzuführen, welche sie ernähren mußte und welcher es wohl auch nicht sowohl an Menschen als an Bewaffneten fehlte? Endlich flößte auch der Mangel an organisirenden militärischen Kräften gerechte Besorgnisse wegen der Disziplinirung dieser rohen Masse ein.«

1979 veranstaltete das rheinhessische Winzersyndikat aus **Rommersheim** um die beiden mittlerweile verstorbenen Ökowinzer Heiner und Karl Simon ein **Freischärlerfest in Kirchheimbolanden.** In der dazugehörigen Broschüre gehen sie insbesondere auf die Rolle der Bauern ein, verweisen darauf, daß die »demokratische Armee der Pfalz zu rund 95 Prozent aus Handwerksgesellen, Knechten, Taglöhnern, Arbeitern und Kleinbauern« bestand und kritisieren den »arroganten Herrn Friedrich Engels«, der als Adjudant des Freikorps Willich 1849 die Niederlage erlebte und im Nachhinein weise vorausschaute:

»Man brauchte eben keinen großen Scharfblick, um zu erkennen, welche unangenehme Enttäuschung in wenigen Wochen die preussische Armee über diese vergnügten Pfälzer bringen werde ... Die ganze äußere Erscheinung der Pfälzer Bewegung trug einen heiteren, sorglosen und ungenierten Charakter ... Wie die Pfalz, so ihre provisorische Regierung. Sie bestand fast nur aus gemütlichen Schoppenstechern, die über nichts mehr erstaunt waren, als daß sie plötzlich die provisorische Regierung ihres bacchusgeliebten Vaterlandes vorstellen sollten.« (MEW Bd 7, S,146 ff.)

▩ WORMS

Die Kommunebewegung des späten Mittelalters mit ihren Schwerpunkten am Rhein zwischen Köln und Basel hat das Fundament kommunalen Freiheitsbewußtseins gelegt, auf dem die 48er Revolution im deutschen Südwesten aufbaute, als sie neben der Verteidigung der französischen Rechtsbegriffe in den rheinischen Institutionen vor allem auf kommunale Selbstverwaltung pochte, und das mindestens so vehement wie auf nationale Einheit in einer Republik. Die bis 1795 bestehende Freie und Reichsstadt Worms kann auf zahlreiche Beispiele dieser Vorgeschichte der Bürgerbeteiligung zurückblicken, die allerdings wegen wechselnder Koalitionen und Abgrenzungen nicht immer einhergehen mit den aufklärerischen Vorstellungen von Menschenrecht und einer einheitlichen Volksgeschichte von unten.

1124 gibt es in Worms einen Aufruhr gegen den Kaiser, ein bürgerfreundlicher Bischof wird gewählt und von kaiserlichen Truppen wieder vertrieben. Im ganzen 13. Jahrhundert kämpfen Rat und Bischof um die Vorherrschaft. Um 1300 erhalten die Zünfte Anteil an der Stadtregierung, aber dabei wird der Bischof wieder Stadtherr. 1302 werden Aufrührer gegen Bischof und Rat verbannt, 1304 kämpfen die Zünfte erneut gegen die Patrizier. Diese Auseinandersetzungen sind auch am Vorabend der Reformation, so z.B. auf dem Maximilians-Reichstag 1495 nach wie vor an der Tagesordnung. Die Opposition zum bischöflichen Stadtherr macht die Bürgerschaft lutherisch, die Ausgrenzung der Katholiken, Reformierten und Juden vom Bürgerrecht macht diese später der französischen Revolution gewogen. Parallel zur Kommunebewegung verlaufen die Ausgrenzungen von Juden, Ketzern und Hexen, so bei den Kreuzfahrerpogromen gegen die Juden im Mai 1096 oder der Waldenserverfolgung 1425, als der aus Prag stammende Prediger Johannes von Draendorf in Worms verbrannt wird.

Der berühmte Reichstag von 1521 mit Luthers Verweigerung des Widerrufs fand in Worms bereits »martinische« Verhältnisse vor, so einen antiklerikalen Humanistenkreis um den Arzt Dr.Fettich, der mit Hutten in Kontakt stand, und lutherisch gesinnte Geistliche um den Pfarrer der **Magnusgemeinde (Weckerlingplatz)** Ulrich Preu.

1523 wurde die Stadt kurzzeitig sogar zu einer Hochburg der Wiedertäufer: »Melchior Rink, Jakob Denk, Ludwig Hetzer und Jakob Kautz kamen in die Stadt. Peter Schöffer d.J., bei dem zunächst lutherische Schriften gedruckt worden waren, trat auf ihre Seite. Aus seiner Druckerei ging eine große Anzahl wichtiger täuferischer Schriften hervor.« (Fritz Reuter, in: Der Reichstag zu Worms von 1521, S. 56/57)

Der Wormser Patrizier Daniel Knode hatte 1788 den Göttinger Privatdozenten für Kirchengeschichte und Kirchenrecht Georg Wilhelm Böhmer als Konrektor ans **örtliche Gymnasium (heute: Rathausneubau)** geholt. Mit seinen aufklärerischen Gedanken geriet er bald in Konflikt mit der lutherischen Mehrheit. In der Broschüre »Beitrag zur Geschichte der Taufformulare« machte er sich über die Steifheit seiner Gegner lustig. Am 3.10. 1792 begab sich Böhmer eigens nach Speyer und lud den französischen Revolutionsgeneral Custine, dessen Sekretär er während der Mainzer Republik werden sollte, nach Worms ein. Maire wurde der katholische Kanonikus an **St. Martin** Konrad Winkelmann, Präsident des im **Bischofspalast** (1794 zerstört/heute: **Heylshofgarten**) tagenden Jakobinerclubs Pfarrer Johann Lorenz Endemann. Die 48er Revolution setzte diese Traditionen auch in Worms fort. Bereits am 1.3.1848 gründete sich ein Bürgerkomitee. Am 15.3. erscheint erstmals das Demokratenblatt »Die neue Zeit«, herausgegeben von dem deutschkatholischen Arzt Ferdinand von Löhr (wohnhaft in der **Kleinen Fischerweide**), der seine politische Arbeit nach seiner Emigration 1849 in San Francisco mit dem »Californian Democrat« kontinuierlich fortsetzte. Zum Kern des Wormser Demokratenvereins gehörten auch der Rabbiner und Journalist Dr. Abraham Adler, der Bäckermeister Johann Philipp Bandel, der spätere Freischarenoberst Ludwig Blenker (Weinhändler in der **Martinsgasse**) und der erste jüdische Bürgermeister einer deutschen Stadt, Ferdinand Eberstadt (Geschäftshaus am Platz **Kämmererstraße 2**),

Familie von Ferdinand Eberstadt, erster jüdischer Bürgermeister von Worms 1848

In der Wormser Dreifaltigkeitskirche wurde der Radikaldemokrat Martin Mohr aus Ingelheim im Mai 1848 zum Abgeordneten für die Nationalversammlung gewählt.

für den am Wormser Rathaus noch eine Gedenktafel fehlt.
Bei der Bürgermeisterwahl 1849 erhielten Blenker und Bandel die meisten Stimmen, die liberale Regierung in Darmstadt machte jedoch den drittplazierten Eberstadt zum Bürgermeister, weil sie ihn – zu Recht – für einen Realpolitiker mit Augenmaß hielt. Eberstadt wurde sogar 1851, zwei Jahre nach der Niederlage der Demokraten, erneut zum Bürgermeister gewählt, legte auf Druck der Reaktion sein Amt jedoch 1852 nieder.
Daß Worms mehrheitlich demokratisch wählte, zeigt auch die Wahl zur Nationalversammlung in Frankfurt, die am 16.5.1848 in der **Dreifaltigkeitskirche** stattfand. Hier hatte sich der Ingelheimer Radikaldemokrat Dr. Martin Mohr gegen den Alzeyer Liberalen Eduard Lehne durchgesetzt.

Die durch den preußischen Nationalismus verschüttete 48er Tradition erhielt sich in Worms in Minderheitenpositionen, so z.B. bei dem im KZ Mauthausen gestorbenen Schriftsteller Peter Bender (1893-1944), der 1918 Mitglied des Arbeiter- und Soldatenrates war und später der Freiwirtschaftslehre Silvio Gesells nahe stand. Darin war er sich einig mit seinem Freund Friedrich Penk, der nach 1945 über eine Freie Liste Beigeordneter und Bürgermeister wurde. Bender führte auch das Archiv des Inflationsheiligen Ludwig Christian Hauesser. Zur Alternativbewegung der 20er Jahre schreibt Ulrich Linse: »So hatte auch die gescheiterte Revolution von 1848 beim deutschen Bildungsbürgertum nicht nur eine Wende zur Realpolitik, sondern gleichzeitig einen neuen Schub apokalyptischer Erlösungshoffnungen ausgelöst.« (Barfüßige Propheten, S.28)

Museum Alzey, Antoniterstraße 41, 55232 Alzey, Tel: 06731/495-240 (1848 als Teil der Stadtgeschichte)
Stadtarchiv Mainz, Rheinallee 3b, 55116 Mainz, Tel: 06131/12-2656 (Archivalien zu Mainzer Republik und 1848)
Stadtarchiv Worms, Hintere Judengasse 6, 67547 Worms, Tel: 06241/853-345 (Archivalien zu 1848/Judaica-Museum)

Klaus Dietrich Hoffmann, Die Geschichte der Provinz und des Regierungsbezirks Rheinhessen, Alzey 1985

Eduard Berlet, Wie Alzey französisch war, in: Alzeyer Geschichtsblätter 7, 1970, S.58-89

Der Rhein-Neckar-Raum und die Revolution von 1848/49 (Biografien), Ubstadt-Weiher 1998

Franz Dumont, Die Mainzer Republik von 1792/93, Alzey 1982

Volker Gallé, Geheimnisvolles Rheinland-Pfalz, Marburg 1996

Christoph Julius Johannes Grünewald, Von Westhofener Häusern und Leuten, Westhofen 1984

Erich Hinkel, Der Maler Johann Jakob Hauer, Gau-Algesheim 1987

Ernst Klug, Wörrstadt – Die Geschichte einer kleinen Stadt, Wörrstadt 1972

Mainz und die soziale Frage in der Mitte des 19. Jahrhunderts, Ausstellungskatalog, 1977

Helmut Mathy (Hrsg.), Bingen, Mainz 1989 (Aufsätze von Franz Dumont und Jürgen Krome)

Heinrich Steitz, Franz Josef Brunck, in: Alzeyer Geschichtsblätter 27/28, 1993/94, S. 139-177

Michael Wettengel, Die Revolution von 1848/49 im Rhein-Main-Raum, Wiesbaden 1989

Kapitel 2

RHEIN-MAIN

▩ WIESBADEN

Altes Theater: von der **Treppe** herab verkündet am 2. 3. 1848 der Landtagspräsident Hergenhahn die 9 Forderungen der Nassauer Demokraten. Bewilligt werden nur die Pressefreiheit und die stark eingeschränkte Volksbewaffnung. Ansonsten gibt die Regierung beruhigende Erklärungen ab, die nichts kosten.

Eisenbahngleise an der Grenze zu Mainz: um preußische Truppentransporte gegen die entstehende demokratische Bewegung zu verhindern, reißen Rebellen die Schienen heraus.

Schloss: davor versammeln sich am 4. 3. 1848 rund 20.000 Demokraten, bewaffnet mit Hacken und geradegeschmiedeten Sensen. Sie verlangen die Erfüllung der 9 Forderungen, die Drucker treten in einen politischen Streik. Erst als der Sturm auf das Schloss und die Ausrufung der Republik drohen, gewährt das Fürstenhaus die Pressefreiheit. Der Herrscher sucht sein Volk mit der Illusion einzuschläfern: *»Zwischen unserem Fürsten und dem Volk ist keine Scheidewand mehr.«*

Mitte Juli 1848 nimmt das hessische Militär 26 Artilleristen fest, die sich der Führung widersetzen. Der Arbeiterverein verlangt die sofortige Freilassung, andernfalls wolle er sie gewaltsam befreien. Dagegen lässt die Bürgerwehr am Sonntagabend 16. 7. ihre drei Kompanien auf dem **Friedrichsplatz** aufmarschieren. Als der Bürgeroberst den oppositionellen Hauptmann Oswald Dietz der ersten Kompanie festnehmen will, widersetzen sich alle Kompanien. Es folgt der Sturm einer rebellischen Menge auf das Gerichtsgebäude, wo zwei Anführer der Opposition einsitzen, die befreit und im Triumph durch die Stadt zum **Nerotal** getragen werden. Am 18. 7. rücken auf Befehl des Frankfurter Kriegsministeriums 2.000 Preußen und Österreicher in die Stadt ein. Die führenden Köpfe der Opposition, darunter der Uhrmacher Georg Böhning (in den 1820er Jahren Freiheitskämpfer in Griechenland, 1849 in Rastatt standrechtlich erschossen), entfliehen und schließen sich 1849 der badischen Revolution an.

Michael Wettengel: Die Revolution von 1848/49 im Rhein-Main-Raum, 1989.

▩ HALLGARTEN im Rheingau

In der **Niederwaldstraße 7** befindet sich ein altes Weingut, das ab 1837 im Besitz des badischen Demokraten Johann Adam von Itzstein ist. Geboren 1755, besuchte er als Student regelmäßig den Mainzer Jakobinerklub, einer seiner Universitätslehrer war der Mainzer Jakobiner Andreas Joseph Hofmann, 1793 Chef der Revolutionsregierung. Itzstein wurde 1819 Hofgerichtsrat in Mannheim, 1822 Landtagsabgeordneter für diese Stadt, als unbequemer Demokrat nach Meersburg strafversetzt. Deshalb trat Itzstein aus dem Staatsdienst aus. Da unter seiner Führung der badische Landtag 1823 den Militärhaushalt ablehnte, löste der Großherzog das Parlament auf, Itzstein wurde verschrien, gemieden und schwer krank.

Itzstein

1831 war er bei den heißen Landtagsdebatten Anführer der Opposition. 1832 politische Reise durch Württemberg, Bayern, Hessen und Sachsen, um die Opposition untereinander in Verbindung zu bringen.

Das Weingut gewann hohe politische Bedeutung, als Itzstein hier ab 1832 bis zur 48er Revolution oppositionelle Parlamentarier aus allen deutschen Staaten zum Meinungsaustausch versammelte, ohne dass die Polizei je etwas vom *»Hallgartener Kreis«* bemerkte. Die Paulskirche und die badische Revolution von 1849 haben hier eine ihrer geistigen Wurzeln. 1848/49 Mitglied in der Paulskirche und im Stuttgarter Rumpfparlament, am Ende emigrierte er in die Schweiz und ins Elsaß. Der Hochverratsprozess wurde 1850 zwar eingestellt, aber es folgten der Ausschluss aus dem badischen Landtag und der Verlust des Bürgerrechts. 1855 starb Itzstein auf seinem Weingut.

Auf der Nordseite des **Friedhofs** befindet sich Itzsteins Grab zwischen dem seiner Frau und seiner Schwägerin. Auf der Rückseite des Grabsteins steht: *»Müde von den Jugendkämpfen deutscher Freiheit ruhet hier ein mutig Herz.«*

Josef Roßkopf: Johann Adam von Itzstein. Ein Beitrag zur Geschichte des badischen Liberalismus. Phil. Diss. Mainz 1954 (Masch., ein Exemplar in der UB Mainz); Ders.: Hallgarten im Wandel der Zeiten, 1997 (im Selbstverlag Josef Roßkopf, Eberbacher Str. 7, 65 375 Hallgarten); Siegfried Schmidt: Der Hallgartenkreis 1839-1847, in: Wissenschaftliche Zeitschrift der Friedrich-Schiller-Universität Jena, 13, 1964, Gesell- u. sprachwiss. Reihe H. 2, S. 221-228.

▩ WINKEL im Rheingau

Itzsteins radikaldemokratischer Lehrer Hofmann besaß in Winkel ein Weingut. In der Mainzer Republik war er neben Georg Forster die überragende Persönlichkeit und führte die erste deutsche Revolutionsregierung in der schweren Zeit der Belagerung von April bis Juli 1793. Unter preußischem Bombenhagel schrieb er am 21. 4. 1793 seiner Frau nach Winkel: *»Wenn du nicht so glücklich durch mich geworden bist, als du es verdienst und ich von Herzen wünschte, so denke, dass man nicht immer Herr seines Schicksals ist und mancher Mensch gar oft aus seinen Gleisen geworfen wird. Klagen kann und darf ich aber nicht über mein Schicksal. Denn ich bin alles geworden, was ein Mensch vom ersten Stand werden kann und kein Kurfürst von Mainz noch war. Und bleib ich bei der Belagerung, so habe ich doch schon so viel in der Welt getan und um die Menschheit mir das Verdienst gesammelt, dass ich ein großes Volk freizumachen mit all meinen Kräften mich bestrebt habe.«*

Mit der Armee emigrierte er nach Frankreich, übernahm gefährliche Agentenmissionen nach England, war Sprecher der Mainzer Emigrantenkolonie in Paris. 1798 Rückkehr nach Mainz, 1803 Rückzug aus der französischen Politik. Bis zu seinem Tod 1849 lebte er auf seinem Weingut, wo in den 1820er Jahren junge revolutionäre Demokraten den legendären Veteranen um Rat fragten.

Hellmut G. Haasis: Morgenröte der Republik, Frankfurt 1984.

▩ FRANKFURT

Die Städtische Reitbahn hinter dem Rahmhof ist abgerissen, heute befindet sich dort **die Börse in der Rahmhofstraße**. Eine Volksversammlung mit 2.000 Teilnehmern verlangt in der Reitbahn am 3. 3. 1848 außer den üblichen Märzforderungen die Aufhebung aller Ausnahmegesetze seit 1819, staatsbürgerliche Gleichheit ohne Unterschied des Glaubens, politische Amnestie und Verzicht auf einen Angriffskrieg gegen Frankreich.

Am Sonntag, dem 14. 5. 1848, findet um 15 Uhr im Lokal der Reitbahn eine große Arbeiterversammlung statt, wo aus Turnern und dem demokratischen Vaterländischen Verein der erste Arbeiterverein mit der *»Allgemeinen Arbeiter-Zeitung«* entsteht. Erster Präsident des Arbeitervereins und Redakteur der Zeitung wird Essellen. Am 23. 5. werden Essellen und die Mitredakteure Pelz und der Jude Löwenstein ausgewiesen. Es folgt die sofortige Arbeitsniederlegung mehrerer hundert Vereinsmitglieder, besonders Schneider und Schuhmacher, die Essellen zum Verhör nach Bockenheim begleiten.

Römer: am 4. 3. 1848 stürmt eine aufgebrachte Menge das Gebäude, weil der Senat auf die Petition vom Vortag kaum reagiert, sondern lediglich Pressefreiheit und Amnestie konzediert, eine Revision der Verfassung aber verweigert. Im Gegenschlag inszenieren die Metzgergilde und die Stadtwehr den ersten Bürgerkrieg und reissen alle schwarz-rot-goldenen Fahnen herunter.

Am 31. 3. trifft sich das Vorparlament zuerst im Kaisersaal des Römers, übersiedelt dann in die Paulskirche.

Gasthaus »Zum Rebstock«, neben dem Dom: 1816 Geburt des Mundartdichters Friedrich Stoltze, unermüdlicher Demokrat, 1849 Freischärler in der Pfalz. Die elterliche Wirtschaft war nach 1830 Stammlokal der radikalen Demokraten. Stoltze darüber im Frankfurter Dialekt:

»Hier in dem Rewestock sind zum erschtemal die scheene deutsche Vatterlandslieder gesunge warn: ›Ferschte zum Land enaus‹ und ›Wer net in Hambach war, der hat kään Backebart.‹ Hier war des Asyl for alle diejenige bolidisch Verfolgte, die liewer in em e Gasthaus als uff der Constawelerwache odder dem Rentetorn gesotze hawwe.«

Wenn aus gutem Grund die Tür verschlossen war und jemand anklopfte: *»Mei Vatter hat langsam den Riegel zurickgeschowe, hat die Dir gekläfft un hat vorsichtig den Kopp enausgestreckt. In demselwige Äägeblick hat die ganz Versammlung aagefange e sehr harmlos Lied ze singe, des eigens for solche ungebetene Besuch is gemacht warn: ›Seht, da sitzt e Fleug an der Wand, Fleug an der Wand ...‹ Un daderrbei hat jeder mit dem Zeigefinger uff e anner Stell an der Wand gewisse.«*

Im März 1848 Jubel in ganz Frankfurt über den Sieg der Wiener gegen Metternich und der Berliner gegen ihren König: *»Uff der offene Gass fiele die Berjer enanner um den Hals, un im Äägeblick hat sich aus dem fräädige Zusammenlääf aus alle Gass e groß mächtiger Zug gebildt, un zog mit Musik un schwarzrotgolderne Fahnele in der Stadt erum.«*

Aus Freude zieht die Stadt ein grünes Kleid an, alles wird mit Zweigen begrünt. Nach der Revolution ist Stoltze *»unverantwortlicher Redakteur«* der neuen Frankfurter Fastnachtszeitung, politische Kritik kleidet er in Dialektgedichte.

1866 will bei ihm keine rechte Freud aufkommen, als die Stadt preußisch werden soll. Stoltze muss fliehen, als Fastnachts-Redakteur hat er 172 Jahre Kerker aufgebrummt bekommen – und noch nicht abgesessen. Emigration nach Stuttgart und in die Schweiz.

Friedrich Stoltze: Gesammelte Werke, 5 Bände, 1892-1900; Ders.: Werke in Frankfurter Mundart, 3. Aufl. 1977.

Friedrich-Stoltze-Museum in der Frankfurter Sparkasse, Töngesgasse 34-36, 60 311 Frankfurt. Tel. 069/21 70 22 66. Mo – Fr 10-17, Mi 10-20 Uhr.
Historisches Museum, Saalgasse 19, 60311 Frankfurt. Tel. 069-212 355 99. Fax 069-212 30 702. Di – So 10-17, Mi 10-20 Uhr.

Gasthaus zum Wolfseck: am 6. 5. 1849 Veranstaltungsort für den Kongress der Märzvereine Süddeutschlands, um die Reichsverfassung notfalls mit einem Feldzug durchzusetzen. Ein Flugblatt wird verabschiedet, das die Soldaten zur Gehorsamverweigerung auffordert und die Fürsten und Kabinette für *»Rebellen«* erklärt.
Paulskirche: Beratungen des Vorparlaments ab 31. 3. 1848. Der Einzug der Demokraten offenbart die Auslieferung an die Übermacht der bisher Herrschenden: in der Mitte in Zweierreihen die unbewaffneten Herren; links und rechts zwei Reihen weißgekleideter, ebenfalls unbewaffneter Turner, ganz außen auf beiden Seiten bewaffnetes Fürstenmilitär.
Struve beantragt die sofortige Proklamierung der Republik. Hecker stellt den Antrag, das Vorparlament möge sich für *»permanent«* erklären, um nicht durch Neuwahlen weitere Zeit zu verlieren. Abgelehnt. Der südwestdeutsche radikaldemokratisch-republikanische Flügel wird ausgeschaltet, was zur Verzweiflungstat des Heckerzugs am Bodensee führt. Hecker erklärt gleich nach der Abstimmungsniederlage: *»Hier* in Frankfurt ist nichts zu machen, es gilt, in Baden loszuschlagen!« Das Vorparlament geht schon am 4. 3. nach Hause.
Die gegen die Fürsten machtlosen Märzregierungen von Darmstadt, Kassel und Wiesbaden setzen ihre Truppen zur Niederschlagung des 1. badischen Aufstands in Marsch. Führend dabei Gagerns Bruder, der am 20. 4. bei Kandern gegen Heckers Truppe tödlich getroffen wird. Am 29. 3. haben Frankfurter

Einzug der Abgeordneten

Abgeordnete die Illusion eines Burgfriedens proklamiert: *»Es soll keine Parteien mehr unter uns geben. Es sollen alle ein Herz und eine Seele sein.«*

Am 18. 5. 1848 tritt die Deutsche Nationalversammlung zusammen und wird eröffnet mit einer Feier vor der Hauptwache, wo 1833 ein bewaffneter Aufstand gescheitert war. Für die Sitzungen sind in der Kirche Altar und Kanzel durch Fahnen abgehängt, die Orgel mit einem nationalen Gemälde der Germania verdeckt. Unter der Empore Plätze für Journalisten und höhere Besucher, links die Damenloge, rechts das diplomatische Korps. Die Zuhörer nehmen auf der Empore Platz, wobei die Frauen die Linke, die konsequenteren Demokraten un terstützen. Die Abgeordneten sitzen in 4 Blöcken: Linke, linkes Zentrum, rechtes Zentrum, Rechte. Die sich bald herausbildenden Fraktionen nennen sich nach den Gasthöfen, in denen sie ihr Stammlokal haben.

Stanley Zucker: Frauen in der Revolution 1848. Das Frankfurter Beispiel, in: Archiv für Frankfurts Geschichte und Kunst, 61, 1987, S. 221-236; Ulla Wischermann: Frankfurter Frauen im Vormärz und in der Revolution von 1848, in: FrauenStadt-Geschichte. Zum Beispiel Frankfurt am Main, 1995, S. 152-173.

Gasthaus Russischer Hof: Im April/Mai 1848 sechs Wochen lang Schauplatz der Sitzungen des Fünfziger-Ausschusses zur Vorbereitung der Nationalversammlung. Die radikalen Linken genießen Sympathien bei den Unterschichten, sind aber nach dem Heckerzug deprimiert, die Gemäßigten haben Ansehen *»bei dem ganzen Frankfurter Mittelstand und bei den meisten höher gebildeten und kaufmännischen Größen«*, gelten *»der Geldwelt als der einzige Hort bürgerlicher Ordnung. So sahen wir uns denn herzlich und treuherzig von der großen Menge der Mitbürger behandelt und von der Hautefinance [Hochfinanz] zärtlich und süßlich umwedelt«*.

C. H. Alexander Pagenstecher: Als Abgeordneter in Frankfurt im Jahre 1848, (um 1913), S. 39f.

Gasthaus Donnersberg, beim Holzpförtchen (Nähe Liebfrauenkirche): hier tagte die äußerste Linke, nach ihrer Kneipe *»Donnersberg-Fraktion«* genannt. Die Gründungssitzung erfolgte in der Wohnung des Ingelheimer Abgeordneten Martin Mohr. Nach dem Septemberaufstand überwachte Militär das Lokal, ebenso den *»Deutschen Hof«*, das Stammlokal der gemäßigten Linken.

Hauptwache: Am 4. 3. 1833 der Wachensturm von einer studentischen Verschwörergruppe, mit der Absicht, den fürstlichen Bundestag auseinanderzujagen und ein freies Deutschland zu schaffen. Dazu der Augenzeuge Kombst, Sekretär der preußischen Gesandtschaft am (fürstlichen) Bundestag (mehr über ihn im Kap. 8, Basel).

»Es mochte ungefähr 10 Uhr abends sein, als ich Gewehrschüsse hörte und mein Wirt hereinkam mit der Nachricht, dass man die Hauptwache stürme. Ich eilte sogleich hinaus an den bezeichneten Ort. Unterwegs hörte ich noch einige Schüsse fallen, fand aber schon die Hauptwache im Besitz der Truppen, welche die Angreifer vertrieben hatten. Alles war in Besorgnis und Verwirrung. Man ließ das Publikum bis auf drei oder vier Schritte an die Ketten herankommen, welche das Wachtgebäude umgaben. Man fürchtete sich, den Befehl zu geben, dass die Masse sich entfernt halten sollte. An dem Abend baten *Militär und Behörden nur, sie hatten nichts zu* befehlen *oder sie fühlten es doch, dass sie nur geduldet wurden. Das Volk war in dumpfer Stille ohne lebendige Teilnahme in großen Massen auf den Straßen versammelt. Aber auch kein tadelndes oder missbilligendes Wort. Es war eine Stimmung, welche noch auf Null stand, welche aber durch das geringste den Insurgenten günstige Ereignis auf den Höhepunkt populären Enthusiasmus und Sichvergessens gestiegen wäre. Ich hege persönlich nicht den geringsten Zweifel, dass, wenn die Bauern wirklich in der Stadt erschienen wären, selbst nach der Wiedereinnahme der Wachen von Seiten der Soldaten, die Sache der Bewegung noch nicht verloren gewesen wäre.«*

Später gab es eine Verhaftungswelle unter den revolutionären Studenten, für viele die Zerstörung ihrer Berufslaufbahn. Emigration zumeist in die Schweiz, dort bauen sie zusammen mit den Hambachern im Jungen Deutschland demokratisch-revolutionäre Klubs auf.

Gustaf Kombst: Erinnerungen aus meinem Leben, Leipzig 1848, S. 138ff; Werner Kowalski: Die Volksagitation in der Freien Stadt Frankfurt nach dem Wachensturm vom April 1833, in: Die Volksmassen Gestalter der Geschichte, Festgabe für Leo Stern, 1962, S. 154-174; Miroslav Hroch: Der soziale Charakter des Frankfurter Wachensturms 1833, in: Obermann/Polisensky: Aus 500 Jahren deutsch-tschechischer Geschichte, 1958, S. 149-169; Edgar Süß: Die Pfälzer im »Schwarzen Buch«, 1956 (bis 1838 wurden im Zentralregister der Mainzer Untersuchungskommission 1.867 Personen aufgeführt, die wegen ihrer demokratischen Aktivitäten aufgefallen waren).

Gasthaus Zum goldenen Schwanen, Große Friedberger Str. 32: Vom alten Gebäude steht nur noch ein Stück Fassade. Einst Poststation, in der sich 1732 der aus Heidelberg stammende jüdische Geschäftsmann Joseph Süß Oppenheimer einmietete und sich als Agent des württembergischen Herzogs nicht mehr in die Judengasse abdrängen ließ.

Hellmut G. Haasis: Joseph Süß Oppenheimer, genannt Jud Süß, Reinbek 1998.

Weidenbusch, großer Versammlungssaal: am 30. 3. 1848 treffen sich hier die radikalen Demokraten, der Saal proppevoll und mit Fahnen übersät. *»Auf der Rednerbühne donnerte Hecker, wütete Struve und brüllten nacheinander Hoff, Groß, Wirth und noch einige andere ganz fanatisierte badische Republikaner von reinstem Wasser. Ungeheurer, tobender Applaus der Menge begleitete jede Kraftstelle und jeden Schluss dieser Reden.«*

Gasthaus Wolf: Eine weitere republikanische Versammlung am 30. 3. 1848 abends mit Reden von Zitz, Blum, Vogt, Ruge und Ronge, was der Reformer Pagenstecher als eine *»sehr jakobinerklubmäßige Versammlung«* empfindet.

Oberes Ende der Zeil bis Hauptwache: Fackelzug der Demokraten für Hecker und Struve, mit Sprechchören, Pistolen- und Flintenschüssen: *»Hoch die Republik! Nieder mit den Zwingherren!«*

C. H. Alexander Pagenstecher: Als Abgeordneter in Frankfurt im Jahre 1848, (um 1913),S. 18-22.

Bockenheimer Landstraße: Während das Vorparlament am 31. 3. 1848 feierlich, tiefschwarz und unbewaffnet zusammentritt, demonstrieren Gagern-Anhänger aus Darmstadt zusammen mit monarchistischen Frankfurtern auf

Kampf von Gegnern und Anhängern der Republik am 31. März 1848

den Straßen und rufen unter schwarz-rot-goldenen Fahnen *»Keine Republik – ein deutsches Parlament«*. In der Bockenheimer Landstraße stößt der Zug auf Andersdenkende, darunter viele Mainzer, die unter Anführung des Mainzer Jakobinersohns Germain Metternich mit roten Fahnen die Republik fordern. Die Republikaner werden auseinandergetrieben.

Richard Falck: Germain Metternich. Ein deutscher Freiheitskämpfer, Mainz 1954.

Pfingstweide, heute Zoologischer Garten, am Ende der oberen Zeil: Aus Protest gegen den Malmöer Waffenstillstand, der Schleswig-Holstein den Dänen überlässt, berufen die demokratischen Vereine, der Arbeiter- und der Turnverein für Sonntag, den 17. 9. 1848, eine Versammlung hierher, es kommen 20.000. Einzelne Gruppen greifen am Vorabend Häuser und Gasthöfe an, in denen Preußenfreunde wohnen. Der **Gasthof Westendhalle** wird erobert und verwüstet. Die Reichsregierung lässt am 18. preußische und österreichische Truppen die Innenstadt besetzen und den Sturm der Unzufriedenen auf die Paulskirche abschlagen.

Daraus entwickelt sich ein langer Aufstand der unteren Schichten, unter ihnen Germain Metternich. In Windeseile wachsen im Ostteil der Innenstadt 40 Barrikaden aus dem Boden, fast in jeder Gasse, doch die Zufahrtsstraßen werden nicht blockiert. Die beiden reaktionären, provozierenden Abgeordneten Auerswald und Fürst Lichnowsky werden von Erbitterten gelyncht, was den Antidemokraten für ihre Propaganda ganz recht ist. Der Belagerungszustand dauert über einen Monat lang, Frankfurt bekommt eine Garnison. Um die Paulskirche gilt ab jetzt ein Bannkreis von 5 Meilen. Germain Metternich muss wie viele andere emigrieren, kommt aber zur badischen Revolution 1849, wo er es zum Freischarenoberst bringt.

Allerheiligenstraße: Hier stelle man sich eine gewaltige Barrikade vor, die die Preußen mit Artillerie zusammenschossen.

Heiliggeist-Hospital: Aufbahrung der Toten des Septemberaufstands 1848: 33 Leute aus dem Volk, 62 Soldaten.

Staedelsches Kunstinstitut: Dem Maler Carl Friedrich Lessing gelang es 1843 mit seinem großen historistischen Gemälde *»Hus in Konstanz«* die Opposition der Demokraten gegen Staat und Kirche zu einem großen künstlerischen Ereignis zu machen. Ein Spitzel Metternichs meldete: *»In unserer Stadt ist nun auch ein stiller Hussitenkrieg im Gange. Das Gemälde wird täglich von Hunderten beschaut.«*

Hauptfriedhof (bei der Nibelungenallee): Die Todesopfer des 18. 9. 1848 werden unterschiedlich erinnert: die Toten der Monarchie mit einem marmornen Denkmal, die Barrikadenkämpfer mit einem Sandsteinobelisk. Die Leichenfeier für die Soldaten entfaltete größten Pomp, die besseren Bürger standen Spalier. Die Demokraten mussten dagegen still begraben werden, selbst vor den Angehörigen wurde die Zeit der Beisetzung geheim gehalten.

Im **Frankfurter Westend** zierte 1978 während der Hausbesetzungen gegen den drohenden Abriss ein alter Spruch Büchners die Wände: *»Friede den Hütten – Krieg den Palästen«*, mit dem A der Anarchos daneben.

GEFANGENENZUG NACH KÖNIGSTEIN

Ein bitterböser Nachklang der Mainzer Republik beginnt am 8. 4. 1793 an der Frankfurter **Hauptwache**. Gegen Mittag werden hier die gefangenen Mainzer Demokraten den Gaffern und Schlägern ausgesetzt, die Darmstädter Eskorte nimmt an den Misshandlungen teil. Eines der Opfer erzählte:

»Die Soldaten hielten uns einmal über das andere die Flinten auf die Brust und drohten, uns zu erschießen. Wir alle mussten stundenlang einen Regen von Steinen, Kot und geflissentlich herbeigebrachten Eiern aushalten. Endlich ging der Zug langsam zum Bockenheimer Tor [beim Opernplatz] hinaus. Vor der Stadt eröffnete sich nun eine andere kannibalische Szene. Jeder Soldat, mit einem Haselstock bewaffnet, schlug auf die armen Gefangenen mit der unbeschreiblichsten, schändlichsten Wut zu. Jeder zerschlagene Stock wurde im nächsten besten Zaune ergänzt. An der Spitze dieser Mörderschar zeichnete sich vorzugsweise der kommandierende Leutnant aus – und ihn begleitete, um sich eine kleine Zerstreuung zu machen, einer seiner Herrn Kameraden. Beide zerschlugen ihre spanischen Rohre auf Blau und seinen beiden Begleitern.«

Der Mainzer katholische Theologieprofessor Felix Anton Blau, Schüler von Immanuel Kant, war eine Leuchte der Mainzer Universität und Mitglied des Jakobinerklubs.

Der Jammerzug schleppt sich dem Taunus zu nach Königstein. Welch reiche Früchte die antidemokratische Hetze trägt, zeigt sich von Ort zu Ort. Dazu ein Augenzeuge, der am Rande mitmarschierte, weil seine Freundin in die Mainzer Revolution hineingeraten war.

»Wer sich eine Herde erboster Affen im Geiste malen kann, mit allen ihren wunderlichen Grimassen und ihrem Zähnefletschen, der hat kein sehr unrichtiges Bild von dem Frankfurter Pöbel, den der Verfasser damals zu beobachten das Mißvergnügen hatte.« ›Pöbel‹ meint keine armen Leute, sondern ein moralisches Urteil. Gerade sehr vermögende, hochgestellte Leute wurden als die schlimmsten Schläger beobachtet.

»Ein zügelloser Trupp Menschen löste den andern ab und verfolgte die Gefangenen mit frischer Wut bis über die Grenze. Alt und Jung strömte wie aus einem aufgestörten Wespennest von Dorf zu Dorf heraus aus den Häusern und drängte sich herbei, um sein Kontingent zu der Summe des Volksunwillens zu geben, der heute über diesen Transport Gefangene in vollem Maße ausgeschüttet wurde, bis sie endlich in Königstein ankamen.«

Verwandelt die Stimmung in Königstein. Blankes Entsetzen, Mitleid, vielleicht auch Furcht vor dem anrollenden Krieg. In der Festung benehmen sich die Mainzer Soldaten korrekt. Ein Leutnant distanziert sich von der prügelnden Darmstädter Truppe und stellt beim Abzählen fest, dass ein Gefangener zuviel angekommen ist. Ein alter Frankfurter Jude wurde unterm Bockenheimer Tor von den Schlägern unter Hieben dem Transport eingereiht und vier Stunden nach Königstein vorwärtsgeprügelt. Der Misshandelte stirbt am selben Tag. Unter den Opfern Sippenhäftlinge, als Familienmitglieder mitgezerrt.

Hellmut G. Haasis: Morgenröte der Republik, 1984, S. 81/84.

▩ SACHSENHAUSEN

In der Nacht des 6. 7. 1848 Katzenmusik vor dem Haus des Bäckers Jost in der **Löhergasse** bei der **Alten Mainbrücke**. Jost ist berüchtigt als Wucherer, der schlechtes Brot und zu kleine Brötchen bäckt und dazu die verarmten Kunden noch verhöhnt. Die Quittung: die Scheiben werden ihm eingeworfen. Als Soldaten willkürliche Verhaftungen vornehmen wollen, sperren die Demonstranten die Brücke. Die Truppe wird verspottet und verjagt.

Die Behörden schicken 120 Mann in die **Bäckergasse**, die durch Namensverwechslung einen Unbeteiligten im **Deutschordens-Haus** an der Brücke einlochen. Befreiungsversuch mit schweren Steinen. Allgemeines Gefecht, als das Militär aus dem Haus schießt. Am Ende drei Verletzte, die ins **Heiliggeist-Hospital** eingeliefert werden. Das Militär zieht sich auf Kähnen über den Main zurück, die Sachsenhäuser verbarrikadieren alle Hauptstraßen. Auf der **Mitte der Brücke** Bürgermilitär. Nachts an der Brücke Verhaftung von Christian Essellen, des Präsidenten des Arbeitervereins, eines ehemaligen preußischen Offiziers.

Eine Woche später widersetzt sich Sachsenhausen der Einquartierung österreichischen Militärs. Öffentliche Arbeiterversammlungen hören auf, aber der Verein ruft durch Plakate jeden Dienstag und Samstag zu Versammlungen im **Gräberschen Saal** auf. Essellen weiterhin in Haft. Beim badischen

Feldzug 1849 wird er Adjutant Beckers, des Generals der 5. Divison.

Franz Neuland: Proletarier und Bürger. Arbeiterbewegung und radikale Demokratie 1848 in Frankfurt am Main, Frankfurt 1973.

BAD HOMBURG VOR DER HÖHE

In den 1790er Jahren birgt die Stadt eine Gruppe revolutionärer Demokraten, gewöhnlich nur als Vertreter des *»deutschen Idealismus«* geschätzt. Aber ihre Beziehungen zum jakobinischen Mainz, zum entstehenden demokratischen Sonderweg des Linksrheinischen und zu Umsturzplänen belegen die revolutionär-demokratische Ausrichtung.

Schloss: die Atmosphäre wird zum Beginn der Revolutionszeit von Hofrat Franz Wilhelm Jung als einzigartig freiheitlich empfunden. So schreibt er im Februar 1792 an die Prinzessin Karoline, die älteste Tochter des Landgrafen:

»Woher kommt es, dass ich niemals jemanden gesehen habe, der Homburg ohne Schmerz und ohne Bedauern verlassen hat? Es ist einzig und allein dieses Gefühl von Freiheit und Gleichheit, das von dem gnädigen Herrn ausgeht, sich über alle Persönlichkeiten verbreitet und das jedem sein Selbstbewusstsein gibt, das man anderswo nicht finden könnte. Jeder kann

Sachsenhäuser Barrikade

denken, sprechen und tun, was er will. Wir brauchen keine Revolution, um uns die Freiheit zu verschaffen, ebenso wie in gewisser Hinsicht die Gleichheit.«

Der Umschwung kommt mit der Mainzer Republik 1792/93. Jung schreibt Ende 1793 dem Landgrafen:

»Auch die Franzosen lieb' ich, um ihrer Revolution und Konstitution [Verfassung] willen, die meine Liebe und Bewunderung verdienen. Alles bestärkt mich in meinem Glauben, dass die Franzosen an Kultur und Aufklärung und Humanismus alle Nationen weit übertreffen, dass daher nur sie einen solchen Umschwung der Menschheit beginnen und unter den ränkevollsten Entgegenarbeitungen der Aristokraten, der Pfaffen und ihres durch sie zum Verräter gemachten Königs fortführen und endigen konnten.«

1794 kündigt Jung dem Landgrafen, wohnt aber weiterhin in der Stadt. 1798 geht er ins französisch gewordene Mainz und wird Bürochef bei der Departementsverwaltung. Wilhelm Kämpf ist sein Vetter, der später in Südwestdeutschland eine führende Rolle bei der Revolutionsbewegung spielt. Am 3. 11. 1792 schaut er bei der Errichtung des 1. Freiheitsbaums in Mainz zu.

Wilhelm Thiery, Hofmaler und Zeichenmeister, war 1792 Mitglied im Mainzer Jakobinerklub. Mit der Homburger Gruppe standen die Mainzer Jakobiner Joseph Schlemmer und Rudolf Eickemeyer in enger Verbindung, Sinclair stellte den Kontakt zu dem französischen Geheimagenten Brechtel in Jena her. Die Bürgerschaft ist gegenüber den Demokraten gespalten, die Gegner werfen ihnen gelegentlich nachts die Fenster ein.

Sinclair Haus, Ecke Löwengasse/ Dorotheenstraße: Geburtshaus von Isaac von Sinclair, des engsten Freundes von Friedrich Hölderlin, bis 1806 revolutionärer Demokrat, der mit Leonhard Krutthofer, dem Geheimdienstchef der französischen Rheinarmee, auf einen Umsturz und eine deutsche Republik hinarbeitete. 1804 beabsichtigte Sinclair, nach dem Erfolg eines Aufstands in Südwestdeutschland auch in den linksrheinischen deutsch-französischen Departements eine Revolution gegen die Franzosen durchzuführen. Später national-konservativer Gegner des expansiven Napoleons.

Hölderlin hatte in Bad Homburg nacheinander drei Wohnungen: zuerst 1798-1800 in der **Haingasse beim Glasermeister Wagner**, als er wegen der Entdeckung der Beziehung zu Susette Gontard nicht mehr im Frankfurter Bankierhaus als Hauslehrer bleiben konnte. Hier entstehen *»Hyperion«* 2. Teil und Teile vom *»Tod des Empedokles«*.

1804-06 (2. Homburg-Aufenthalt) lebt Hölderlin in der **Dorotheen-**

straße 36, angestellt als Hofbibliothekar (Erinnerungstafel am Neubau von 1986), und in der **Haingasse 8 beim Sattlermeister Lattner**. 1799 hofft er wie die letzten aktiven süddeutschen Jakobiner auf ein Gelingen der Umsturzpläne. Als Sinclair 1805 verhaftet und in Stuttgart wegen Hochverrat angeklagt wird, schreit Hölderlin in Homburg, besorgt über sein Ende auf dem Hohenasperg, immer wieder: *»Ich will kein Jakobiner sein, fort mit allen Jakobinern!«*

Christian Waas: Franz Wilhelm Jung und die Homburger Revolutionsschwärmer 1792-1794, in: Mitteilungen des Vereins für Geschichte und Altertumskunde zu Bad Homburg vor der Höhe, 19. Jg., 1936, S. 31-80; Ursula Brauer: Landgraf Friedrich V. Ludwig von Hessen-Homburg und sein republikanischer Freund Franz Wilhelm Jung, in: Aus dem Stadtarchiv. Vorträge zur Bad Homburger Geschichte, 1991/92, S.7-36; Heinrich Scheel: Süddeutsche Jakobiner, Berlin 1962 (siehe im Register zu Kämpf); Pierre Bertaux: Hölderlin und die Französische Revolution, 1969; Christoph Jamme/Otto Pöggeler (Hg.): Homburg vor der Höhe in der deutschen Geistesgeschichte, 1981.

Stadtarchiv, im »Gotischen Haus«, Tannenwaldweg 102, Di 9-12, 13-16, Mi 14-19, Fr 9-12 Uhr. Tel. 06172-2 78 82.
Museum, im »Gotischen Haus«, Tannenwaldweg 102, Di, Do, Fr, Sa 14-17, Mi 14-19, So 10-18 Uhr. Tel. 06172-3 76 18, 30 47 83, Fax 93 72 16.
Sinclair Haus, Löwengasse/Dorotheenstr., Tel. 06172-40 42 52 (1978 beinahe abgerissen, darin wechselnde Kunstausstellungen). Geöffnet nur bei Ausstellungen, vorher anrufen.

Kapitel 3

SÜDHESSEN

MÖRFELDEN

Rathaus: 1932 Schauplatz einer roten Kommune im Widerstand gegen das bürokratische Darmstadt. 1924 bekommt der Mörfelder Lehrer Peter Klingler Berufsverbot, weil er sich bei der Freireligiösen Gemeinde betätigt und diesen Geist im Klassenzimmer nicht verleugnet. Aus Trotz wählen ihn die Bürger zu ihrem Bürgermeister. 1931 wird sein Nachfolger der erste kommunistische Bürgermeister Hessens: Georg Zwilling, Mitbegründer der USPD, Mitglied des Arbeiter- und Soldatenrats Frankfurt. Als Zwilling bei leeren Kassen den von Darmstadt aufgezwungenen Sparkurs nicht durchführt, geht die sozialdemokratische Landesregierung mit 200 stark bewaffneten Polizisten gegen die zahlreichen Versammelten vor, die mit Barrikaden das Rathaus versperren und in der Kirche die Sturmglocken läuten. Über Mörfelden wird der Belagerungszustand ausgerufen. – Wären die Regierenden 1932/33 gegen die Nazis nur halb so konsequent gewesen, Europa wäre viel erspart geblieben. Viele der Mörfelder Nazigegner landen im KZ Osthofen, einer wird in der Sowjetunion ein Opfer von Stalins Terror.

Hellmut G. Haasis: Spuren der Besiegten, III, Reinbek 1984, S. 951/961.

Startbahn West auf dem Frankfurter Flughafen: 1982 einer der Schwerpunkte des Widerstands aus der Bevölkerung (siehe die Hambach-Fahne jenes Jahres, Kap. 4, Hambach).

BABENHAUSEN

Festung: Am 31. 12. 1834 flieht der radikale Demokrat Wilhelm Schulz mit Hilfe seiner Frau aus der Festungshaft. Kurz vor dem Ausbruch schmuggelt er seiner Frau einen Brief nach draußen, heute unser Reiseführer auf den Spuren einer Flucht.

Wilhelm Schulz

»Bin ich erst aus dem Schloss heraus, so nehme ich den wohlbekannten kürzesten Weg nach dem Rhein. Erst muss ich diesen deutschen Peinstrom hinter mir haben, ehe ich wieder frei atme. Bis dahin sind etwa acht Stunden. Der Weg führt mich durch die Vorstadt von Darmstadt, wohin du dich auch sobald als möglich begibst. Er führt dicht an jenem Rheintor vorbei, wo ich in der langen Untersuchungshaft war. Unsere Wohnung ist dem Tore ganz nahe. Ohne dass ich in die Stadt hinein muss, kann ich mich von außen dir bemerkbar machen: ein Feuerzeichen mit Stahl und Stein gibt dir die Botschaft der gelungenen Befreiung. Zur größeren Sicherheit für uns beide magst du auf der rechten Rheinseite nach Straßburg reisen und von da nach dem fünf Stunden entfernten Hochfelden. Dort finden wir unsern Neffen, der schon vor uns seine deutsche Freiheit mit dem einzigen Gelde bezahlt hat, wofür sie jetzt noch zu haben ist: mit Fersengeld.«

Wilhelm Schulz: Briefwechsel eines Staatsgefangenen und seiner Befreierin, 2. Bd., 1846, S. 243f; Walter Grab: Dr. Wilhelm Schulz aus Darmstadt, 1984.

Eine finstere Silvesternacht, der Regen wird sofort zu Glatteis. Die Patrouille lässt sich, wie vereinbart, nicht mehr auf dem Wall blicken, bleibt im Warmen. *»Nach wenigen Sägenstrichen konnte ich das eiserne Kreuz aus dem Fenstergitter herausbrechen«* Alles vorbereitet. Herunterlassen an einem Seil, bald kann der Flüchtling sein Gewicht nicht mehr halten. Mit wunden Händen saust er auf den Boden, unverletzt. Übersteigen der inneren Mauer. Im Graben ist Eis, das hält. In Darmstadt schleicht Schulz am Haus seiner Mutter und seiner Frau vorbei, ohne sich bemerkbar machen zu dürfen. Nach wenigen Stunden geht's über den Rhein, drüben in der Pfalz Neujahrsfeier mit Fluchthelfern, die ihm beispringen, ohne ihn zu kennen. Übertritt ins Elsaß, wo er am 2. 1. seine Frau in Hochfelden findet. In Babenhausen wird derweil ein Ablenkungsbrief gefunden, der eine Flucht nach Frankfurt vorspiegelt.

▒ DARMSTADT

Luisenplatz, Landtagsgebäude, einst Zweite Kammer des hessen-darmstädtischen Landtags, vorher Palais eines Prinzen: hier verteidigen die linksrheinischen Abgeordneten aus Rheinhessen immer wieder die rheinischen Institutionen, wie das französische Recht aus der Großen Revolution hier heißt. Darunter Heinrich von Gagern, ab 6. 3. 1848 hessischer Innenminister, später Präsident der Nationalversammlung in Frankfurt. Am 28. 2. fordert er im Landtag eine *»Natio-*

nalrepräsentation«, ein *»interimistisches Haupt Deutschlands«* und ein Reichsministerium für Außenpolitik, Militär und Volksbewaffnung.
Theodor Reh, Schwager des umgebrachten oppositionellen Rektors Friedrich Ludwig Weidig (Butzbach), fordert am 2. 3. 1848 den Rücktritt des reaktionären Ministers Karl du Bois du Thil, der zwischen dem Großherzog und dem Volk stünde: nur so würden Deutschland und Hessen gestärkt gegen die *»Eroberungslust des freiheitstrunkenen Frankreich«*. Ein seltener Misston, während drüben in Mainz profranzösische Töne überwiegen.
Radikaler äußern sich die Orte des Odenwalds: sie verlangen die Beseitigung der noch bestehenden Rechte der Feudalherren, was bald zu Bauernaufständen und im benachbarten badischen Odenwald sogar zu Judenverfolgungen führt.
Im radikaldemokratischen **Mainz** ruft der Landtagsabgeordnete Franz Zitz für Aschermittwoch 8. 3. zu einem Marsch nach Darmstadt auf.
Nach der Revolution anerkennen die Fürsten nur diejenigen Wahlen, die ihnen bequeme Abgeordnete bringen. Als in Darmstadt im Dezember 1849 die Demokraten gesiegt haben, löst der Großherzog den Landtag auf. 1851 werden in allen deutschen Staaten die Grundrechte der Frankfurter Verfassung rechtswidrig aufgehoben.
Schloss: Der Großherzog tritt am 5. 3. 1848 vor der Volksbewegung zurück und übergibt die Regentschaft seinem Sohn Ludwig III., der den Reaktionär Thil entlässt und Gagern zum Minister ernennt. Aus Angst vor anmarschierenden Mainzer Demokraten, die als radikal bekannt sind, genehmigt der neue Regent alle Forderungen (außer den Adelsvorrechten und Steuerprivilegien). Die Mainzer können zuhause bleiben und feiern tagelang. Durch Darmstadt spukt die Illusion: *»Fürst und Volk reichen sich die Hände.«*
Alter Friedhof: Gräber von **Gagern**; **Luise Büchner**, Schwester von Georg Büchner und Frauenrechtlerin; **Ludwig Büchner**, ihr Bruder, materialistischer Philosoph, Freidenker und Gründer der örtlichen Arbeiterbewegung; **Ludwig Weidig**, Rektor in Butzbach, der mit Georg Büchner den *»Hessischen Landboten«* herausgab und im Darmstädter Gefängnis unter merkwürdigen Umständen ›gestorben wurde‹.
Staatstheater: Büchner-Denkmal.
Grafenstraße 39 (Neubau): Büchner-Gedenktafel. Am 23. 7. 1848 ziehen 8.000 rheinhessischen Demokraten in die Stadt ein und stoßen auf Monarchisten, die als Erkennungszeichen blaue Kornblumen tragen.
Vorort Kranichstein: der von hier stammende Demokrat Lud-

wig Nievergeld gründet im Dezember 1835 den ersten deutschen Arbeiterverein in Mülhausen/Elsaß (siehe Kap. 8). Vorher Student der Forstwirtschaft, radikaler Burschenschaftler, inhaftiert, 1835 geflüchtet.

Erich Zimmermann: Für Freiheit und Recht! Der Kampf der Darmstädter Demokraten im Vormärz, 1987; Walter Gunzert: Darmstadt im Jahre 1848, in: Zeitschrift für die Geschichte des Oberrheins, 97, NF 58, 1949, S. 203-228.

▩ RIEDSTADT-GODDELAU

Weidstr. 9 (vom Rathaus/Bahnhofstraße in die Hauptstraße, dann links ab): Geburtshaus von Georg Büchner, Gedenktafel. Zusammen mit Weidig bringt Büchner 1834 in illegalen Drucken die Flugschrift »*Hessischer Landbote*« heraus. In Gießen und Darmstadt gründete er Gruppen der »*Gesellschaft der Menschenrechte*«, in direkter Anknüpfung an die Französische Revolution.

Angesichts der drohenden Verhaftung flieht er am 1. 3. 1835, kommt am 9. bei Wissembourg über die französische Grenze und verbringt 20 Monate seines Exils in Straßburg. Von dort schreibt er nach Hause: »*Seit ich über der Grenze bin, habe ich frischen Lebensmut; ich stehe jetzt ganz allein, aber gerade das steigert meine Kräfte. Der beständigen geheimen Angst vor Verhaftung und sonstigen Verfolgungen, die mich in Darmstadt beständig peinigte, enthoben zu sein, ist eine große Wohltat.*« Ganz richtig vermutet er, in Darmstadt warte auf ihn eine »*langsame Folter*«. Weidig fällt in die Hände des gewalttätigen, rechtsbrecherischen Untersuchungsrichters Georgi und liegt 1837 schwerverletzt tagelang und ohne ärztliche Versorgung in der Zelle, bis er endlich tot ist. Vier Tage vorher stirbt Büchner in Zürich.

Georg Büchner/Ludwig Weidig: Der Hessische Landbote, (Sammlung Insel) 1965.

Büchnerhaus, Archiv und Begegnungsstätte des Fördervereins Büchnerhaus e. V. ; Bahnhofstr. 1, 64 560 Riedstadt-Goddelau. Museumsleiterin Rotraud Pöllmann, Tel. 06158/63 50.

▩ ODENWALD

Nach dem endgültigen Sieg über Napoleon 1815 hoffen die Völker auf freiheitliche Verfassungen und ein einziges deutsches Parlament. Als die Fürsten zögern, sucht in Hessen-Darmstadt eine Verfassungsbewegung diesem Wunsch Nachdruck zu verleihen. Zur Unterstützung bildet sich ein Kreis radikaler Demokraten, »*die Gießener Schwarzen*«, die einen Umsturz herbeiführen wollen. Der Landtag scheitert mit dem Versuch eines Steuerstreiks. Erstmals taucht unter dem einfachen Volk eine glänzende

Agitationsflugschrift auf, deren Autor lange nicht zu entdecken war: *»Frag- und Antwortbüchlein über Allerlei, was im deutschen Vaterland besonders not tut. Für den Bürgers- und Bauersmann«*.
Als Autor wurde der darmstädtische Offizier Wilhelm Schulz ermittelt, der als Brücke zwischen den früheren jakobinischen Flugschriften der 1790er Jahre und Büchners »Hessischem Landboten« zu verstehen ist. Verschickt wird die Broschüre gleich päckchenweise. Die Verbreitung ist weit nachgewiesen. In Stuttgart, Jena und Weimar gibt es Nachdrucke. Schulz beginnt sein *»Büchlein«* ähnlich wie einst Clauer (Kap. 6, Strasbourg): *»Es hat sich wohl schon jeder selbst im Stillen also gefragt: ›Wie ist‹s doch in der Welt?‹ und: ›Wie sollt‹s doch sein?‹ - Solche Frage nun und die Antwort drauf stehn denn auch in dem Büchlein und der Bauersmann soll selbst zusehen, ob alles, was drein steht, auch wahr ist und recht.«*
Schulz setzt auf die Volkssouveränität, auf Freiheit und Gleichheit, eine gewählte Volksvertretung, die damals revolutionäre Idee der Steuerprogression (die bis heute fröhlich durchlöchert wird) und lehnt wie alle frühen Demokraten ein ständig eingerichtetes Heer *(»stehendes Heer«)* ab.

(Wilhelm Schulz; anonym): Not- und Hilfsbüchlein für vorsichtig liberale Esser und Trinker, Zürich 1844 (XII, 56 Seiten, gedruckt als Schmuggelware 11,5 x 7 cm. Exemplar in der Stadtbibliothek Trier und der Staatsbibliothek München); Karl-Ludwig Ay: Das Frag- und Antwortbüchlein des Darmstädtischen Offiziers Friedrich Wilhelm Schulz, in: Zeitschrift für bayerische Landesgeschichte, 35, 1972, S. 728-770, im Anhang S.762-770 das »Not- und Hilfsbüchlein«.

▩ MICHELSTADT im Odenwald

Lindenplatz, 1848 umbenannt in Eintrachtsplatz: am 10. 3. 1848 findet die erste zentrale Odenwälder Volksversammlung statt, die zu einer Petition mit 1.000 Unterschriften führt. Aus diesem Anlass feiern 3.000 Menschen am 28. 3. ein großes Freudenfest, alle Häuser sind mit den deutschen Fahnen geschmückt. Festrede des Mainzer Abgeordneten Zitz, der als einziger gegen die Feudalpflichten im Odenwald agitiert. Der Zehnte sei durch eine Entschädigung abzulösen. *»Unter donnernden Hochs und den freudigen Salven des Schützencorps trat Herr Zitz zurück.«*
Der Bürgermeister betont: die Gleichheit vor dem Gesetz sei nicht mit der Gleichheit des Eigentums zu verwechseln, – es gab solche Tendenzen auch im Odenwald, – den Armen solle man Arbeit geben. Der Gesangsverein singt *»Was ist des Deutschen Vaterland«*.
Am 2. 4. 1848 öffentliche Weihe der deutschen Fahne vor 6.000

Leuten, erstenmals treten sowohl die christliche wie die israelitische Schuljugend mit ihren Lehrern auf. Der jüdische Religionslehrer Levi bedankt sich für *»die so glücklich veränderte Stellung«* der Israeliten in Deutschland.

Ludwig Bogen, der örtliche Abgeordnete in Frankfurt, veranstaltet am 4. 3. 1849 eine Erinnerungsfeier für die Märzrevolution, nur noch mit Abgeordneten der äußersten linken Fraktion Donnersberg. Die Revolution zerbröckelt. Zitz ist noch radikaler geworden, fordert die Abschaffung des Adels. Der Zehnte sei entschädigungslos abzuschaffen, die Grundherren hätten die Ablösungsverträge nirgends eingehalten.

Bogen gehörte einst zum Kreis der Revolutionäre um Weidig und Büchner, kam nach dem Frankfurter Wachensturm 3 1/2 Jahre in Haft. Emigration in die Schweiz, Banksekretär in Bern. Rückkehr 1848 und Wahl in die Paulskirche. 1850 in einem Prozess freigesprochen, 1851 in den Landtag gewählt. Zwei Jahre danach hat er die Nase voll und wandert in die USA aus.

Ella Gieg: Ludwig Bogen 1809-1886. Dokumentation über das bewegte Leben eines Odenwälder Revolutionärs, Michelstadt 1986.

Kapitel 4

PFALZ

Die Pfälzer ebenso wie die Rheinhessen besitzen eine Perle unserer demokratischen Geschichte, ohne davon viel zu wissen oder auch nur wissen zu wollen. Im Verlauf der Französischen Revolution bildete sich hier eine neue Gesellschaftsordnung heraus, die sich nach Napoleons Sturz mit einem Sonderstatus im Deutschen Reich behaupten konnte. Die französischen Rechtsinstitutionen festigten sich in einer starken personellen Kontinuität, die über das Hambacher Fest von 1832 bis über die Erhebung für die Reichsverfassung 1849 hinaus reicht. Nach 1871 konnten die annektierten Elsässer noch spüren, wer von den deutschen Beamten mit dem französischen Recht vertraut war und deshalb den Elsässern ihre Rechte lassen wollte, allen voran Pfälzer.

Der demokratische Sonderweg des deutschen Linksrheinischen zwischen Mainzer Republik, Hambach und 1849er Erhebung wird gering oder gar nicht geschätzt. Die Mainzer haben es der Geschichte nicht verziehen, dass sie ihnen 1792 die erste deutsche Republik beschert hat, wofür sich in den 1970er Jahren zu allem Unglück auch noch die Historiker der DDR interessierten.

Freischärler

Zum demokratischen Sonderweg des Linksrheinischen 1789-1900 ist zu empfehlen Kurt Baumann: Die Kontinuität der revolutionären Bewegungen in der Pfalz von 1792 bis 1849, in: Hambacher Gespräche 1962, Wiesbaden 1964, S. 1-19; Ders.: Das pfälzische Appellationsgericht in der Zeit von 1815-1871. Die pfälzische Justiz im Kampf um den modernen Rechtsstaatsgedanken, in: Wilhelm Reinheimer (Hg.): Festschrift zum 150jährigen Bestehen des Pfälzischen Oberlandesgerichts, (1966), S.1-57; Ders.: Volkserhebung und Konspiration in der pfälzischen Bewegung von 1848/49, in: Mitteilungen des historischen Vereins der Pfalz, 68, 1970, S. 292-317. Hellmut G. Haasis: Morgenröte der Republik, 1984.

▩ KAISERSLAUTERN

Im kurzen, heißen Sommer 1849 die Hauptstadt der pfälzischen Demokratie.

Ecke Schloss-/Benzinostraße: hier stand das Zentralgefängnis der Pfalz. Nach dem Hambacher Fest und der Erhebung von 1849 Haftort für Demokraten. Der Hambacher Redner Wirth saß 1834-36 hier ein. Bei Wirth entstand die Grundlage für eine Psychose, die ihn Jahre später in der Freiheit einholte.

Die Fruchthalle, wo 1849 im oberen Saal Volksversammlungen abgehalten wurden, war auch Tagungsort des Landesverteidigungsausschusses und der provisorischen Regierung der von Bayern getrennten Pfalz. Die freiheitliche Stimmung der Stadt lässt sich am besten nacherleben im 1. Kapitel des Kaiserslauterer Revolutionsromans von Friedrich Albrecht Karcher: *Die Freischärlerin* (1851).

Steinstraße 5: während der Revolution *»Hotel zum Donnersberg«*(1849), in dem die Regierungsmitglieder speisten und übernachteten, jetzt »**Stadtschänke**«. Man lese dazu die Biertischdiskussion im *»Donnersberg«* (*»Freischärlerin«* S. 62-72). Als Teilnehmer in der pfälzisch-badischen Revolutionsarmee und scharf beobachtender, etwas hochnäsiger Kritiker sitzt Friedrich Engels mit am Tisch, nachzulesen in seinem Buch *»Die deutsche Reichsverfassungskampagne«.*

Steinstraße 7: einst die Tabakfabrik Karcher & Weber, Mitbesitzer ein Bruder des Romanciers Karcher.

Stiftsplatz, wo am 2. 5. 1849 die entscheidende Volksversammlung (10 – 12.000 Teilnehmer) der Pfalz stattfindet und als erstes Gebiet in Deutschland die Erhebung für die demokratische Reichsverfassung beschlossen wird.

Fackelstraße 22: Sterbehaus von Karcher 1855.

Maxplatz, wo am 2. 5. 1849 2-3.000 Radikaldemokraten aus Protest gegen die gemäßigten Beschlüsse mit der Marseillaise und unter roten Fahnen die Republik ausrufen. Die Stimmung der Zeit und die abenteuerlichen Gestalten überliefert eindrücklich Ernst Schalck in seinen Lithographien *»Skizzen aus der Pfalz während der Erhebung im Mai 1849«*, mit Texten des Frankfurter Mundartdichters Friedrich Stoltze.

F. A. Karcher: Die Freischärlerin (1851), Neudruck Frankfurt 1977 (noch im Handel, darin Neudruck von Schalcks Lithos); M. Krausnick: Johann Georg August Wirth, 1997.

▩ ALSENBORN

Der Kaiserslauterer Vorort erlebt nach dem Hambacher Fest eine sozialrevolutionäre Bewegung. Die Armen erhalten aus der Gemeindekasse eine kleine Unterstützung, die sie im Taglohn abarbeiten müssen. Viele Einwohner fordern die Öffnung des Waldes für Holzsammler und das Vieh, erkennen keinen Förster und Waldschützen mehr an: *»Der Wald gehört uns.«* Für den Fall, dass sie nichts bekämen, drohen sie mit der Plünderung der Vermögenden. Aus Hambach machen sie ein anarchistisches Programm:

»Kein Landesherr, keine Obrigkeit soll mehr existieren. Jeder kann tun, was er will. Die Waldungen müssen frei sein, die Gemeindegüter gehören den Bürgern, und was man nicht freiwillig zugeben will, das müssen wir mit Gewalt tun.«

Viele sagen sich von der Religion los: Zeit der Dissidenten. Als diese zum gutbürgerlichen Hambach nicht passende Armenbewegung im Landauer Geschworenengericht zur Sprache kommt, wiegelt der Verteidiger August Culmann ab: *»Ich muss bemerken, dass es im ganzen Rheinkreise keinen Ort gibt, wo eine solche Masse von Waldfrevlern sich vorfindet, als in Alsenborn.«*

■ KIRCHHEIMBOLANDEN

Vom 12. 5. bis 14. 6. 1849 Hauptquartier des demokratischen *»Rheinhessischen Armeekorps«* (1000 Mann) innerhalb des pfälzischen Freiheitsheers (insgesamt 13.000 Mann).

Freischarenrundweg Tafel 3, Ende Dr. Edeltraud Sießl Allee: Anrücken der preußischen Invasionsarmee am 14. 6. von Morschheim, die hoffnungslos unterlegenen Freischaren weichen zurück, bauen Barrikaden auf der **Allee** (vor

Ein Förster erwischt Holzdiebe

der Gärtnerei Merz), besetzen den **Schlossgarten**, die **Allee** und den **Friedhof**. Als die Preußen sich nähern, verlässt die Freiheitstruppe die Stadt. Im Schlossgarten bleiben, ohne Nachricht, 40 Mainzer Schützen zurück, die die **östliche Schlossgartenmauer** als Deckung benützen.

Freischarenrundweg Tafel 2, Haupteingang des Schlossgartens, damals verbarrikadiert. Die Preußen legen hier und im Garten 17 Freischärler um, die sich schon ergeben haben. Wehrlose werden von den Bäumen heruntergeschossen. Im **Schloss** waren die Werkstätten der Freischaren, geleitet vom roten Mainzer Arbeiterverein.

Freischarenrundweg Tafel 14: Im Eckhaus **Mozartstraße/ Schlossstraße** wohnte die Familie Hitzfeld. Das Ehepaar gehörte zu den aktivsten Demokraten, hier waren Zitz und Bamberger einquartiert, die Anführer der rheinhessischen Freischar. Zur Legende wurde die Tochter Mathilde Hitzfeld, die die Freischaren begleitete und anfeuerte, beim Bau der Barrikaden half und den Anmarsch der Preußen vom Kirchturm meldete. Inhaftiert. 1851 beim Medizinstudium in Heidelberg hinausgeekelt. Auswanderung in die USA.

Freischarenrundweg Tafel 10, Grauer Turm, Dr. Carl-Glaser-Straße: neue Freischarenplastik und Wandbild über den Barrikadenkampf durch Edeltraud Sießl.

Freischarenrundweg Tafel 12, Evangelische Peterskirche: Sonntag 5. 4. 1848 erste revolutionäre Volksversammlung, angestoßen vom Arzt Dr. Friedrich Glaser, dem Vorsitzenden des Bürgervereins. Den Armen müsse geholfen werden, sonst drohe *»der Umsturz alles Bestehenden«*. Ein neuer, besserer Gemeinderat sei zu wählen, die Sitzungen müssten öffentlich sein. Neues Steuersystem unter *»Ausgleichung zwischen Kapital und Arbeit«*. Der Arbeitslohn sei nach der Höhe der Lebensmittelpreise neu zu festzulegen. – Einer der Söhne von Dr. Glaser brachte es zum Aufsichtsratsvorsitzenden der BASF Ludwigshafen. Nicht alle Wege von 1848 führen in Elend und Emigration.

Freischarenrundweg Tafeln 5 und 6, Friedhof: am Eingang Denkmal der trauernden Germania (1872) für die 17 gefallenen Freischärler, deren Namen auf der Rückseite des Sockels sind. Auf dem Hauptweg 50 m hinein, dann 30 m rechts liegt das Massengrab der 17 mit einem schlichten Gedenkstein: Freischarensymbol mit zwei gekreuzten Gewehren unter dem Heckerhut. Den Grabobelisk stiftete 1866 der Demokrat und Posthalter Carl Adolf Ritter, vorher war jede Erinnerung verboten.

Konrad Lucae: Kirchheimbolanden und der pfälzisch-badische Aufstand 1848/49, 1979.

Heimatmuseum, Amtsstraße 14, (die beste Sammlung über die pfälzische Erhebung: Fahne der »*Donnersberger Freischar*«, Waffen, Plakate, Karten, Bilder, Grabplatte von Dr. Glaser). Geöffnet Mai – Oktober 14-16 Uhr oder nach Vereinbarung. Tel. Verbandsgemeindeverwaltung 06352-400 415, Fax 400 468.

»Freischarenrundweg« in 15 Stationen mit Tafeln seit 1998. Eine erklärende Broschüre ist zu beziehen bei der Verbandsgemeindeverwaltung (siehe oben). Dort kann man auch Stadtrundgänge buchen. Beginn am Schloss.

▩ FRANKENTHAL

Speyerer Tor: Östlich davon seit 1986 die **Metallbüste** eines großen Freiheitskämpfers: Johann Philipp Becker, der hier aufwuchs und Bürstenbinder lernte. Vom Bildhauer Erich Sauer gegossen nach dem Vorbild der Büste an Beckers Grab auf dem Friedhof von Genf. Becker ist eine der mitreissendsten Gestalten der revolutionären Demokratie. Seit 1831 Anhänger von Siebenpfeiffer, 1832 Mitglied des örtlichen Pressevereins, ruft er auf dem Hambacher Fest zum bewaffneten Kampf auf und verhilft danach vielen Gefangenen in die Freiheit. Als es ihn selbst erwischt, flüchtet er 1838 in die Schweiz nach Biel, wo er ein Zentrum der deutschen Emigration bildet. Ab 1847 Aufbau einer deutschen Legion für eine deutsche Erhebung, im Frühjahr 1848 kommt er mit dieser Truppe zu spät zum Heckerzug, ebenso im September zu Struves Lörracher Republik. Als er im Mai 1849 auf dem Absprung zu Garibaldi in die römische Republik ist, wird er nach Baden gerufen und bringt es zum Divisionsgeneral. Danach wird er aus Biel ausgewiesen, geht in den liberaleren Kanton Genf, schließt sich Marx, Engels und der 1. Internationale an, anfangs mit Bakunin, was die rote Orthodoxie ihm ewig krumm nahm. 1860 wirbt er in Genua Freischärler für Garibaldi. 1882 meldet er sich noch einmal zu Hambach, mit einem illegalen»*Offenen Brief*« an die unterdrückte Sozialdemokratie.

Südwestlich des Neumayerrings (damals noch Stadtmauer), **Ecke Bahnhofstraße/Neumayerring** stand einst das **Bezirksgefängnis**, in dem Siebenpfeiffer 1833 einsaß. Auch er kam dank Beckers Fluchthelfer heraus.

Rathausplatz (früher Marktplatz): der Platz samt dem Stadtzentrum ging 1944 bei der Bombardierung unter. 1798 war bei der Errichtung des Freiheitsbaums der Großvater des späteren badischen Revolutionsgenerals Becker dabei. Der Baum wurde erst in den 1920er Jahren beseitigt. Errichtung eines *»Konstitutionszirkels«,* des lebendigsten demokratischen Klubs der Pfalz, mit Grundideen für die republikanische Erziehung.

Im **Gasthaus »Zum Schwanen«** am Rathausplatz gibt es am 29. 5. 1832, dem 2. Tag des weit entfernten Hambacher Festes, eine Protestversammlung, die den Getreideexport verhindern will, solange Hunger herrscht. Der Stadtrat hat recht spät beschlossen, für Arme den Brotpreis auf die Hälfte herabzusetzen. Als abends eine Menge zum jüdischen Kornhändler Bernays loszieht, verhindert eine Sicherheitswache des Press- und Vaterlandsvereins die Plünderung seines Magazins.

Wormser Tor: Dort stand das städtische **»Polizeigerichtsgefängnis«**, direkt östlich an das Wormser Tor gebaut, nördlich an die Stadtmauer gelehnt, jetzt **Foltzring**. Hier liegt Venedey 1832 in Auslieferungshaft für Preußen. Auch er kann mit Hilfe örtlicher Demokraten fliehen, darunter sein Freund Heimberger (Sohn eines Mainzer Jakobiners) und der Bürstenbinder Becker. Als Flüchtling wird Venedey mit der *»Demokratenpost«* nach Frankreich geschleust.

Parkfriedhof: Das **Veteranendenkmal** für die Napoleonischen Soldaten, 1841 aufgestellt, findet sich 50 m nördlich vom Eingang, rechts vom Hauptweg. Der Napoleonskult hat im Rheinland ein doppeltes Gesicht, neben der Glorifizierung der alten Kriegstaten ist er eine Erinnerung an die Errungenschaften, die der Korse in Europa verbreitet hatte. Ab 1874 überlagerte der nächste *»Kriegerverein«* diese Erinnerung, nun für die Gefallenen von 1870/71.

50 m weiter steht der 2 m hohe Grabstein des pfälzischen Demokraten **Friedrich Justus Willich** auf einem links abzweigenden schmalen Weg zu einem kleinen Nebeneingang. Kurz davor rechts ein unbefestigter Weg an der Friedhofsmauer entlang nach Norden. Nach 20 m links befindet sich **direkt an der Friedhofsmauer** der Stein. Willich war seit 1819 Advokat in der Stadt, 1826-49 oppositioneller Abgeordneter im bayerischen Landtag in München, 1832 Mitverfasser eines Protestaufrufs Frankenthaler Advokaten gegen das Verbot des Hambacher Festes, deshalb wurde ihm 1840 der Urlaub für das Landtagsmandat in München verweigert. 1848 Mitglied des deutschen Vorparlaments. Zuhause hatte er eine radikale Frau Elisabeth Josephine, deren Vater Joseph Schlemmer einst Mitglied des Mainzer Jakobinerklubs gewesen war, mit Verbindungen zu den **Homburgern** Isaak von Sinclair, Wilhelm Kämpf u.a.

J. Ph. Becker/C. Essellen: Geschichte der süddeutschen Mai-Revolution des Jahres 1849, Genf 1849; Hellmut G. Haasis: Edelweißpiraten, 1996, S. 71ff (Erzählung über Venedeys Flucht, nach dessen eigenem Bericht).

Erkenbert-Museum, Rathausplatz, Tel. 06233/89-535, geöffnet Di-So 14-18 Uhr. Im Obergeschoss Proklamation der pfälzischen Revolutionsregierung 1849, Aquarelle Frankenthaler Freischärler, Pfeife von 1848, Porträts der Revolutionäre Peter Fries und Daniel Hertle, Aquarelle mit franz. Revolutionssoldaten in der Frankenthaler Mühle 1794, gedruckte Reden aus der Konstitutionsgesellschaft 1798, Schießscheibe von 1860 mit Erinnerung an die Hambacher und 1848.

Für den Rundgang besonderen Dank an Herrn Nestler (Stadtarchiv).

SPEYER

Der **Dom** war bevorzugte Grabstätte der deutschen Könige und römischen Kaiser. Im Frühjahr 1794 zerstören französische Revolutionstruppen die Altäre, französische Jakobiner gründen einen militärischen Jakobinerklub.

Vor dem S**tadttor Richtung Landau, am Pfälzischen Zoll** gewinnt am 30. 9. 1792 die Vogesenabteilung der französischen Rheinarmee die erste Schlacht der Jakobinerzeit, das linksrheinische Gebiet bis Mainz ist durch die Flucht des Adels und der Regierungen mit einem Schlag ohne Feudalherrscher.

Der erste Jakobinerklub wird 1792 gegründet, hohe Beteiligung bei den Wahlen 1793 zum Rheinisch-deutschen Nationalkonvent in Mainz.

Domplatz: am 29. 3. 1798 wird vor dem Dom ein Freiheitsbaum errichtet, angeregt vom neuen Demokratenklub *»Konstitutioneller Zirkel«*. Das Ereignis überliefert eine Radierung von Johannes Ruland, der selbst Mitglied des Zirkels war.

Am 22. 9. 1802, dem Neujahrstag der Republik, führt die Jugend das Schauspiel *»Die Rückkunft aus der Geiselschaft«* auf, womit die rechtliche Gleichstellung des Departements Donnersberg mit den anderen Departements gefeiert wird.

Die *»Neue Speyerer Zeitung«* von Butenschön und Kolb entwickelt sich nach 1815 zur entscheidenden demokratischen Zeitung für die Verteidigung der Errungenschaften aus der Großen Revolution (französisches Recht, *»Institutionen«).*

NEUSTADT (WEINSTRASSE)

Marktplatz: Am 3. 3. 1798 Errichtung eines Freiheitsbaums. Bei der Gründung des *»Konstitutionszirkels«* überreichen drei junge Frauen, die kurze Reden halten, dem Klub eine Fahne (verloren). Allgemeiner Tanz um den Baum, abends Beleuchtung der Stadt, Feuerwerk.

Zug und Reden, gehalten bei Pflanzung dess Freiheitsbaums zu Neustadt, am 14. Ventôse 6. Jahr der einen und unteilbaren

Franken-Republik, Frankenthal (1798; ein Exemplar in der Stadtbibliothek Mainz).

Am **Gemeindehaus** werden am 19. 1. 1832 polnische Flüchtlinge begeistert aufgenommen. Dieselbe Stimmung in der gesamten Pfalz, wie fast in ganz Deutschland, auch in Strasbourg.
Hier war der Ausgangspunkt für das berühmte Hambacher Fest 1832, mit 20-30.000 Teilnehmern die größte Protestkundgebung vor 1848. Zu den Einladenden gehören Abraham Lembert, im Elsaß einst befreundet mit Eulogius Schneider, und Schopmann, Abgeordneter im Münchner Landtag. Abmarsch der Demonstranten auf dem **Marktplatz**, voran die polnische Fahne, dann die deutsche mit schwarz-rot-gold und der Inschrift »*Deutschlands Wiedergeburt*« und eine schwarze Protestfahne »*Die Weinbauern müssen trauern*«. Kein Nationalismus.
Am ersten Jahrestag des Festes 1833 hält bayerisches Militär die **Ruine** besetzt. Als die Neustädter hinaufgehen und singen, werden alle Lieder für verboten erklärt, die Spaziergänger mit brutaler Waffengewalt vom Berg vertrieben. Die Soldaten schreien: »*Ihr liberalen Hunde, ihr Franzosengesindel, ihr müsst alle sterben.*« Am **Marktplatz** auf der **Hauptwache**, neben der Post, wird jeder auffallende Bürger vorgeführt und durchgeprügelt: mehrere Schwerverletzte, ein Toter, der nachts vom Militär verscharrt wird.
Die stärkste Opposition innerhalb der pfälzischen Erhebung 1849 geht von den Neustädter Arbeitern aus, radikalen Demokraten, zumeist ausgetreten aus der Kirche (Deutschkatholiken, Dissidenten). Am 14. 1. 1849 Trennung vom pfälzischen Volksverein, Gründung eines Arbeitervereins unter dem Stuttgarter Heinrich Loose und dem Neustädter Uhrmacher Johann Valentin Weber; mit 600 Mitgliedern (8 % der Einwohnerschaft) die größte Organisation dieser Art in der Pfalz.
Bahnhofvorplatz: Am 6. 5. 1849 Volksversammlung mit 4 – 5.000 Radikalen, die nach der Ausrufung der Republik in Kaiserslautern gegen den aus Frankfurt eingetroffenen Reichskommissar Eisenstuck protestieren, der die Erhebung zur bremsen sucht. Am nächsten Tag stehen die Neustädter bewaffnet gegen anmarschierende preußische Truppen auf. Ein Sensenkorps des Arbeitervereins, angeführt vom Uhrmacher Valentin Weber (später mit Karl Marx befreundet), marschiert nach **Haßloch** und reißt die Eisenbahnschienen heraus.
Mit dem »*Pfälzer Volksmann*« erscheint 1849 das erste sozialistische Arbeiterblatt. Auch die 1846 gegründete »*Turn- und Sportgemeinde*« fordert radikal: »*Teilung des Vermögens und Einführung der sozialen Republik*«.

Bernd Schwarzwälder: Frühe »Arbeiterbewegung« in Neustadt an der Haardt, in: Mitteilungen des Historischen Vereins der Pfalz, 81, 1983, S.371-405; Hans Fenske: Politischer und sozialer Protest in Süddeutschland nach 1830, in: Helmut Reinalter (Hg.): Demokratische und soziale Protestbewegungen in Mitteleuropa 1815-1848/49, 1986, S.143ff.

HAMBACH

Schloss: hier oben fand 1832 das berühmte Demokratenfest statt. Die Ursachen sind die wirtschaftliche Not infolge eines neuen bayerischen Zolls, der das Land abschnürt, und die Kolonialpolitik der ungeliebten Bayern in der linksrheinischen Provinz Rheinbayern. Als Gegenkraft wirkt die Kontinuität der linksrheinischen Demokraten seit der Jakobinerzeit mit einem eigenen Provinzparlament, dem Landrat. Seit 1816 verfassungsrechtlicher Sonderstatus innerhalb der bayerischen Monarchie durch die Bewahrung des französischen Rechts. Die pfälzische Führungsschicht, die beim Hambacher Fest tonangebend ist, stammt aus der Revolutionszeit.

Das Hambacher Fest gewinnt überregionalen Charakter: Delegationen kommen aus Frankreich, Polen und vielen Teilen Deutschlands, in Verbindung mit den revolutionären Republikanern in Paris. Zu den Hauptrednern zählen Siebenpfeiffer und Wirth. Auf einem leeren Weinfass proklamiert der Frankenthaler Bürstenbinder Becker vergeblich die Revolution; aus dem Exilanten in der Schweiz wird 1849 der einzige autodidaktische Revolutionsgeneral in der Freiheitsarmee.

Der Emigrant Ludwig Börne reist aus Paris nach Hambach und tritt

Die Ruine des Hambacher Schlosses.

für die revolutionäre Demokratie ein. Seiner Freundin Jeanette Wohl schreibt er am 28. 5.: *»Ich werde als ein Napoleon angesehen.«* Gestern Abend hätten ihm Heidelberger Studenten *»ein Vivat mit Fackelzug«* vor seiner Wohnung in Neustadt gebracht. *»Schon früher zog mir auf den Straßen alles nach mit Geschrei: es lebe Börne, es lebe der deutsche Börne! Der Verfasser der Briefe aus Paris. Ich flüchtete mich zu Bekannten in ein Haus, da stürzte man mir nach und rief vor den Häusern. Als ich heute über die Straße ging, riefen die Abreisenden aus den Wagen: es lebe Börne. Nicht bloß Studenten, auch Bürger. Die Rheinbayern, Polen, kommen alle deputationsweise zu mir und halten förmliche Reden.«*

Abseits der offiziellen Feier entwickelt sich noch mehr. Die Feierstimmung hält zwei Wochen an, in der ganzen Gegend wird nichts gearbeitet, aber die Ärmeren können gar nicht nach Hambach, sie haben kein Geld für die Reise. Statt dessen errichten sie in ihren Heimatorten Freiheitsbäume, *»Beschwerdebäume«* geheißen, über 70. Eine soziale Protestbewegung der ärmeren Schichten, begleitet von Nachdrucken der jakobinischen französischen Verfassung (1793). Weitere Freiheitsbäume wachsen noch 1833/34 aus dem Boden, wobei dann das bayerische Militär und die Gendarmerie viel entschiedener dreinschlagen.

Johann Georg Wirth

Bis 1847 werden Wiederholungen des Hambacher Festes militärisch unterdrückt. 1848 Pfingstversammlung am 11. 6. mit 5-6.000 Demokraten und dem linken, entschieden demokratischen Flügel der Paulskirche auf dem Schloss, darunter Robert Blum. Ab 1850 erneut Verbote des Festes. Mit 1872 beginnt die Geschichtsfälschung: im Zeichen des Triumphes über Frankreich erfindet man einen Hambacher Hass gegen die Franzosen. 1882 wird aus Angst vor den Anarchisten um Johannes Most das Fest wieder verboten. Nachts versuchen pfälzische Sozialdemokraten vergeblich, eine rote Fahne zu hissen, Militär beherrscht den Berg. Becker, der letzte Veteran, lässt illegal einen *»Offenen Brief«* verbreiten. Im Gegensatz zum umgefallenen Bürgertum lehnt er das Bismarck-Reich ab.

1914: der Pfälzerwaldverein wandelt das Fest um in eine Pflege der heimatlichen Trachten. 1922 gestaltet die Demokratische Partei ein Honoratiorentreffen unter französischer Aufsicht, das Linksrheinische ist besetzt. Seitdem wird Hambach reduziert auf die Idee des einigen und freien Deutschlands. 1932: Festrede von Theodor Heuß, ein Pressefest. Die Nazis drohen den Veranstaltern, die Hakenkreuzfahne aufzustecken gegen *»volksfremde, liberalistische und marxistische Gedankengänge«*.

1982 Dreiteilung der 150-Jahr-Feier. Zuerst unter schwerem Polizeischutz ein Honoratiorenfest der Landesregierung mit geladenen Gästen, für die die **asphaltierte Straße** aufs Schloss hinauf gebaut wird (Kosten 1 Million DM). Während der Feiern ist das halbe Dorf Hambach aus Sicherheitsgründen 10 Tage lang abgeriegelt, der ganze Berg von Bewaffneten besetzt: Ausnahmezustand.

Eine siebenköpfige Gruppe des Heidelberger Verlags *»Das Wunderhorn«*, darunter Arnfrid Astel, Michael Buselmeier und der Autor, werden am 27. 5. wie eine *»kriminelle Vereinigung«* observiert: am Bahnhof empfangen von einem *»Sondereinsatzkommando«* aus Kaiserslautern, aus der Luft observiert von einem Polizeihubschrauber, auf den vier Kilometern nach Hambach von Polizeimotorrädern ›eskortiert‹, unten am *»heiligen Berg der teutschen Demokrathie«* Leibesvisitation nach ›Waffen‹. Oben vor dem Gebäude, in dem die Herrschaften sich selbst feiern, provozierende Fotojagd durch *»Staatsschützer«*, die sich in Frankfurt einen Namen – und zum Glück ein Gesicht gemacht haben. Die freie Ausübung der Meinungsäußerung ist kinderleicht antastbar, die Öffentlichkeit federleicht manipulierbar.

Beim Spaziergang auf die Ruine flattert über der ›Verschwörergruppe‹ eine neue Hambacher Fahne: zweifarbig, oberes Dreieck grün, das untere rot, Aufschrift: *»HAMBACHER FEST heute: WYHL BROKDORF GORLEBEN STARTBAHN WEST«*. Auf der Rückseite: *»27. Mai 1982«*.

Hellmut G. Haasis: Volksfest, sozialer Protest und Verschwörung, Heidelberg 1981; 1832-1982 Hambacher Fest. Eine Ausstellung des Landes Rheinland-Pfalz, Neustadt/W. 1982; A. Doll: Philipp Jakob Siebenpfeiffer/Johann Georg Wirth, in: Das Hambacher Fest. 27. Mai 1832. Männer und Ideen, 2. Aufl. Speyer 1982, S. 7-94.; Willi Rothely/Manfred Geis (Hg.): Schon pflanzen sie frech die Freiheitsbäume. 150 Jahre Hambacher Fest, Neustadt/Weinstraße 1982; Wilhelm Herzberg: Geschichte der revolutionären Bestrebungen in Rheinbayern um das Jahr 1832, 1908, Nachdruck Köln 1982.

Hambacher Schloss: Dauerausstellung geöffnet März – November täglich 10-18 Uhr, geschlossen Dezember – Februar. Tel. 06321/30 881.

Es gibt verschiedene Wege hoch aufs Schloss. Wer's mit den alten Demokraten halten will, gewinnt ab Bahnhof Neustadt über einen Treppenweg durch die Stadt Höhe und erreicht auf einem herrlichen Weg der Haardt entlang nach einer Stunde das Schloss. Oder man nimmt den Bus-Pendelverkehr (stündlich) vom Bahnhof Neustadt zum Schloss hinauf. Wer glaubt, auch seinem Auto die Gegend zeigen zu müssen, kann bis ins Dorf Hambach fahren, dann zu Fuß durch den Wald hoch. Wer aber hinauffahren möchte, kann an einem schönen Wochenende nicht sicher sein, dass er oben einen Parkplatz findet. Das Schloss liegt auf der Gemarkung des Landkreises Bad Dürkheim, die Straße aber gehört Neustadt, das zur Freihaltung des Busverkehrs Autos abschleppen lässt, mit empfindlichen Kosten. – Eine Mischung: mit dem Bus rauf, zurück dann nach Neustadt über den Höhenweg, mit der besten Aussicht über das Rheintal bis zum Schwarzwald.

▒ ANNWEILER

Während des Hambacher Festes werden nacheinander am 8.5., 26.5. und 2.6.1832 drei Freiheitsbäume auf dem Marktplatz errichtet, am selben Platz, an dem schon in der Großen Revolution einer gestanden hat. Als am 10. 5. eine Gruppe bayerischer Soldaten den ersten Baum beseitigen will, wird sie von mehreren hundert Leuten, darunter vielen Frauen, mit Äxten, Mist- und Heugabeln zum Abzug gezwungen.

Pfarrhaus: als der Hambacher Redner Venedey 1832 aus dem Frankenthaler Gefängnis entflohen ist, kommt er die zweite Nacht hier bei Pfarrer Lanz unter. Eine sichere Station der untergründigen *»Demokratenpost«* (bei der Regierung *»Demagogenpost«* genannt).

Friedhof: an die Gefallenen des Rinnthaler Gefechts von 1849 erinnert ein Denkmal mit der trauernden Germania, *»Auch sie starben für das Vaterland«*. Ein neben den Soldatengräbern beider Weltkriege merkwürdig berührender Text.

▒ RINNTHAL

Am 17. 6. 1849 Rückzugsgefecht von 1.500 Freischärlern gegen die Preußen, 200 m vor dem **Ortseingang** nach Westen, auf der Straße von Hinterweidenthal. Auf der Höhe der **Mühle** verbarrikadieren die Demokraten die Straße. Die preußische Vorhut kommt aus Hinterweidenthal. Das Gefecht links und rechts der Straße entscheidet sich, als die Freischärler auf der linken Flanke, dem **Buchholzberg**, geschlagen werden.

Rückzug über die Knielinger Rheinbrücke nach Karlsruhe.

Schilderung bei F. Engels: Die deutsche Reichsverfassungskampagne (1850), 1969; A. Daul: Tagebuch eines politischen Flüchtlings während des Freiheitskampfes in der Rheinpfalz und in Baden, St. Gallen 1849 (ein Exemplar in der Landesbibliothek Speyer); Becker/Essellen: Süddeutsche Mai-Revolution, 1849, S.308ff. (je ein Exemplar in der Landesbibliothek Karlsruhe, der Stadtbibliothek Mannheim und der Universitätsbibliothek Tübingen).

▩ LANDAU

Seit 1648 französische Festungsstadt, in der Großen Revolution Zentrum für die Befreiung der Südpfalz. Der historische Stadtkern liegt zwischen den Ringstraßen, einst Festungsgräben.

Am **Rathausplatz** (früher Waffenplatz, Paradeplatz, Platz der Revolution) stand einst das **Alte Rathaus**: 1794 abgebrannt, auf der Ruine wurde 1823 eine neue Kommandantur im klassizistischen Stil erbaut, das jetzige Rathaus gibt es erst seit 1945. Im alten zwingen am 3. 8. 1789 Bürger den Magistrat, die Schlüssel zur Kanzlei herauszugeben. Einsetzung einer 14köpfigen Kontrollkommission, Prüfung der Bücher. Die Garnison weigert sich, auf die Bürger zu schießen. Ein junger Soldat aus Paris:

»Wir sehen die Landauer als unsere Väter und Brüder an; wir werden nie so schändlich handeln, unsere Väter und Brüder um ihrer Freiheit willen zu töten. Nein, wir halten uns zu und mit den Bürgern.«

Er wird verhaftet, doch beim Abtransport durch ein **Stadttor** befreien ihn Bürger. Rückkehr im Triumph auf den **Rathausplatz**. Die ganze Nacht wogt durch die Stadt ein Verbrüderungsfest von Soldaten und Bürgern.

Die erste Munizipalwahl findet im Februar 1790 statt, die Stadt wird in zwei Wahlbezirke eingeteilt. Trennlinie ist die **Gerbergasse**. Der südliche Bezirk (Oberstadt) wählt im **Kriegsspital** (heute **Sparkasse**), der nördliche (Unterstadt) im **Kaufhaus**. Erster Maire wird Isaak Barthelemy, früher Direktor der Lebensmittelversorgung in der Festung. Vereidigung der neuen Gemeindeverwaltung auf dem **Rathausplatz**. Öffentliche Gemeinderatssitzungen gibt es erst seit Juli 1792, nach einem Vorstoß des Jakobinerklubs, der sich am Neujahrstag 1791 gegründet hat. Am 7. 1. 1794 werden nachts 36 Landauer (die meisten Jakobiner, die sich dem Regime der Generalität widersetzt haben) auf dem Rathaus festgesetzt und später in die Festung Pfalzbourg transportiert.

Im **Alten Kaufhaus** (Nordseite des **Rathausplatzes**) kam es im Februar 1791 zur ersten Wahl des Friedensrichters durch die Bürgerschaft. Das Sitzungslokal des Klubs liegt anfangs im ersten Stock des **Alten Kaufhauses**, dann in der Gaststätte zum »**Weißen Ochsen**« in der **Gerberstraße,** später in der **katholischen deutschen Schule**. Im Klub herrscht kontrollierte Anwesenheitspflicht. Wer zweimal unentschuldigt fehlt, erscheint namentlich im Klubprotokoll, beim dritten Mal verliert er sein Stimmrecht, beim vierten Mal wird er ausgeschlossen. Sitzungen alle drei Tage 20-22 Uhr. Der Landauer Klub korrespondiert mit 62 anderen Klubs in Frankreich. Eines der führenden Klubmitglieder ist Georg Friedrich Dentzel (1755-1828), der es bis zum Abgeordneten in Paris und General bringt. Er opponiert öffentlich gegen Napoleons Beseitigung der Republik.

Auf dem **Paradeplatz** finden die politischen Feste statt, wie das *»Konföderationsfest«* am 14. Juli 1790. Auf dem erhöhten Bundesaltar (wäre heute dem Rathaus gegenüber) stehen 50 Frauen neben vier Fahnen. 3 Nationalfahnen wehen auf der entfernten **Stiftskirche**. Ablauf des Festes: 6 Uhr Glockengeläute und Kanonendonner, 9.30 Uhr Festzug aus Soldaten, Bürgern, Nationalgarde und Zunftmitgliedern. Route: **Paradeplatz, Marktstraße, Obertorplatz, Reiterstraße, Königstraße, Theaterstraße**, zurück zum Bundesaltar. Fahnenweihe der Garnison und der Nationalgarde. Reden der Geistlichen beider Konfessionen. Französische Rede des Maires, Vereidigung des Militärs. Alle ziehen in die **Stiftskirche** zum Tedeum. Abschluss abends mit Ball, Komödie und Feuerwerk.

Für das *»Konstitutionsfest«* (der König legt den Eid auf die Verfassung ab) vom 23. 10. 1791 wird auf dem **Paradeplatz** eine hölzene Bundessäule aufgestellt. Zum Jahrestag des Bastillesturms am 14. 7. 1792 ersetzen die Jakobiner sie durch eine größere Bundes- und Freiheitssäule aus behauenen Steinen, oben eine Freiheitsgöttin mit Lanze und Jakobinermütze. Der Volksmund spricht liebevoll vom *»Jacöbel«*. Alles wird 1814 unter den Bourbonen beseitigt. – Ein französischer General lässt im Februar 1794 auf dem Platz einen Freiheitsbaum setzen, der nicht mehr, wie zum Beginn der Revolution, Zeichen des Protestes und des revolutionären Willens ist, sondern Symbol einer neuen Staatskultur. Ein gedrucktes Programm schreibt die Lieder und selbst die Sprechchöre vor.

Am 21. 1. 1794, nach der Sprengung des deutschen Belagerungsrings durch französische Entsatztruppen, wird zur Erinnerung an die Guillotinierung des Königs ein *»Fest der gerechten Bestrafung des letzten Königs der Franken«* gefeiert.

Eine umfassende staatliche Festkultur entfaltet sich auf dem **Paradeplatz**, festgelegt 1795, doch von Bonaparte 1799 wieder abgeschafft. »*Tag der Volkssouveränität*« (10. 3.), »*Fest des Triumphs der Freiheit*« (22. 3.), »*Fest der Jugend*« (30. 3.), »*Fest der Eheleute*« (29. 4.), »*Fest der Erkenntlichkeit*« (29. 5.), »*Fest des Ackerbaus*« (28. 6.), »*Fest der Freiheit*« (27./28. 7., Hinrichtung Robespierres), »*Fest der Gefangennahme des Königs*«, »*Fest der Gründung der Republik*« (10. 8.), »*Fest der Alten*« (27. 8.).

Neues Rathaus: einst Kommandanturgebäude, bei dessen Bau 1823 die Steine des »*Jacöbel*« vergraben wurden. Das Rathaus der alten Demokratenstadt steht auf revolutionärem Grund.

Am 20. 9. 1848 wird in einem großen Fest die Fahnenweihe der Bürgerwehr begangen. In der Mitte des Platzes steht ein gewaltiger, von Fahnen umgebener Obelisk mit der Aufschrift »*Eintracht hält Macht*«. Besondere Beachtung findet die Ansprache des Bezirksrabbiners Dr. Grünebaum, der von der künftigen Verfassung die Gleichberechtigung der Juden erwartet.

Heute finden wir in der Mitte des Rathausplatzes keine Erinnerung an diese demokratische Geschichte, wie kaum eine deutsche Stadt sie bieten kann. Was sonst? Ein Reiterstandbild des bayerischen Prinzregenten Luitpold.

Stiftskirche: vom Kirchturm singen am 4. 11. 1792, am »*Fest der Abschaffung der Königswürde*«, die Kinder des Hospitals ein »*patriotisches Dankeslied*« (gedrucktes Exemplar im Stadtarchiv). Die »*Militärische Gesellschaft*« des Jakobinerklubs, deren Mitglieder dem französischen Militär angehören, halten hier ihre Sitzungen ab. Um die Kirche gegen eine Beschießung zu schützen, werden die Wände bis zur Dachrinne mit Erde bedeckt. Am 10. 1. 1794 Umwandlung der Kirche in einen »*Tempel der Vernunft*«, dann in einen »*Tempel des Höchsten Wesens*«. Hier finden die Dekadenfeiern statt, mit dem Ziel, politisch aufzuklären und die neuen Gesetze zu verlesen.

Königstraße Nr. 71, heute Supermarkt **Minimal**. Hier stand in der Revolutionszeit das Anwesen des Barons von Rummerskirch. Da der Herr mit Beginn der Revolutionszeit über den Rhein emigrierte, wurde sein Besitz 1796 als Nationalgut versteigert, erworben vom Jakobiner Georg Michael Treiber und weiterverkauft an den Konventsabgeordneten Dentzel, von dem es 1804 die demokratische Brauereifamilie Schneider erwarb. Ein hübscher Sonnentempel, der einst hier stand und den Treiber 1796 erwarb, steht heute im Kurpark von **Gleisweiler**.

Augustinerkirche: auf dem Höhepunkt der Revolution erhält der Dachreiter eine Jakobinermütze aus Eichenholz, die alle Machtwechsel übersteht. Weil der Dachstuhl 1847 erneuert werden muss, holt man die Freiheitsmütze herunter, setzt sie nachher aber in vormärzlich demokratischer Gesinnung wieder drauf. Als in den

1850er Jahren der bayerische König Landau besucht, muss er unter der über 60jährigen Jakobinermütze vorbeireiten. – Das Kloster war seit 1791 Truppenquartier, die **Kirche** ein Militärmagazin, 1794 Haftlokal für die Geiseln der Franzosen während des pfälzischen »*Plünderwinters*«.

Königstraße, gegenüber dem Deutschen Tor: Gedenktafel am Gasthaus »**Zum grünen Baum**«, dem Geburtshaus des Lyrikers und Freischärlers Konrad Krez, der 1850 in die USA auswanderte.

Links in die Kramgasse zum **Alten Stadthaus**, einst französische Kommandantur am **Martha-Saalfeld-Platz**, seit 1795 Rathaus.

Zur **Festung**, die ganz Landau prägte: am 30. 9. 1792 marschiert abends die Vogesenabteilung der französischen Rheinarmee unter General Custine von hier los zu ihrem Befreiungszug nach Speyer und Mainz. Dieser Nachtmarsch eröffnet die Epoche der deutschen Jakobiner. Als nach dem französischen Sieg von Speyer deutsche Gefangene nach Landau kommen, werden sie von der Bevölkerung herzlichst aufgenommen als »*befreite, irrende Brüder*«. In der Anfangszeit der Revolution fehlt der Nationalhass, der erst ab 1792 durch deutsche Invasionsarmeen provoziert wird.

Belagerung von Stadt und Festung durch die Preußen ab August 1793, viertägige Bombardierung Ende Oktober mit 30.000 Kugeln, Haubitzen und Granaten. Am 28. 12. wird Landau von der französischen Rheinarmee mit St. Just als Kommissar befreit. Am 7. 1. 1794 werden 36 Landauer Demokraten, zumeist entschiedene Jakobiner, wegen ihrer Opposition gegen die Willkür der französischen Generalität verhaftet und nach **Pfalzbourg** verlegt. Unter Robespierres Herrschaft kommt es in Landau zu keinen Todesurteilen. Als Napoleon 1805 alle französischen Bürger über die Abschaffung der Republik und die Einführung des Kaisertums abstimmen lässt, erntet er in Landau die höchste Ablehnung, die Stadt bleibt bis weit in das 19. Jahrhundert hinein von demokratischen Familien geprägt.

1794 kam es zur allgemeinen Umbenennung der Straßen. Die deutschen Straßennamen wurden bis 1816 durch französische ersetzt. **Mengelsgasse** wird Rue du Travail; **Kapuzinergasse** Rue de la Raison; **Rathausgasse** Rue de la Justice; **Gerbergasse** zuerst Rue de la Liberté, dann Rue des Tanneurs; **Nikolauspfortengasse** zuerst Rue du Bonnet Rouge (Rote Mütze der Jakobiner), dann Rue du St.Nicolas; **Marktstraße** Rue de la Montagne (jakobinische Bergpartei im Konvent), dann Rue du Marché; **Kramstraße** Rue de l'Union, dann Rue du Bombardement.

Hotel »**Zum goldenen Schwan**«, stand in der Gerbergasse. Die führenden Redner des Hambacher Festes werden 1833 in Landau vor das **Geschworenengericht** gestellt. Die Umstände sind martialisch: der bayerische Kriegsminister Feldmarschall Karl Philipp von Wrede, ein Scharfmacher der Reaktion, ist mit 8.500 Soldaten, der halben Armee, in die Pfalz einmarschiert, bereit zum Putsch, der Beseitigung der liberalen Grundverfassung dieser bayerischen Provinz. Als leibhaftige Bedrohung setzt er sich in den Gerichtssaal, dennoch bekommt er von den unerschrockenen Angeklagten einiges zu hören. Während des Prozesses stehen 3.000 Soldaten bereit.

Der Prozess dauert vom 29. 7. bis 16. 8. 1833, in einem großen Saal mit 800 Zuhörern. Anklage: Aufforderung zum Umsturz der bayerischen Staatsregierung. Die Beschuldigten halten lange Verteidigungsreden unter dem Jubel der liberalen Zuhörer. Wirth spricht zuletzt geschlagene acht Stunden lang. Seine Hauptthese: die deutschen Fürsten sind Hochverräter, der Widerstand gegen sie ist Pflicht. Publikum und Geschworene werden mitgerissen.

Die zwölf Geschworenen beschließen für alle den Freispruch, den der Rheinzaberner Gutsbesitzer Brunner vorträgt. Um das Land sofort vom Urteil zu benachrichtigen, haben die Demokraten ein eigenes Telegrafensystem aufgerichtet. In Signalketten quer durchs ganze Land werden an herausragenden Stellen Tücher geschwenkt und dir Zeichen Svom nächsten Posten weitergegeben: weiße Tücher bei Freispruch, rote bei Verurteilung. In nur 28 Minuten erreicht die Nachricht vom Sieg des Rechts **Neustadt**, Jubel erfüllt die Pfalz.

Später lässt Brunner, der Sprecher der Geschworenen, den aus Frankenthal entflohenen Siebenpfeiffer bei sich in der **Wanzenheimer Mühle** bei **Rheinzabern** übernachten.

Großer Parkplatz der Universität im Nordwesten vor der Universität, **Ende Fortstraße**: Ein Beispiel für die politische Geschichte einer Kaserne: bis 1914 war hier ein bayerisches Regiment, seit 1918 französische Besatzung, 1932 Jugendherberge, 1933 betreibt hier die Landauer SA ein kleines Konzentrationslager (eines von 70 ähnlichen »**wilden Lagern**« im Reich), ein Arbeitslager für rund 150 *»Schutzhäftlinge«*, Gegner des braunen Regimes und Juden. 1945-48 französisches Internierungslager für belastete Nazis. 1968 Abriss wegen eines geplanten Studentenwohnheims, das nie gebaut wird.

Teilort **Queichheim**: an der **Hauptstraße in der Ortsmitte**, wo **Friedhof, Ortsverwaltung und Grundschule** zusammenliegen, wäre an einen großen Queichheimer zu erinnern: Johannes Birnbaum. Der Vater Taglöhner, der Sohn machte eine Lehre als Barbier, Bader und Wundarzt, stieg autodidaktisch zum höchsten Richteramt der Pfalz auf, was wohl nur in Revolutionszeiten möglich ist. 1791 Gründungsmitglied des Landauer Jakobinerklubs, 1795 Friedensrichter, 1799 in der Departementsverwaltung von Strasbourg, 1800 Präfekt des Wälderdepartements in Luxembourg, 1801 Richter am Appellationsgericht in Brüssel, 1803 in Trier. Nach Napoleons Sturz verteidigt er die *»französischen Institutionen«*. 1814 Generaladvokat in Trier, 1815 Vizepräsident, 1824 Präsident des pfälzischen Appellationsgerichts in Zweibrücken als Nachfolger des berühmten alten Jakobiners Rebmann. Nach dem Hambacher Fest wird er als Opfer der bayerischen Reaktion in den vorzeitigen Ruhestand versetzt.

Michail Krausnick, Wirth, 1997, S. 146ff (zum Landauer Prozess); Michael Martin: Revolution in der Provinz. Die Französische Revolution in Landau und der Südpfalz, 1995; Theophil Gallo: Die Verhandlungen des außerordentlichen Assistengerichts zu Landau in der Pfalz im Jahr 1833, 1996; Rolf Übel (Hg.): Die Festungen an Queich und Lauter, 1996; Martin Baus: die deutsch-französische Grenze als Fluchtpunkt der verfolgten pfälzischen Demokraten im 19. Jh. in: Saarpfalz, Heft 55, 1997, S. 5-20; (Johann Peter Ackermann): Geschichte der Blockade von Landau im Jahre 1793, Landau Jahr XII (1805); Johann Birnbaum: Geschichte der Stadt und Bundesfestung Landau, 2. Aufl. 1830 (die beiden alten Werke im Stadtarchiv Landau und in der Landesbibliothek Speyer).

Museum der Stadt, Marienring 8, geöffnet Mo-Mi 8.30-12, 14-16; Do 8.30-12, 14-18 Uhr.
Stadtarchiv, Marienring 8 (im selben Haus), Anmeldung Tel. 06341-1 31 55.

BAD BERGZABERN

Marktplatz, Rathaus: Ende August 1789 erhebt die Opposition Beschwerde gegen die Zweibrücker Herrschaft: gegen Stadtrat, Gericht und Beamte. Am 19. 9. besetzt sie das Rathaus, lässt keinen Gemeinderat hinein oder heraus, zieht die Sturmglocken und ruft die umgebenden Dörfer herbei. Hauptstreitpunkt ist der Gemeindebesitz am Geraidewald.
Am 6. 11. 1792 Selbstbefreiung nach Absprache mit dem Landauer Jakobinerklub, dessen Delegierter Bäcker Groß wird am **Obertor** empfangen. Festzug zum **Marktplatz**: Musik, weißgekleidete Mädchen, Jakobinermütze aus Blech, bewaffnete einheimische Männer und einige französische Nationalgardisten aus Landau. Auf dem **Rathaus** beschließt eine Bürgerversammlung die Revolution: Loslösung von Zweibrücken und vom Deutschen Reich, Wahl der Munizipalität. Johann Adam Mayer, die überragende Gestalt, Wirt *»Zum türki-*

schen Kaiser«, wird Maire, Kommandant der neuen Bergzaberner Nationalgarde und Regierungschef der kleinen Bergzaberner Republik. Er muss deshalb im Frühjahr 1793 vor den österreichischen Truppen nach Frankreich emigrieren und wird 1794 von St. Just zum Divisionsgeneral der französischen Moselarmee ernannt. Unter dem Direktorium abgesetzt, von Napoleon als Autodidakt und alter Jakobiner endgültig weggeschoben.

9. 11. 1792: gegen eine bis **Vorweidenthal** vorgerückte Zweibrücker Truppe läuten die Bergzaberner Sturm, besetzen die Stadttore, die benachbarten Dörfer eilen bewaffnet zur Hilfe. Am 10. 11. Gründung der Bergzaberner Republik auf dem **Rathaus**, mit zuerst 13 umliegenden Orten, die erste deutsche Republik auf deutschem Boden, noch lange vor Mainz. Landtagssitzungen mit Vertretern aller Ortschaften abwechselnd in Bergzabern, **Klingenmünster** und **Billigheim**. Am 15. 3. 1793 Aufnahme des kleinen Freistaats in die französische Republik. Ende April 1793 vor den deutschen Truppen Emigration der Führungsgruppe ins Elsaß, Rückkehr 1795. Seitdem gilt das Städtchen bis 1849 als Hochburg der pfälzischen Demokratie.

Marktplatz: am 17. 6. 1849 sammeln sich 50 Bergzaberner Bürgerwehrleute und ziehen mit 300 Freischärlern nach **Steinfeld**, um vier inhaftierte Demokraten zu befreien. Zweistündiges Gefecht am Ortsrand, bis die Gefangenen freikommen. Dieses Ereignis setzte in Steinfeld bis in die 1950er Jahre eine negative Geschichtstradition in Gang, beim jährlichen *»Heidelbeerfest«* wurden die feindlichen Freischärler im Festzug gefangen vorgeführt.

Gasthaus Engel: Königstraße/Ecke Weinbergstraße, wo im November 1792 ein Freiheitsbaum errichtet wurde.

Schloss: der örtliche Jakobinerklub tagte 1792/93 im Saal, wo auch die grundsätzliche Erklärung von 31 Bergzaberner Frauen an die Männer im Klub vorgetragen wurde. Die einzige gedruckte Bergzaberner Klubrede, verfasst von Schaber, kam in Wissembourg in einem Exildruck heraus.

Im Zusammenhang des Hambacher Festes 1832 werden in 19 Dörfern um Bergzabern Freiheitsbäume errichtet. Zu den besten Hambacher Demokraten Bergzaberns gehört Dr. Pistor, aus einer führenden Familie der Bergzaberner Republik, er muss ins Elsaß nach Niederbronn emigrieren und bleibt nach 1870 seiner Gesinnung treu, lehnt Bismarcks militaristisches Deutschland ab. Nach der Flucht aus dem Frankenthaler **Gefängnis** wird der Hambacher Redner Venedey 1832 von Bergzaberner Radikalen über die Grenze nach Weißenburg gebracht.

Hellmut G. Haasis: Morgenröte der Republik, 1984, S. 41ff; Haasis: Gebt der Freiheit Flügel, I, 1988, S.133ff; Karl Wilhelm Friedrich Schaber: Rede im Club zu Bergzabern, Weißenburg 1793, (Reprint 1992 im Verlag Der Freiheitsbaum, Tannenstr. 17, 72 770 Reutlingen).

▩ FISCHBACH

1789 das erste Dorf des Deutschen Reiches, das sich von der Feudalherrschaft befreit. Drei Viertel des Ortes gehören dem Fürstbischof von Speyer. Am 30. 5. verjagen die Fischbacher den Erbpächter, teilen dessen Äcker und Wiesen unter sich auf, reißen die Grenzsteine heraus, holen Holz aus den Wäldern, eignen sich den **Deckenberg** (im Norden) an, der seitdem Gemeindebesitz ist. Diesem Beispiel folgen die Orte **Erlenbach** und **Lauterschwan**, sie erobern den **Gräfenberg**, vertreiben die Schafherde des feudalen Pächters und teilen die Felder des Schlosses **Berwartstein** unter sich auf. Die befreiten Dörfer wählen sich ihre erste demokratische Ortsverwaltung (Munizipalität).

Am 3. 8. marschieren alle 63 waffenfähigen Fischbacher Männer durch **Ludwigswinkel** über den **Rösselsberg** ins lothringische **Stürzelbronn**, um ihre Feudalpflichten gegen die Abtei loszuwerden. 1791 wird die Abtei aufgehoben, 1792 ausgeleert, die Kirche abgebrochen.

Als die preußischen Truppen im Herbst 1793 in die Gegend von **Dahn** kommen, verschleppen sie die demokratische Führungsschicht nach **Bruchsal,** ins Gefängnis des Fürstbischofs. 150 weitere Häftlinge der Südpfalz schmachten 1793/94 auf der kurpfälzischen **Festung Dilsberg** am Neckar bei Heidelberg.

Hellmut G. Haasis: Gebt der Freiheit Flügel, I, 1988, S. 122ff.

▩ ZWEIBRÜCKEN

Wie viele Residenzstädte behielt der Ort über alle Revolutionen hinweg seinen konservativen Grundcharakter. Im Februar 1793 Einmarsch von Revolutionssoldaten, ein Freiheitsbaum wird aufgestellt, Gefangene werden befreit, ein Jakobinerklub gegründet. Bei den Munizipalwahlen gibt es ein fürstentreues Ergebnis, doch schon in der ersten Munizipalität finden wir bereits Montgelas, der in Bayern nach 1800 ein Vorkämpfer für liberales, französisches Recht und eine moderne Verfassung wird.

Das Appellationsgericht, später Oberlandesgericht wacht über dem demokratischen Sonderstatus der Pfalz. Sein erster Präsident ist der einstige Jakobiner Rebmann, dessen Nachfolger Birnbaum aus Landau. Während der *»Bajuwarisierung«* der Justiz nach Hambach wird er abgesetzt. Der Zweibrücker Generalstaatsanwalt Schmitt, Sohn eines Jakobiners, mausert sich ab 1852 zum Totengräber der liberalen pfälzischen Justiz, indem er alle Anhänger der Republik aus den Ämtern wirft, Berufsverbote verhängt und einen Spitzeldienst einrichtet.

Im **Oberlandesgericht** tagt gegen Ende der Naziherrschaft ein Sondergericht von Freislers Volksgerichtshof, das Widerstandskämpfer zum Tod verurteilt. Sehr lesenswert sind die kaum bekannten Erinnerungen des Jakob Leonhard von der Schweizer Abwehr, der Agenten Hitlers in der Schweiz aufdeckte, aber am Ende in die Fänge der Nazis und vor dieses Gericht nach Zweibrücken geriet.

Jakob Leonhard: Als Gestapo-Agent im Dienste der schweizerischen Gegenspionage. Zürich/New York 1945, S. 57ff.

Das Eckhaus **Maxstr. 18** (später Polizeigebäude, heute Jugendzentrum) war im Besitz von Friedrich Schüler, eines pfälzischen Landtagsabgeordneten und äußerst populären Oppositionssprechers. 1832 wird er in einem Volksfest bei seiner Rückkehr aus München mit 102 Böllerschüssen begrüßt, einem Schuss mehr als für den Monarchen. Seine Kritik am machtlosen Landtag gibt den Anstoß zur Gründung des *»Press- und Vaterlandsvereins«*, der ersten demokratischen Organisation Deutschlands. Schüler bremst die Hambacher Aktivitäten, weil er auf eine effektivere Erhebung zusammen mit den Republikanern von Paris setzt. Als der Pariser Versuch vom 5. 6. 1832 scheitert, fallen die Pläne für eine pfälzische Erhebung zusammen. Schüler bleibt auch nach

Friedrich Schüler

1870 seinen demokratischen Ideen treu.

Herzogstr. 6: einst im Besitz des anderen großen Demokraten August Ferdinand Culmann, aus einer radikalen Bergzaberner Familie. Nach dem Hambacher Fest muss er nach Frankreich emigrieren, 1848 wird er in die deutsche Nationalversammlung gewählt, geht nach deren Auflösung 1849 mit nach Stuttgart ins Rumpfparlament, lehnt dafür einen Sitz in der Revolutionsregierung der Pfalz ab. Erneute Emigration, 1851 in Zweibrücken in Abwesenheit zum Tod verurteilt. 1871 bleibt er ein demokratischer Gegner der auf Blut, Hass und Annexion Elsaß-Lothringens baiserenden Reichsgründung.

Marktplatz: Die 1831 durch die Pfalz ins französische Exil ziehenden polnischen Aufständischen werden hier, wie in anderen Städten, überschäumend gefeiert. Ein Frauenverein beschafft Unterstützungsgelder, indem er Handarbeiten verlost. Ähnliche Frauenvereine gibt es in Mainz, Neustadt/Weinstraße, Mannheim, Heidelberg, Frankfurt, Gießen und Nürnberg. Später helfen diese Vereine den verfolgten Hambacher Demokraten sogar zur Flucht.

Gefängnis: 1833/34 lag der Hambacher Redner Wirth hier in Untersuchungshaft, konnte aber Briefe an seine Frau Regina hinausschmuggeln, die im Februar 1834 mit ihren Kindern nach Weißenburg geflüchtet war, weil die bayerische Regierung Sippenhaft plante.

M. Krausnick: Wirth, 1997, S. 175f.

Ortsteil Bubenhausen, städtisches Altenheim, Ecke Watteweiler-/Friedrich-Ebert-Straße. 1831 Gründung des Presse- und Vaterlandsvereins. Hier fanden auch die Festbankette für die demokratischen Abgeordneten statt. Das Gebäude hieß damals Brauerei Ladenberger.

▩ SCHELMENKOPF zwischen Zweibrücken und Homburg

In der Nacht zum 23. 4. 1834 wird der Hambacher Redner Wirth aus dem Zweibrücker Gefängnis nach Kaiserslautern transportiert. Bei Tag befürchtet die Regierung zu viel Aufsehen, Wirth ist populär als Märtyrer der Demokratie. Unterwegs »**hinter dem Schelmenkopf**« unternimmt *»eine Rotte von 14 – 16 mit Pistolen bewaffneter Burschen«* einen Befreiungsversuch. Zwei Gendarmen bewachen den Häftling in der Postkutsche. Schießerei – doch Wirth, ein Dogmatiker der Volkssouveränität, will nicht mitkommen: *»Nur wenn das ganze Volk kommt und mich befreit, bin ich bereit.«* Wirth bleibt in der Kutsche sitzen und wird in Kaiserslautern abgeliefert, fünf an dem Überfall beteiligte Studenten fliehen, werden in Abwesenheit *»zum Tod verurteilt«* und wandern in die USA aus.

▩ HOMBURG/SAAR

Auf dem **Karlsberg** bei Homburg entstand vor der Großen Revolution ein verschwenderisches Schloss. Als Baumeister wirkte dort ein großer Revolutionär: Leonhard Krutthofer. 1793 ging das Schloss durch Brandschatzung der Sansculottentruppen unter. Krutthofer verlor seine Stelle, ging über den Rhein und suchte sich ein neues Ziel: den Sturz der überflüssig gewordenen Fürstenherrschaft. Um 1800 war er in Mainz Sekretär des Generals Moreau, Nachrichtendienstchef, beschäftigt mit Spionage gegen die deutschen Truppen und mit dem Aufbau von Gruppen umsturzwilliger deutscher Demokratengruppen.

Freiheitsbrunnen, Anfang der nördlichen Eisenbahnstraße, aufgestellt Anfang der 1990er Jahre. Ein Werk des Bildhauers Bonifatius Stirnberg. Themen: Setzen des Freiheitsbaumes durch Siebenpfeiffer und Wirth, die beiden an der Druckerpresse, von Homburg nach Hambach (mit dem Leiterwagen). Während der Arbeit an der Plastik kommt Ende 1989 der »*Fall der Mauer*« hinzu. Deshalb wird als aktuelle Figur »*der Mauerspecht*« an der Berliner Mauer eingefügt.

St.-Michael-Straße, »Siebenpfeiffer-Haus«, das Wohn- und Amtsgebäude des Landkommissärs, 1957 abgerissen. Siebenpfeiffer stammte aus Lahr/Baden, kam 1815 als Chef der vorübergehenden österreichischen Landesverwaltung ins Linksrheinische nach Landau, 1816 nach Frankenthal, 1818 als Landkommissär nach Homburg. Als er nach der französischen Revolution von 1830 wegen seiner Zeitung »*Rheinbaiern*« mit der verfassungswidrigen bayerischen Zensur zusammenstieß, radikalisierte er sich, getroffen in seinem Gerechtigkeitsempfinden. Denn in der Pfalz galten als Sonderregelung der Verfassung »*die französischen Institutionen*«, freiheitliche Errungenschaften, mit ihnen die Pressefreiheit. München war das zunehmend gleichgültig. Die ständigen Verfassungsbrüche machten Siebenpfeiffer zum Rebellen. Im revolutionären Frankreich sah er die »*Retterin der politischen Freiheit Europas*«. Ab April 1831 lässt er, wieder bei Georg Ritter in Zweibrücken, seine nächste Zeitung »*Der Bote aus Westen*« drucken. Inzwischen wird auch Wirths Zeitung »*Deutsche Tribüne*« rechtswidrig verboten.

Johann Phillipp Siebenpfeiffer auf einem Pfeifenkopf

Als Siebenpfeiffer schon lange abgesetzt ist, veranlasst der nachfolgende Landkommissär am 8. 3. 1832 die Versiegelung der Druckerpresse.

Marktplatz: vor dem Gemeindehaus wird zu Ehren des verfolgten Siebenpfeiffer am 26. 5. 1832 von jungen Männern und Frauen eine 10 m hohe Fichte aufgestellt. In derselben Nacht fahren 80 Homburger auf vier Fuhrwerken nach Hambach, die Zurückbleibenden illuminieren die Fenster. Am nächsten Tag stellen junge Leute einen weiteren Baum auf, mit schwarz-roten Fahnen, einem vergoldeten Knopf und der Blechtafel: »*Wer sich an diesem Baum vergreift, ist des Todes.*«
1932 kommt es in Homburg, getragen von den Verbänden der Zeitungsverleger und Buchdrucker, zu einem Erinnerungsfest für Hambach, mit angeblich 20.000 Besuchern

Ein Leben für die Freiheit. Philipp Jakob Siebenpfeiffer 1789-1845. Hg. vom Saar-pfalz-Kreis, 1989; Der Homburger Freiheitsbrunnen (kann bei der Siebenpfeiffer-Stiftung bestellt werden).

Karlsberg, Schlossruine auf der Höhe oberhalb der Stadt. Eine Wanderung über die Höhe ist reizvoll, braucht aber Zeit und einen Lageplan über die einstigen Gebäude.

Landratsamt, Am Forum 1, Erdgeschoss im Foyer: Dauerausstellung über Siebenpfeiffer und das Hambacher Fest, geöffnet während der Dienstzeiten des Landratsamtes. Sitz der Siebenpfeiffer-Stiftung.

Homburg, St.-Michael-Straße, »Siebenpfeiffer-Haus«, gehört der protestantischen Landeskirche der Pfalz, im Foyer die Originalpresse von Siebenpfeiffers Zeitung »*Deutsche Tribüne*«.

Kapitel 5

NORDBADEN

▩ MANNHEIM

In der Buchhandlung **C. F. Schwan** erschien 1777 ein bedeutendes, bisher nicht wieder entdecktes deutsch-jüdisches Arztbuch von Elcan Isaac Wolf. Als Arzt der Mannheimer Juden kannte der Autor ihre Krankheiten und gab ihnen Ratschläge. In Mannheim, in der Kurpfalz fühlten sich die Juden wohl:

»Die Vorurteile gegen unsere Religion werden durch menschliche Gesinnungen verdrängt; und der Jud besonders, wenn er das Glück hat, ein Pfälzer zu sein, spüret mit den übrigen Untertanen den Einfluss eines gütigsten Vaters, eines liebvollen Fürsten.« (S. 6)

Die engen Wohnverhältnisse erkannte Wolf als Ursache vieler Krankheiten:

»Viele (kleine Kinder) sind wegen schwerem Hauszinse (=teurer Wohnungsmiete) in einem engen Wohnzimmer eingesperret: Vater und Mutter samt zahlreichen Kindern bewohnen ein einziges Zimmer: ihre Ausdünstungen verderben die Luft, und sie verschlucken dieselben, weil ihnen kein Speiszimmer für die Speisen übrigbleibt und machen sich dadurch die Anlage zu manchen Krankheiten. Diese durch die Vielheit der Menschen schon entkräftete Luft wird noch mehr durch den Öldampf verunreiniget. Wie oft bläst mich ein ekelhafter Hauch an, wenn ich bei meinen Morgenbesuchen ein solches wohlbevölkertes Zimmer eröffne?« (S. 22)

Dann über »*die besondere Empfindlichkeit jüdischer Nerven*«, ein Klischee: »*So ist es auch nicht schwer zu begreifen, warum die meisten meiner Mitbrüder mager und lebendige Totengerippe sind; woher die schwarzgelbe Farbe und die außerordentliche Empfindlichkeit ihres Nervenbaues den Ursprung herleitet. Der unaufhörlich nagende Kummer, das beständige Nachsinnen auf den täglichen Lebensunterhalt, das marternde Schreckbild der in Zukunft durch das Alter abnehmenden Lebenskräfte, der Verlust des Reichtumes bei absterbenden Kapitalien ungültiger Wechsel, die endlich zu erschwingen sehr schwer fallenden Auflagen und Beiträge sind jene Plagen und unserm Geschlechte besonders eigene Leidenschaften, welche den Nerven unendlich nachteilig sind; und es ist auch deswegen nicht zu verwundern, dass man bei uns so viel Nervenhypochondrien wahrnimmt, welche nach und nach in eine Tiefsinnigkeit und schwarze Galle ausarten. Daher entstehet die beständige Unruhe ihrer See-*

lenkräfte, so dass man Juden bemerket, welche gleichsam in einem beständigen Delirio herumwandeln, sich allerhand Gesichter und Gebärden angewöhnen, mit sich reden und dergleichen mehr.« (S. 12f)
Wolf kam 1731 in Eltville bei Wiesbaden auf die Welt, studierte in Gießen Medizin, promovierte 1763, wurde Arzt in Mannheim und übersiedelte 1780 in die große Gemeinde nach Metz, wo er 1809 starb.

Elcan Isaac Wolf: *»Von den Krankheiten der Juden. Seinen Brüdern in Deutschland gewidmet«* (95 S., je ein Exemplar in der UB Freiburg und in der LB Darmstadt).

Der Heidelberger Philosophieprofessor Zimmermann versuchte im Dezember 1792 die Festung durch einen Handstreich auf die Seite von Custines Rheinarmee zu bringen. Vergeblich. Zu diesem Zweck arbeitete er mit dem aus Berlin emigrierten, in Straßburg als Flugschriftenautor erfolgreichen Carl Clauer (siehe Kap. 6) zusammen.

Franz Anton Zimmermann: Rede über die gegenwärtige (!) Gefahre (!) des Vaterlandes, gehalten am 7. Aprils im Saale der Freunde der Freiheit und Gleichheit zu Straßburg, Straßburg 1793 (Reprint, Der Freiheitsbaum, 1992, Tannenstr. 17, 72 770 Reutlingen).

Seit Hambach war Mannheim ein Zentrum demokratischer Publizistik. Der Journalist Jakob Venedey aus Köln, in Hambach einer der radikaleren Redner, wurde in Mannheim verhaftet und sollte nach Preußen ausgeliefert werden. Sein erster

Barrikade an der Rheinbrücke 26. April 1848

nach Preußen ausgeliefert werden. Sein erster Fluchtversuch aus dem **alten Rathaus (F 1, 5, heute Standesamt)** scheitert, erst in Frankenthal konnte er entkommen (siehe Kapitel 4).

Hermann Venedey: Jakob Venedey, 1930. Mannheims Innenstadt ist nach Planquadraten eingeteilt, was Fremde anfangs ein wenig verwirrt.

Rheinbrücke (einst 500 m flussabwärts von der heutigen Brücke): Am 26. 4. 1848 stoßen die Radikalen mit nassauischem Militär zusammen, bauen Barrikaden, fahren zwei Joche der Rheinbrücke (Teile der auf Schiffen aufgesetzten Brücke) ab und schießen auf bayerisches Militär, das aus dem Linksrheinischen einfallen will. Die badische Regierung verhängt das Kriegsrecht über Mannheim und schickt 8.000 Soldaten. Auf 3 Einwohner kommt 1 Soldat! Bis zum Abzug der Besatzung im Juli 1848 bleibt Mannheim gedrückt und wird von September bis Dezember 1848 erneut besetzt.

Aulasaal im Jesuitengymnasium, in A 4, 4, Neubau. Hier fand an 27. 2. 1848 die erste Versammlung in Deutschland mit 2.500 Personen als Reaktion auf die Pariser Revolution statt. Formulierung der 4 Mannheimer Forderungen: Volksbewaffnung, Pressefreiheit, Schwurgerichte, Wahl eines deutschen Parlaments. Der Anstoß kam von der Gruppe um Hecker, Struve, Blind und Lommel und gipfelte in einem Petitionssturm mit der **Eisenbahn** am 1. 3. in die behäbige Residenzstadt Karlsruhe. Spaltung des Bürgertums in einen stärkeren radikal-republikanischen Flügel und einen gemäßigten, regierungsfreundlichen. Der Heckerzug von April 1848 wird in der Stadt geplant, aber nach Ficklers Verhaftung verfrüht am Bodensee ausgerufen (siehe Kap. 9, Konstanz).

Wohnhaus von Hecker in B 1, 10, Neubau, Gedenktafel. Ein barockes Stadtpalais aus dem 18. Jahrhundert, einst Besitz des Schlossarchitekten Pigage, das Hecker, erfolgreicher Oberhofgerichtsadvokat und Landtagsabgeordneter, 1840 kaufte.

Wohnhaus von Gustav Struve und Amalie Struve, in E 6, 2, Neubau. Struves Zeitung *»Mannheimer Journal«* 1845/46 erschien in der Druckerei und im Verlag des **Katholischen Bürgerhospitals in E 6, 1** (Neubau).

Gerlinde Hummel-Haasis: Schwestern, zerreisst eure Ketten, 1982, S. 203ff (über Amalie Struve; zu den Frauen Canton und Betz der beiden Mannheimer Frauenvereine siehe im Register).

Druckerei Moritz Hähner in F 5, 19 (Neubau). Hier kam die *»Mannheimer Abendzeitung«* heraus, ein geschätztes Oppositionsblatt, redigiert von Johann Peter Grohe.

Wohnhaus von Theresia Canton, in F 5, 8 (Neubau). Die alleinerziehende Mutter führte eine *»Wortschule für kleine Kinder«* und gründete im November 1848 den *»Frauen- und Jungfrauenverein Concordia«*, der vorwiegend politische Gefangenenhilfe leistete. Die von diesem Verein im Mai 1849 gestiftete rote Fahne *(»Freiheit – Gleichheit – Bruderliebe«)* befindet sich heute im Besitz der Museumsgesellschaft Schopfheim (bei Lörrach). Sie wurde 1992 auf dem Dachboden einer Schuhfabrik gefunden.

Wohnung von Lorenz Brentano in F 1, 3, in der Passage Roes (Neubau). Hier tagte 1849 der *»Landesausschuss der Volksvereine«*, die entscheidende Organisation der badischen Revolution, mit einem *»Agitationsbüro«* unter Amand Goegg.

Altes Rathaus in F 1, 5. Mathy hielt hier am Tag der verräterischen Verhaftung von Fickler, am 8. 4. 1848, vom Balkon herab eine Verteidigungsrede, die Bürgerwehr musste ihn vor der tobenden Menge schützen.

Marktplatz, G 1: Die ganze Garnison wurde hier am 15. 5. 1849 auf die demokratische Reichsverfassung vereidigt, Auftakt für die Teilnahme des Mannheimer

Vertheidigung Mathy's gegen die Angriffe des Pöbels von Mannheim am 8. April.

Mathy muss durch die Miliz geschüzt werden

»*Volksvereins*« (2.000 Mitglieder) und seiner massierten Volksversammlungen (bis zu 7.000 Teilnehmer) an der nördlichen Front des badischen Freiheitskampfes gegen die preußischen Invasionstruppen. Am 15. 5. Rückeroberung von **Käfertal**, einer der Erfolge, die bald vergessen wurden.

Gasthaus »Schwarzes Lamm« in G 2, 17 (Neubau): Das Stammlokal der Linken, wo 1849 die Listen zur Einschreibung für die Freikorps auslagen. Katharina Betz wirkte hier als die Vorsitzende des »*Frauen- und Jungfrauenvereins Germania*« und leistete mit anderen Frauen zusammen politische Gefangenen- und Flüchtlingshilfe.

Trinitatiskirche in G 4, Neubau: Am 19. 11. 1848 fand hier die Trauerfeier für den in Wien ermordeten Robert Blum statt. An der Trauerdemonstration durch die Stadt nimmt der ganze Gemeinderat teil.

Gasthaus »Prinz Max« in H 3, 3: mit einer berühmten Demokratenkneipe, Spitzname »*Zur Republik*«, die im Juni 1849 als eine der ersten von den Preußen wegen der darin gehaltenen »*Wirtshausreden*« geschlossen wurde.

Wohnhaus von Valentin Streuber in S 3, 14: Als Vorsitzender der deutschkatholischen Gemeinde wurde er Hauptmann der Bürgerwehr, 1849 stellvertretender Kommissar für die Stadt in der badischen Revolution, von den Preußen erschossen, bis heute in der Freireligiösen Gemeinde nicht vergessen.

Eckhart Pilick (Hg.): Lexikon freireligiöser Personen, Rohrbach (1997).

Wohnhaus und Verlag von Heinrich Hoff in P 6, 23-24, der Neubau ist zurückverlegt. Seit 1834 brachte Hoff Zeitungen und Bücher heraus, die sich bei Metternich und seinen Spitzeln großer Aufmerksamkeit erfreuten, es hagelte nur so von Verboten; hier erschien 1835 Gutzkows Roman »*Wally, die Zweiflerin*«, ein Programmroman für die revolutionäre Bewegung des Jungen Deutschland. Hoff war ein populärer Redner bei Volksversammlungen und bekam einen Hochverratsprozess wegen eines Liederbuchs. Er trat für die Neugestaltung Deutschlands als Bundesrepublik nach Vorbild der USA ein und druckte 1847 das revolutionäre Offenburger Programm massenweise auf Flugblättern. 1849 Kommissar der Revolutionsregierung, Mitglied des revolutionären Landtags; schließlich Emigration in die USA.

Wohnhaus von Karl Mathy in O 4, 10, Fassade erhalten. Mathys Verrat an der Demokratie lohnte sich nicht. Als der Großherzog nach der Revolution Mathy nicht mehr benötigte, entließ er ihn. Später brachte Mathy als Bankier, Handelsminister und Ministerpräsident die badischen Institutionen auf preußischen Kurs. Der Makel als Verräter an Hecker und der badischen Demokratie ist ihm bis heute geblieben.

Gasthaus »Vogelsang« in O 3, 6 (Neubau): Hier war das Stammlokal der Radikalsten, vor allem Arbeiter, genannt *»Sensenmänner«*. Nach Einmarsch der Preußen 1849 wurde es zwangsweise geschlossen.

Paradeplatz, Kaufhaus, in N 1, Neubau als Stadthaus. Vor dem Kaufhaus auf dem Paradeplatz exerzierte im Frühjahr 1848 die Bürgerwehr, im Schwurgerichtssaal des Kaufhauses spielten die Preußen zum Totentanz auf und fällten von August bis Oktober 1849 21 Standgerichtsurteile, davon 6 zum Tod, 5 wurden an der westlichen Friedhofsmauer exekutiert.

Wohnhaus von Friedrich Daniel Bassermann, in N 7, 5, Gedenktafel am Neubau. Im Garten konnte 1845 Johannes Ronge, der Gründer des Deutschkatholizismus, eine Versammlung abhalten, nachdem sie im Theatersaal verboten worden war. In der Revolution rückte der Buchhändler Bassermann vor lauter Bedenklichkeiten immer weiter nach rechts, wurde wegen seiner panischen Angst vor Radikalen und Arbeitern zum Gespött *(»Bassermannsche Gestalten«)*, hielt zu den Preußen und zu einem Erbkaisertum, starb einsam und verachtet.

Wohnhaus von Johann Adam von Itzstein, in M 4, 7, Neubau. Einer der Veteranen der frühen Demokratie (siehe Kap. 2) mit Wurzeln in der Französischen Revolution und den französischen Institutionen. Bis 1825 Hofgerichtsrat in Mannheim, dann führender Kopf der radikalen Opposition im badischen Landtag, 1848 in die Paulskirche gewählt.

Alter Bahnhof, beim Tattersall, am Kaiserring, 1876 nach Erstellung des neuen Bahnhofs abgebrochen. Mit den Linien 1 und 6 fährt man heute zur Haltestelle Tattersall. Hier traf sich am 1. 3. 1848 die erste revolutionäre Menge zu einem Petitionssturm und fuhr mit der Eisenbahn nach Karlsruhe. Beim Umschlag zur Gegenrevolution in Mannheim am 22. 6. 1849 wollten Bürgerwehr und Dragoner die Demokraten an der Abreise mit dem Zug hindern. Nur die Ettenheimer Volkswehr verstand diesen Plan zu verhindern, es hätte sonst noch mehr Todesurteile gegeben.

Hauptfriedhof: erreichbar mit den Linien 2 (Richtung Feudenheim) und 7 (Richtung Vogelsang). In Teil I an der Westmauer befindet sich das Grab Nr. 103 mit dem Denkmal (1874) für die hier 1849 standrechtlich Erschossenen, darunter der Deutschkatholik Valentin Streuber. Die Inschrift lautet *»Den Märtyrern der Freiheit aus dem Jahr 1849«*, gespendet von Auswanderern in die USA. Vorher wurden Denkmäler kategorisch unterdrückt.

Standrechtliche Ermordung von Valentin Streuber

Reiß-Museum, C 5 (Zeughaus), Di, Mi, Fr, Sa, So 10-17, Do 12-17 Uhr (Do Eintritt frei!), Tel. 0621-293 31 51. Erreichbar mit Linie 2 (Richtung Neckarstadt-West) und 6 (Richtung Rheingönheim). Vorzügliche Sammlung von Bildern, Zeichnungen, Karikaturen, Flugblättern zur 48er Revolution in Nordbaden. Teilweise in der permanenten Ausstellung zur Stadtgeschichte zu sehen. Nicht ausgestellte Stücke sind zu sehen und zu benutzen nach Voranmeldung bei Dr. Grit Arnscheidt Tel. 0621-293 31 60.

Peter Blastenbrei: Mannheim in der Revolution 1848/49, 1997; Detlev Lorentz (Hg.): Die 48er Revolution in Mannheim aus der Sicht eines einfachen Bürgers, in: Badische Heimat 62, 1982, S. 239-253; Hans Schröter: Wilhelm Adolph von Trützschler – ein vergessener Demokrat, in: Mannheimer Hefte 1981, H. 1, S. 42-51.

Hotel Badischer Hof, heute Volksbank, Eckgebäude Hauptstraße 113/Schiffgasse: in einem kleinen Saal im 1. Stock findet am 5. 3. 1848 die Vorberatung für das Frankfurter Parlament mit 51 Vertretern meist aus dem Südwesten statt, wo Hecker erstmals die Unentschlossenheit gegenüber einer Republik spürt. Überstimmung der Radikalen durch die Einberufung eines Vorparlaments nach Frankfurt. Der Weg zur Nationalversammlung wird hier eingeschlagen, der Aufruf zu Wahlen hier vereinbart.

Hauptstraße 108-110, einst Gasthof Harmonie: 1848 Schauplatz politischer Versammlungen, an denen auch Arbeiter, Handwerker und Frauen teilnehmen dürfen. Treffpunkt des demokratischen Frauenvereins, der die Familien der Verfolgten unterstützt.

Alte Universität, Grabenstraße 1: Viele liberale Köpfe unter den Professoren, aber keine Republikaner. 1848 Gründung eines *»Allgemeinen Studentenvereins«* zur Behauptung ihrer Rechte, der verboten wird, als die Studenten die Republik fordern.

Am 17. 7. Auszug der Studentenschaft über den Rhein ins pfälzische Neustadt/Weinstraße, Rückkehr nach Gleichstellung und unter Jubel der Bürgerschaft.

Auf dem **Universitätsplatz** vollzieht sich die entscheidende politische Kommunikation während der Revolution. Am 20. 11. 1848 Trauerversammlung für den in Wien ermordeten Robert Blum, Trauermarsch aufs **Schloss**. Die Demokraten radikalisieren sich erst durch die Ablehnung der Reichsverfassung im April 1849. Auf dem Platz schwören bei starkem Regen 1.000 Mann Bürgerwehr auf die Verfassung. Attacken gegen die liberalen, kompromisslerischen Abgeordneten Welcker und Gervinus. In der **Aula** öfters Bürgerversammlungen.

Marktplatz: Am 2. 3. 1848 kehrt abends unter Jubel die Delegation aus Karlsruhe zurück, voran der radikaldemokratische Student Gustav Adolph Schlöffel, ein Schlesier, mit einer roten Fahne, dem Symbol der Republikaner. Schlöffel wird nach dem Aufbau republikanischer Freischaren von der Universität verwiesen, geht nach Berlin, agitiert dort unter den Arbeitslosen, bringt eine frühsozialistische Zeitung heraus und wird zum Hansdampf der Republikaner.

Rathaus, Marktplatz: Schlöffel hält am 2. 3. 1848 vom Balkon eine radikale Rede, für die er vom liberalen Bürgermeister Winter sofort hinausgewiesen wird. Mit Gleichgesinnten zieht Schlöffel unter einer roten Fahne zum Herkulesbrunnen. – Am 24. 4. 1848 marschieren 250 Sinsheimer Republikaner in die Stadt ein in der Hoffnung, dass sich die örtlichen Republikaner ihnen anschließen und die Republik auch hier ausrufen werden. Die Sinsheimer werden von der konservativen Heidelberger Bürgerwehr umzingelt und auf dem Platz zur Niederlegung ihrer Waffen gezwungen.

Hotel »Prinz Carl«, am Kornmarkt, Neubau: Vom 20. 5. bis 22. 6. 1849 Hauptquartier der badisch-pfälzischen Freiheitsarmee mit Mieroslawski, Sigel, Struve u.a. Hier verläuft im Sommer 1849 die

Ludwik Mieroslawski

Neckar-Frontlinie der demokratischen Armee gegen die heranziehenden Preußen. Hier betrieb Struve mit Württembergern zusammen und gegen die Absichten der Revolutionsregierung den Plan, mit drei Armeekolonnen nach Württemberg einzufallen. Bis zum November 1850 preußisches Hauptquartier.

Kettengasse 19: In den 1790er Jahren das Wohnhaus von Leonhard Krutthofer, Geheimdienstchef der französischen Rheinarmee, mit konspirativem Netz weit nach Süddeutschland hinein (Tarnname Mauerbrecher, Tarnfirma Ballista & Co). Ein Hoffnungsträger der Generation von Hölderlin, Sinclair u.a.

Neckarstaden 62: Gedenktafel für Gottfried Keller, der 1849 von seiner Studentenbude aus den Niedergang der Revolution beobachtet.

Ingramstraße 8: Das Elternhaus von Joseph Süß Oppenheimer, wo der 1698 Geborene aufwuchs; 1724 Übersiedlung nach Mannheim, 1730 nach Frankfurt, 1734 nach Stuttgart. Eine der größten Persönlichkeiten des deutschen Judentums. Nach dem Tod des württembergischen Herzogs Carl Alexander verlor Süß allen Schutz, wurde auf den Festungen Hohenneuffen und Hohenasperg inhaftiert und am 4. 2. 1738 in Stuttgart gehenkt. Ein perfekter Justizmord.

Bremeneckgasse 1, Haus der Landsmannschaft Teutonia, einst Gasthaus »Zum Bremeneck«: In dem Stammlokal des Arbeitervereins forderte am 23. 4. 1848 Wilhelm Hexamer die Gäste zu einer Volksversammlung für Hecker und die Republik auf. Stammlokal von Schlöffel. Am 8. 12. findet hier die erste allgemeine Versammlung aller örtlichen Vereine statt.

Heiliggeistkirche: Am 26. 3. 1848 hisst unter Jubel einer radikalen Volksversammlung der Schieferdeckermeister Möckel die deutsche Revolutionsfahne auf dem Kirchturm.

Dokumentations- und Kulturzentrum Deutscher Sinti und Roma, Bremeneckgasse 2: Sinti und Roma leben seit 600 Jahren in Deutschland, doch man hat sie als Volk kaum zur Kenntnis genommen, dagegen mit Ausdauer gejagt. Die Nazis brachten rund 500.000 von ihnen um. An den Bildern der Opfer vorbei führt ein »*Gedenksteg*« zum ewigen Licht für die Ermordeten. Aus dem Gedenkbuch von Auschwitz sind 20.000 Namen übernommen. Auf drei Ebenen sind Bilder, Briefe und Befehle zu sehen sowie Interviews mit den Überlebenden. Vielen Opfern löste sich die Zunge erst nach der Eröffnung dieses Hauses, nach fünf Jahrzehnten Schweigens.

Tel. 06221-98 11 02, Fax 98 11 90. Geöffnet Di 10-20, Mi, Fr 10-16.30, Sa, So 11-16.30 Uhr. Eintritt frei.

Bergfriedhof: Das Grab des bei Waghäusel 1849 gefallenen Studenten Gustav Adolph Schlöffel ist bis heute unverändert erhalten.

Michael Buselmeier: Literarische Führungen durch Heidelberg, 1991; Haasis: Joseph Süß Oppenheimer, 1998.

■ SINSHEIM

Mit nur 3.000 Einwohnern ist der Ort in der 48er Revolution eine Hochburg des Republikanismus.

Altes Rathaus, Hauptstraße, Stadtmuseum. Der Apotheker Gustav Mayer unternimmt am 24. 3. 1848 (Ostermontag) eine Expedition zur Unterstützung des Heckerzugs. Nachts um 3 Uhr versammelt er sich mit 100 Bewaffneten unter Abschießen der Gewehre und besetzt mit ihnen um 4 Uhr das Rathaus. Auf Befehl von Mayer werden alle 18-36jährigen Bürgerwehrmänner aufgefordert, sich vor dem Rathaus einzufinden. Die umliegenden Dörfer werden ebenfalls zum Zug nach Heidelberg aufgefordert. Vom Balkon herab proklamiert Mayer um 5 Uhr die Republik und beschlagnahmt die 2.000 Gulden in den Kassen. Die Honoratioren fordern dagegen fürstliches Militär an und sprechen nur von »*Raubgesindel*«, was bis heute das Bild der Sinsheimer Republikaner nachhaltig verzerrt hat. Um 9 Uhr marschieren 250 Bewaffnete gut ausgerüstet nach Heidelberg, um weitere Unterstützung für die Republik zu finden. Mayer findet dort neben Unterstützung auch militante Ablehnung seitens der konservativen örtlichen Bürgerwehr, die die Entwaffnung der Truppe erzwingt. In Sinsheim folgen Verhaftungen, Besatzungstruppen marschieren ein, Mayer muss nach Strasbourg emigrieren. – Bei der Volksversammlung an Himmelfahrt 1848 ist Sinsheim mit roten Fahnen übersät. Das Sinsheimer Volkswehrbataillon mit 400-500 Mann wird 1849 der 5.

Division unter dem Pfälzer Becker zugeteilt.

Geburtshaus von Franz Sigel, Hauptstraße, heute Hutgeschäft Stoll, Erinnerungstafel: Revolutionsgeneral, der in die USA emigrierte, wo er als General gegen die Sklavenhalterstaaten des Südens hohe Wertschätzung fand.

Gasthaus »Zum schwarzen Bären«, Hauptstraße, mit dem Wirt und Gemeinderat Johann Peter Dörner; **Gasthaus »Zu den drei Königen«,** Bahnhofstraße, beides Stammlokale der radikalen Demokraten und des Apothekers Gustav Mayer.

Franz Sigel

Gasthaus »Zum Löwen«: 1848 Stammlokal der Liberalen, 1849 Hauptquartier der Hanauer und Heilbronner Turnerwehr, Elitetruppen unter den Freischaren. Heute Neubau als Restaurant und Hotel.

Amtsgefängnis, Werderstraße, heute Verwaltung: Zwangsaufenthalt vieler Sinsheimer nach der gescheiterten Ausrufung der Republik 1848 und wieder ab Juni 1849 nach der preußischen Besetzung.

Centralapotheke, Hauptstraße, Neubau: Die Arbeits- und Wohnstätte des Republikaners Gustav Mayer.

Bei **Fürfeld-Bonfeld** (Richtung Bad Wimpfen) gelingt es Mitte 1849 den demokratischen Volkswehren des Amtsbezirks, auf württembergisches Gebiet eine konterrevolutionäre Truppe des Großherzogs zu umzingeln und festzunehmen. Ein vergessener Erfolg.

Holger Friedrich: Für Freiheit, Recht und Einigkeit. Sinsheim zur Zeit der badischen Revolution 1848/49, 1997.

Vor dem alten Rathaus ist ein Denkmal für die Freiheit geplant, eine 5 m hohe Säule, die den Traum der 48er veranschaulichen und die Namen der örtlichen Demokraten tragen soll. Nachschauen und nachfragen, was daraus geworden ist.

Stadtmuseum, Hauptstr. 92. Mi und So 14-17 Uhr.

■ BRUCHSAL

1501 konzentrierte hier Jos Fritz seine zweite Bundschuhverschwörung. Er war Leibeigener aus **Untergrombach** (heute Ortsteil). Anhänger gab es bis Pforzheim und Speyer. Die Eroberung der **Burg Obergrombach** 1502 scheiterte durch einen Verrat im Beichtstuhl.

Das **Zuchthaus**, geplant für Einzelhaft, wurde 1848 fertiggestellt und nahm gleich die Gefangenen des ersten Aufstandsversuchs vom April auf. Nach 1849 wurden hier viele Demokraten lange Zeit eingelocht, die Haftbedingungen führten zu Selbstmorden und Wahnsinn.

Hellmut G. Haasis: Spuren der Besiegten, III, 1984, S. 796-809 (über die Haftbedingungen und die besten Memoiren).

■ WAGHÄUSEL

Zuckerfabrik, stillgelegt: Hier fand am 21. 6. 1849 das Gefecht der badischen Freiheitsarmee gegen die Preußen statt, die sich in der Fabrik verschanzten. Das Gefecht am Tag zuvor hatten die Demokraten unter General Mieroslawski gewonnen. Unter den gefallenen Aufständischen der Radikaldemokrat Gustav Adolph Schlöffel, geb. 1828, eine mitreissende Gestalt. Sein Vater, ein schlesischer Rittergutsbesitzer und Fabrikant, setzt sich 1845 in Schlesien für die aufständischen Weber ein und wird deshalb inhaftiert. 1848 wird er in die Paulskirche gewählt, hält sich zur Fraktion der äußersten Linken, wegen seiner Radikalität heißt er *»die Reichstagshyäne«* und steht in Verbindung mit Struves Aufstandsplänen. Beim Frankfurter Septemberaufstand ist er Straßenagitator, in der badischen Freiheitsarmee wird er Kriegskommissar. Sein Sohn Gustav Adolph wirkt ab 1846 als revolutionärer Student in Heidelberg, organisiert insgeheim Unterstützung für den schweizerischen Sonderbundskrieg, engagiert sich 1847 für den Ausbau der Turnvereine zu einer republikanischen Wehrorganisation und für ein Komitee zur Vorbereitung der Revolution, agitiert im Odenwald, im Schwarzwald und in der Pfalz für die Demokratie, will noch früher als Hecker losschlagen. Im März 1848 wird er von der Universität verwiesen, geht nach Berlin, wird wegen einer Demonstration für das allgemeine Wahlrecht und wegen seiner Zeitung verhaftet. Festungshaft, Flucht nach Ungarn, wieder im Gefängnis, nach mehreren Monaten Entlassung. Er kommt gerade noch rechtzeitig zur badischen Revolution 1849, befreit mit Soldaten Blind und Struve aus dem Bruchsaler Zuchthaus und stellt sich in Offenburg am 13. 5. gegen die ihm zu gemäßigte Versammlung. Als Kriegskommissar sorgt er um Heidelberg für die rasche Bewaffnung der Volkswehr, wird deshalb von Brentano abgesetzt und kommt als Adjutant beim württembergischen Freischarenoffizier Theodor Mögling unter. Der Gefallene wird von seinem Vater in Heidelberg beigesetzt.

In **Kirrlach** und **Wiesental**, den beiden Ortsteilen von Waghäusel, werden die Männer von den Preußen in die Kirche getrieben und zu einem Huldigungseid auf den geflüchteten Großherzog gezwungen. Den demokratischen Zivilkommissar Schänzlin foltern die Preußen zu Tode.

1850 tauchen auf dem Schlachtfeld Grabsteine auf *»mit Inschriften demokratischer und revolutionärer Tendenz«*, wie ein Preuße schreibt. Die Besatzer lassen jede sichtbare Erinnerung zerstören. Der Vater Schlöffel wird 1851 in Zweibrücken zum Tode verurteilt, steht aber bereits in Philadelphia (USA) hinter der Theke seiner Weinwirtschaft.

Gustav Rasch: Zwölf Streiter der Revolution, 1867, S. 181-197; Erich Müller: Ewig im Aufruhr. 18 Porträts deutscher Rebellen, 1928, S. 272-293; Karl Obermann: Männer der Revolution 1848, 1970, S. 191-215.

Im Ort erinnern ein **Relief am Marienbrunnen** und die **Verfassungssäule** an die Revolution. Ein Denkmal ist vom Gemeinderat geplant. Was ist draus geworden?

▩ KARLSRUHE

Hauptbahnhof: Am 8. 4. 1848 lässt Karl Mathy, einst Emigrant und jetzt Minister, Joseph Fickler festnehmen, als dieser an den Bodensee fahren will, um die bewaffnete Erhebung auszurufen. Aus Wut reist Hecker sofort an den Bodensee, um auf eigene Faust die Revolution vom Zaun zu brechen.

Ständehaus (heute Stadtbibliothek), Ständehausstraße: Ab dem 14. 5. 1849 Sitz der gemäßigten Revolutionsregierung Brentano und des revolutionären Landtags.

Heute Gedenkraum und Dauerausstellung in der Stadtbibliothek.

Die Landtagsabgeordneten werden von Straßburg aus agitiert, von wo im Jahr 1842 revolutionäre Drucke herüberkommen, die zum Widerstand gegen den Großherzog aufrufen. Höhepunkt revolutionärer Kontinuität ist ein Nachdruck der jakobinischen Verfassung des Nationalkonvents von 1793, ein Text, der schon im Zusammenhang des Hambacher Festes nachgedruckt wurde.

Rathaus: Als Baden im Vormärz schon die fortschrittlichste Verfassung Deutschlands hat, bestimmt hier im Gemeinderat dank des Klassenwahlrechts nur die Oberschicht: Bankiers, Kaufleute, reiche Handwerker, Kapitalisten.

Am 28. 2. 1848 beruft der Gemeinderat eine Bürgerversammlung ein, die die bekannten Forderungen aufstellt, die aber nicht an den Großherzog, sondern an den Landtag gerichtet sind. Das Treffen endet mit einem Hoch auf den Großherzog. Über diese Haltung kommen die Karlsruher nie hinaus.

Die radikale Opposition von 150

Der Badische Landtag im Vormärz

Freischärlern um Becker *(»Club des entschiedenen Fortschritts«)* versammelt sich am 5. 6. 1849 im **hinteren Rathaussaal** und formuliert 11 Forderungen an die Revolutionsregierung: eine Misstrauenskundgebung in Befürchtung einer örtlichen Gegenrevolution. Becker besetzt nachts mit starken Freischarenposten neuralgische Punkte: das **Kriegsministerium, das Zeughaus, die Pulvertürme, eine Kaserne, den Landtag, das Rathaus, den Bahnhof, das Gasthaus *»Pariser Hof«***, wo die Mitglieder der Regierung und Becker selbst wohnen. Brentano verkündet dagegen das Standrecht, die Agitatoren der Reaktion verbreiten das Märchen, am nächsten Tag wollten die Freischaren mit einer allgemeinen Plünderung die rote Republik einführen. Brentano holt von auswärts konservative Bürgerwehren in die Stadt und alarmiert die Karlsruher. Nachts falsches Geschrei, eine Kaserne stehe in Flammen. Die Stadtbehörde lässt ausschellen: alle Häuser seien zu schließen, Frauen und Kinder hätten sich von den Straßen zu entfernen. Da taucht auf dem **Rat-**

hausturm eine rote Fahne auf, gehisst von unzufriedenen Gefangenen, in Wirklichkeit nur zusammengebundene Taschentücher. Es folgt der Generalmarsch, Sammlung am **Platz vor dem Schloss**. Brentano lässt Kanonen gegen die Freischärler ausrichten, Becker und dessen Stab verhaften und ins **Gefängnis (Rathausturm)** werfen. Daraufhin werden 600 Freischaren in ihrer Kaserne mobilisiert, die sich in der Stadt zum Kampf aufstellen. Als bereits Linientruppen gegen sie marschieren, gelingt es Minister Goegg, bei Brentano die Freilassung Beckers, Struves und anderer zu erreichen.
Die endgültige Wende erfolgt am 18. 8., als der Großherzog wieder in seine Residenz einzieht. Die Stadt bleibt bis 1852 im Ausnahmezustand.

J. Ph. Becker/C. Essellen: Geschichte der süddeutschen Mai-Revolution des Jahres 1849, Genf 1849, S. 168-200 (fesselnde Augenzeugenschilderung über den Zusammenstoß vom 5./6. 6. 1849).

Rondellplatz, Verfassungssäule: Ein 7,8 m hoher Obelisk als Dank für den Großherzog, der die erste Verfassung Badens 1818 gewährte. Aber Verfassungstext und Verfassungswirklichkeit waren schon damals zweierlei Dinge.
Rheinbrücke bei Knielingen: Am 18. 6. 49 überschreiten die pfälzischen Freiheitstruppen den Rhein und schließen sich der badischen Revolution an. Die Karlsruher sind hell entsetzt, als sie unter den Pfälzern einige bewaffnete Frauen erblicken.

F. A. Karcher: Die Freischärlerin (1851), 1977; A. Daul: Tagebuch eines politischen Flüchtlings während des Freiheitskampfes in der Rheinpfalz und in Baden, St. Gallen 1849 (ein Werk, das nachgedruckt werden sollte; ein Exemplar in der Landesbibliothek Speyer).

▩ KARLSRUHE-DURLACH

Rathaus: Im Gegensatz zu Karlsruhe kann Durlach in der Revolution als demokratische Stadt gelten. 1846 dürfen nach einem langen Streit mit dem Oberamtmann die Gottesdienste der neugegründeten deutschkatholischen Gemeinde (Dissidenten) im Rathaussaal stattfinden.
Zähringer Hof, Pfinztalstraße: Gründungs- und Stammlokal des kulturell-geselligen *»Bürgervereins«*, der 1848 zu den Demokraten übergeht und sich im Sommer dem Verbot der demokratischen Vereine entziehen kann. Er zählt 400 Mitglieder. Im Juli ziehen die Durlacher Turner und der Bürgerverein zu einer großen Versammlung nach Ettlingen mit der Fahne *»Freiheit oder Tod«*, einer jakobinischen Parole. Der Wirt Andreas Baumer, Deutschkatholik, flüchtet 1849 nach Rastatt und stirbt als Gefangener in den Kasematten. Als radikale Demokratin gilt im Durlacher Frauenverein

Henriette Obermüller, ihr Mann Gustav ist einer der heftigsten Agitatoren, ihr Schwager war schon 1832 beim Hambacher Fest und 1833 beim Frankfurter Wachensturm dabei und lag deshalb lange in Haft. Henriette stickt der Durlacher Volkswehr eine rote Fahne, *»Durlachs Democratinnen den Turnern 1849 – Siegen oder Tod«*. Ihr Bruder stellt in der Erhebung 1849 die geachtete Freischar Dreher-Obermüller auf. Ihr Mann stirbt nach drei Jahren schwerer Haft, sie heiratet 1854 den Hambacher Demokraten Jakob Venedey und wird so eine Stammutter der Venedeys, einer Familie mit der seltensten demokratischen Kontinuität.

Friedhof: Im Januar 1854 stirbt Gustav Obermüller, bei der Beerdigung besetzt der Polizeistaat den letzten Platz, wie Henriette in ihren Memoiren beschreibt. Das Grab ist leider nicht mehr vorhanden.

Hermann Venedey: Henriette Venedey. Ein Lebensbild, Basel 1937 (ein seltener Exildruck; der Autor, ihr Enkel, wurde 1933 aus Konstanz verjagt).

Obere Mühle, Alte Weingartener Straße 37, heute Haus des Landesverbands der Naturfreunde mit Geschäftsstelle und Restaurant. Vorne sind zwei preußische Kanonenkugeln der berühmten Schlacht um diese Mühle eingemauert.

Am 25. 6. 1849 liefert die Nachhut der badischen Freiheitsarmee unter Becker ein glänzendes Rückzugsgefecht. Mehrere preußische Divisionen marschieren über die Bergstraße heran, heute B 3. Sie finden alle Zugänge nach Durlach durch Barrikaden versperrt, an der Obermühle stehen Beckers beste Scharfschützen und Plänkler, hinter der Barrikade an der Mühle das radikale Flüchtlingsbataillon, auf der Eisenbahnbrücke über die Pfinz ein weiterer Teil der Flüchtlingslegion, auf dem Marktplatz die Reserve, in Richtung Turmberg ein Mannheimer Arbeiterbataillon, auf der Grötzinger Landstraße Offenburger Volkswehr. Die Preußen scheitern mit mehreren frontalen Angriffen. Um die Stellung zu umgehen, müssen sie vier Divisionen heranholen. Bis sie endlich über den Turmberg kommen, deckt Beckers Nachhut stundenlang den Rückzug der Hauptarmee unter Mieroslawski nach Rastatt und kann am Ende noch rechtzeitig entschlüpfen.

Eine Beobachtung hinsichtlich des preußischen Militärs soll nicht verlorengehen: *»Zu bemerken ist noch, dass ein Bataillon (preußischer) Landwehr (Iserlohn) mit Kartätschenbeschießung im Rücken bedroht werden musste, ehe es gegen die Insurgenten zu bringen war.«* Es ist Zeit, bei den Preußen Unterschiede zu machen. Die Rheinpreußen tendierten zur Demokratie, die Iserlohner waren dafür bekannt.

Becker/Essellen: Geschichte der süddeutschen Mai-Revolution, 1849, S. 349-354 .

Im Sommer 1998 schufen Kunststudenten hier ein ***»Denkmal für die badischen Freiheitskämpfer«.*** Zu sehen sind 3 Plastiken auf einem 1 km langen Pfad von der Pforzheimer Straße die Pfinz entlang zur Alten Weingartener Straße.

Alexander Mohr: Die Stadt Durlach in der badischen Revolution von 1848/49, 1993.

Ständehaus, Stadtbibliothek, Ständehausstr. 2, Tel. 0721-133 42 49. Di-Fr 10-18, Do 10-20, Sa 10-14 Uhr.
Stadtmuseum, Prinz-Max-Palais, Karlstr. 10, Tel. 0721-133-42 30 (mit einer Abteilung über die Revolutionszeit).

■ RASTATT

Auf der Höhe der Festung besitzt Baden eine Wespentaille von 20 km Durchmesser. Deshalb hoffte 1849 der polnische Revolutionsgeneral Mieroslawski, hier die preußischen Invasionsarmeen aufhalten zu können. Bei der Entscheidungsschlacht der badischen Erhebung am 28.-30. 6. 1849 können die Preußen nur am schwachen rechten Flügel durchbrechen, weil sie rechtswidrigerweise über das neutrale Württemberg einfallen. Die lange hin und her wogende Schlacht kann man sich anhand alter Schilderungen (am besten Becker/Essellen), einer guten Karte und möglichst lokalem Augenschein vorstellen.

Schloss: Hier verschachern 1798/99 die Franzosen bei Verhandlungen mit den deutschen Fürsten die Freiheitshoffnungen der unterdrückten Deutschen, ein Aufstand gegen diesen Verrat wird bereits 1798 geplant. Während des Kongresses arbeitet Hölderlin an der Fertigstellung seines *»Hyperion«*.

Zur Agitation der Bevölkerung tauchen in Südbaden Flugblätter auf: *»Schon lange hat das deutsche Volk nach seiner Freiheit geseufzt und die Ungleichheit der Stände war schon lange der Gegenstand seines Hasses und seiner Verachtung. Es fühlt seine Würde und die Wahrheit, dass in ihm die Allgewalt und das Recht liegt, sich Gesetze zu geben, die eines freien Volkes würdig sind. Mutig steht es also gegen jene Menschenverkäufer auf, welche, ohne es zu fragen, Staaten und Völker mit der nämlichen Willkür teilen, mit der sie sie bis jetzt beherrschten. Deutschlands Volk erkärt also hiermit, dass es das Joch jeder Art abwirft und einen unabhängigen Freistaat bildet.«*

Agitatoren rufen zur Sprengung des Rastatter Kongresses auf. Demokratisch denkende Diplomaten wie der Homburger Sinclair und andere Süddeutsche sondieren die Möglichkeit einer Revolution

und einer Unterstützung durch Frankreich.
Im Auftrag des französischen Außenministeriums bereist den deutschen Untergrund im Oktober 1798 der gebürtige Preuße Théremin, ein überzeugter Republikaner. In einer Denkschrift an den Außenminister Talleyrand schreibt er im März 1799:
»Ich habe in Karlsruhe, Stuttgart, Bruchsal, Heilbronn die Bekanntschaft mit den Häuptern der künftigen Insurrektion gemacht; ich habe in ihnen Männer gefunden, die mit mehr oder weniger Ungeduld den Einmarsch einer französischen Armee und die Erlaubnis zum Losbrechen erwarten. Sie alle neigen zu einer Vereinigung mit der helvetischen Republik. Die von Württemberg und Baden verlangen nur die Vereinigung des schwäbischen Kreises mit der Schweiz; die von Franken und der Pfalz wünschen, um darin einbegriffen zu sein, dass diese Vereinigung sich bis zum Main erstreckt.«

Heinrich Scheel: Süddeutsche Jakobiner, Berlin 1962 (S. 385/408 Plan zur Sprengung des Rastatter Kongresses).

Die **Schlossgaststätte** heißt 1849 »**Zum grünen Berg**« und wird vom Demokraten Mathias Schleininger betrieben. Unterkunft von Amalie Struve, als ihr Mann eingekerkert ist und im Mai 1849 durch Soldaten befreit wird.
Festung: 1849 Hochburg der badischen Revolution, hier gibt es im Mai den entscheidenden Anstoß, dass die ganze badische Armee auf die Seite der Freiheit übergeht, ein einmaliger Fall in der deutschen Geschichte. Im Juli Kapitulation, standrechtliche Hinrichtungen unter Preußens Führung, was zum

Badische Artillerie in Kuppenheim bei Rastatt

Gefangene Demokraten in einer Kasematte

langanhaltenden süddeutschen Preußenhass führt.

Ludwigsfeste, neben dem Sozialamt: Hier im Graben werden von August bis Oktober 1849 die Todesurteile vollstreckt. Der richtige Ort, um das *»Badische Wiegenlied«* des Heilbronner Dichters Ludwig Pfau vor sich hin zu singen, wenigstens zu pfeifen.

Rathaus, Balkon: Hier verkündet am 13. 5. 1849 der spätere Revolutionsminister Amand Goegg die Offenburger Beschlüsse. Amtssitz des Zivilkommissars Sallinger 1849.

Kaiserstraße 35: **Gedenktafel für Carl Schurz**, der hier am Tag der Kapitulation, am 23. 7. 1849 durch die Kanäle entfliehen kann, später den inhaftierten Bonner Prof. Gottfried Kinkel aus der Haft in Spandau herausholt und es in den USA zum Innenminister bringt.

Carl Schurz: Lebenserinnerungen, I, 1906 (hierin die abenteuerliche Flucht aus Rastatt); Franziska Anneke: Mutterland. Memoiren einer Frau aus dem badisch-pfälzischen Feldzuge 1848/49, 1982 (darin ihre Flucht).

Panoramaweg, Kasematten: Einst Teil der Leopoldsfeste, die Gänge mit mehreren hundert Metern Länge sind nur mit Führung begehbar. In der Nähe **Reste der Festung Cavalier I**, wo 1849 mit anderen Herweghs Generalstabschef Otto von Corvin gefangen liegt.

Alter Friedhof, heute Patientengarten des Kreiskrankenhauses, Zugang von der Straße: **Denkmal** für die standrechtlichen Opfer von 1849, u. a. Ernst Elsenhans, den Redakteur des *»Festungs-Boten«*. Das Denkmal durfte erst 1899 errichtet werden, so lange geisterte die Furcht der Machthaber über die alten Schlachtfelder.

Nicht zu vergessen Überlebende wie der Rastatter Kamm- und Schirmmacher Franz Comlossi und seine Frau Ursula, die 1849 so intensiv am Umsturzversuch teilnahmen, dass sie mit ihren Kindern flüchten mussten. In New York errichteten sie wie viele Emigranten ein Gasthaus und gaben ihm den Namen »*Zur Festung Rastatt*«.

Revolution im Südwesten. Stätten der Demokratiebewegung 1848/49 in Baden-Württemberg, 1997, S. 484-499; Wolfgang Duffner: Der Traum der Helden. 12 Nachrufe auf im Sommer und Herbst 1849 hingerichtete Kämpfer der Badischen Revolution, 1997.

Erinnerungen zu 1849: (Christian Gottlieb) Abt: Die Revolution in Baden und die Demokraten, Herisau 1849 (Reprint in Vorbereitung); Ludwig Bamberger: Gesammelte Schriften, III, 1895, S. 59-158; August Brass: Der Freiheitskampf in Baden und in der Pfalz im Jahre 1849, St. Gallen 1849; A. Daul: Tagebuch eines politischen Flüchtlings, St. Gallen 1849; Friedrich Engels: Die deutsche Reichsverfassungskampagne, 1969; F. Fenner von Fenneberg: Zur Geschichte der rheinpfälzischen Revolution und des badischen Aufstandes, 2. Aufl. Zürich 1850; Der Festungsbote (Hg. von Ernst Elsenhans), Rastatt Nr. 1-14, 1849, Nachdrucke 1978 und 1998; (Amand Goegg): Nachträgliche authentische Aufschlüsse über die Badische Revolution von 1849, Zürich 1876; Karl Heinzen: Einige Blicke auf die badisch-pfälzische Revolution, Bern 1849; Heinrich Loose: Der deutsche Reichsverfassungskampf im Jahre 1849, Reutlingen/Leipzig 1852; Ludwig Mieroslawsky: Berichte des Generals über den Feldzug in Baden, Bern 1849; Theodor Mögling: Briefe an seine Freunde, Solothurn 1858; Florian Mördes: Die deutsche Revolution mit besonderer Rücksicht auf die badische Revolutions-Episode, Herisau 1849; (anonym) Rastatter Kasematten-Erzählungen eines Freigewordenen, Meisenheim 1850; Franz Raveaux: Mitteilungen über die Badische Revolution, 1850; Franz Sigel: Denkwürdigkeiten aus den Jahren 1848 und 1849, Mannheim 1902; Amalie Struve: Erinnerungen aus den badischen Freiheitskämpfen, Hamburg 1850; Gustav Struve: Geschichte der drei Volkserhebungen in Baden, Bern 1849, Reprint 1980; Vier Briefe eines Demokraten als Beitrag zu einer Geschichte der Volkserhebungen in Baden, von 1848 und 1849, Straßburg 1850; Christian Zinn: Die Erhebung in der Rheinpfalz und die pfälzische Volkswehr in Baden, Straßburg 1850.

Ein Revolutionspfad durch Rastatt findet sich in: Revolutionsführer. Bedeutende Schauplätze der badischen Revolution 1848/49 in Rastatt, 1998.

Schloss, Mittelbau, Erinnerungsstätte für die Freiheitsbewegungen in der deutschen Geschichte, Di-So und Feiertage 9.30-17 Uhr. Eintritt frei. Tel. 07222-39 475, 33 421.

Führung durch die Kasematten nur nach Voranmeldung bei Tel.

07222/972 193 oder 972 195. Preis 50 DM für eine Gruppe bis 40 Personen.

Stadtmuseum, Herrenstr. 11. Mi, Fr, So und Feiertage 10-12, 15-17 Uhr. Tel. 07222/972 440.

Kapitel 6

ELSASS

Am Oberrhein zerreißt seit Jahrhunderten ein politischer Bruch eine zentrale Nahtstelle Europas. Regionale Schwerpunkte wie Mainz, Mannheim, Karlsruhe, Freiburg sind Berlin näher als Straßburg. Das ist grotesk, dabei schien es zum Beispiel während der Kämpfe gegen die Atomkraftwerke Whyl und Fessenheim anders werden zu können.

Das Elsaß spiegelt kritische Entwicklungsstufen des Oberrheins wider. Wenn hier Krieg war, traf es zuerst die Elsässer. Und umgekehrt: wenn Freiheitsimpulse auftauchten, eignete sich das Elsaß als Brücke zur Modernisierung der östlichen Nachbarn.

Dieses Land übernahm oft eine Mittlerrolle zwischen West- und Mitteleuropa, was ihm freilich niemand dankte.

In beiden Nationalgeschichten bleibt diese Wirkung ausgeklammert.

Strasbourg hatte mehrmals eine beachtenswerte Bedeutung für Freiheitsimpulse nach Deutschland hinein. 1798 existierte in der Stadt eine geheime revolutionäre Organisation, der »*Club des citoyens actifs*«, um drüben, jenseits des Rheins, eine Revolution herbeizuführen. 80 Mitglieder sollen es gewesen sein, unter ihnen Charles Schulmeister aus Freistett, der später Napoleons Meisterspion wurde, Dr. Schwan aus Willstätt und die einstigen Mainzer Jakobiner Wedekind und Zimmermann. Nachdem die Erhebung fehlgeschlagen war, wurde der Club am 16. 3. 1798 durch das Direktorium in Paris verboten, die deutschen Emigranten wurden ausgewiesen.

Erstmals nach dem Bastillesturm bildete das Elsaß eine solche Brücke, durch die die Erfahrungen mit einer Revolution und der Demokratie über den Rhein gelangen konnten. Über den Fluss gab es viel mehr Kommunikation, als wir uns heute denken können. Die erste massenhafte demokratische Agitationsliteratur kam aus Straßburger Druckereien und Verlagen, von Einheimischen finanziert. Die erste Emigrationswelle deutscher Demokraten fand Unterschlupf zwischen Vogesen und Rhein. Hier entstand die erste deutsche Exilliteratur, die bis heute kaum zur Kenntnis genommen wird.

Die Freiheitsgeschichte der Deutschen wäre ohne die Hilfe der Elsässer in vielen Biografien und entscheidenden Anregungen anders verlaufen. Davon zeugen die fünf Emigrationswellen zwischen

1790 und 1849, ganz zu schweigen von der nach 1933. Die Große Revolution gestaltete auch das deutsche Linksrheinische völlig um, garantierte mit dem neuen Recht die Fortdauer dieser Errungenschaften selbst im halbfeudalen Deutschen Reich, mittels der Herausbildung eines Sonderstatus. Dieser Vorsprung, ein Stachel im unfreien Reich, verdichtete sich in den *»französischen Institutionen«*, die sich auf den Code Napoléon gründeten.

Das Elsaß bot den Nachbarn seit 1789, erst recht im Vormärz bis 1848 das Vorbild einer öffentlich gelebten Demokratie. Charakteristika der neuen Zeit, die wir bei den linksrheinischen deutschen Demokraten der Pfalz und Rheinhessens antreffen, finden sich schon in Straßburg. Selbst als nach 1871 das Elsaß mundtot gemacht werden sollte, behielt es etwas von dieser Vorbildfunktion. Davon zeugen u. a. die Erinnerungen von Elly Heuß-Knapp.

Solange nicht Chauvinisten, Kriegshetzer, Eroberer, Diktatoren sich am Oberrhein tummelten, verstanden sich die Elsässer und ihre deutschen Nachbarn recht gut, empfanden sich als Teil einer Familie. Diese Gemeinsamkeit wurde durch die deutsche Invasion von 1792 schwer beschädigt, Napoleon überstrapazierte sie für seine Hegemonialpolitik. 1848/49 blühte sie nochmals kurz auf. Durch die Nazis wurde sie tief vergiftet, die Wunden sind inzwischen vernarbt, aber noch immer ist Fingerspitzengefühl zu empfehlen.

Es fördert die eigene Zurückhaltung, wenn man sich bewusst ist, wie und wo die Nazis dieser Region ihre Herrschaft besonders schmerzlich eingebrannt haben. 374.000 Elsässer verlassen mit Kriegsbeginn ihre Heimat und siedeln in die Dordogne um: pro Person 30 Kilo Gepäck, Lebensmittel für zwei Tage, eine Decke. In der Stadt bleiben nur 3.500 Menschen zurück, die im Mai 1940 evakuiert werden. Ein toter Ort.

Am 19. 6. 1940 weht die Nazifahne auf dem Münster. Am 27./28. 6. besucht Hitler die Stadt und ernennt den Altnazi Rudolf Wagner zum Gauleiter, der 1946 im Vorort La Wantzenau erschossen wird. Hitlers Parteiideologe Alfred Rosenberg *(»Der Mythus des 20. Jahrhunderts«)* bespricht im Oktober 1940 mit Hitler die Idee, das Münster als *»Nationalheiligtum«* umzugestalten, mit einem *»Denkmal zur Erinnerung an den unbekannten Soldaten«* (nicht realisiert). Hitler bekommt bei dieser Idee *»Tränen in die Augen«*. Französisch-elsässische Kultur gilt ihm als *»welscher Plunder«*. Verboten sind die französische Sprache und der elsässische Dialekt, selbst die Baskenmützen und die bisherigen Straßennamen. In Mulhouse passiert ein unfreiwilliger Witz: die

Rue du Sauvage (Straße des Wilden) wird in Adolf-Hitler-Straße umbenannt, was die Nazis unter allgemeinem Gelächter wieder ändern müssen.
Die Mehrzahl der Elsässer kehrt allmählich zurück. Am 12. 9. 1940 stecken die Nazis die Synagoge am Quai Kléber in Brand. Für unangepasste Elsässer richten sie erste KZ's in Schirmeck (Vogesen), Ulm und Schlesien ein. Es folgt der Bau des Vernichtungslagers Natzwiller-Struthof. Im Mai 1941 wird der Arbeitsdienst eingeführt, ab August 1942 die Zwangsrekrutierung zur deutschen Armee in die Waffen-SS. Die Elsässer werden bevorzugt an der Ostfront verheizt. Von 130.000 gezwungenen Elsässern kommen 47.000 um, 10.000 kehren schwerverletzt zurück. 20 % der Gezwungenen desertieren in die Schweiz. Es gibt massenhafte Todesurteile gegen die elsässische Résistance. Im September 1944 erfolgt der letzte schwere Luftangriff der Alliierten auf Strasbourg. Am 23. 11. 1944 ziehen die Franzosen in die Stadt ein, auf dem Münster flattert wieder die Trikolore.
Erst zu unserer Zeit mag die politische Führung des Elsaß sich an die *»Gezwungenen«* erinnern. Als im August 1998 in Tambow, 500 km südwestlich von Moskau, ein internationales Denkmal für die Kriegsgefangenen des Zweiten Weltkriegs eingeweiht wird, sind erstmals auch Politiker und Zwangseingezogene aus dem Elsaß und aus Lothringen dabei.
Die Gestapo hatte in Strasbourg ihre Zentrale in der **Rue Sellénick 11** (damals Sängerhausstr. 11, im Norden beim Boulevard Clemenceau), wo sie Hunderte folterte und viele umbrachte. Am Haus befindet sich heute eine Gedenktafel nur für den hier umgekommenen kommunistischen Eisenbahnergewerkschafter Georges Wodli. Über weitere Zellen und Folterstätten der Gestapo verfügte die nazistische Polizeidirektion in der Blauwolkengasse, wo nach dem Krieg wieder die französische Polizei einzog.
Die Résistance hat die Taten der Gestapo so wenig verziehen wie das elsässische Konzentrationslager Natzwiller-Struthof in den Vogesen (bei Schirmeck), wo u. a. deutsche Ärzte kriminelle Experimente an Häftlingen vornahmen. Jede Familie machte üble Erfahrungen mit den Deutschen, fast jede hatte einen Toten zu beklagen.
Bei allem Nationalismus der deutschen 48er Revolutionäre fällt angenehm auf, dass es damals keinerlei Ansprüche auf Elsaß-Lothringen gab. Das Verhältnis unter den Nachbarn war im wesentlichen ungetrübt. Die demokratische Straßburger Zeitung *»Courrier du Bas Rhin«* sprach sich 1848 immer wieder für *»die innige Eintracht Frankreichs und Deutschlands«* aus. Erst nach Preußens

Zugriff auf die Deutschen glaubte man in Deutschland, auch die Elsässer müssten ins Reich.
Ortsnamen und Straßennamen erscheinen in diesem Kapitel in ungezwungener Zweisprachigkeit, wie sie heute am fidelsten der elsässische Journalist, Schriftsteller und Filmautor Martin Graff (Soultzeren) praktiziert. Er nennt sich *»Gedankenschmuggler«*.

Martin Graff: Von Liebe keine Spur. Das Elsaß und die Deutschen, 1996; Pierre Seel: Ich, Pierre Seel, deportiert und vergessen, Köln 1996 (spannende Memoiren eines von den Nazis verfolgten Elsässers, der als einziges homosexuelles Opfer in Frankreich Anerkennung fand, wurde im KZ Schirmeck misshandelt); Elly Heuß-Knapp: Ausblick vom Münsterturm, 1953.

▩ WISSEMBOURG

Lutherische Kirche, Pfarrhaus: Hier lebte der demokratische Pfarrer Johann Gotthard Grimmer, 1790 korrespondierendes Mitglied des Straßburger Jakobinerklubs, ein im selben Jahr geborener Sohn erhält durch den Vater eine *»patriotische Taufe«:* ein Major der Nationalgarde spricht über dem Säugling den Bürgereid. Grimmer wird 1791 Präsident des Jakobinerklubs. 1792 Maire. Im Herbst 1793 erklärt er während der Entchristianisierungskampagne seinen Verzicht auf das Pfarramt, von da an machte er eine politische Karriere bis in die Distriktsverwaltung Straßburg, zuletzt wurde er zum Friedensrichter in Seltz degradiert.
Seit dem Hambacher Fest ist Wissembourg Ankunftsort vieler deutscher Flüchtlinge auf dem Weg nach Straßburg. Oft leisten Weißenburger Bürger und Gastwirte kräftig Flüchtlingshilfe gegen deutsche Spitzel und verkleidete Polizisten.
Jakob Venedey, Hambacher Redner und Mannheimer Journalist, entkommt mit Beckers Hilfe im September 1832 aus dem Frankenthaler Gefängnis, seine Flucht endet in Weißenburg.
»Die Grenze war damals streng bewacht. Es wurde mit Luchsaugen auf politisch Kompromittierte gefahndet. Mein Steckbrief war in der Hand der Grenzgendarmen ... (Endlich) sagte mein Führer: »Wir sind auf französischem Boden!« Ich brach zusammen, wörtlich zusammen. Bis dahin hatte meine Kraft ausgereicht. Jetzt mussten mich die beiden Freunde und Führer bis zu dem Wirtshause in Weißenburg halb schleppen, halb tragen. Aber ich war frei; das Gefängnis war durchbrochen!«

Hellmut G. Haasis: Volksfest, sozialer Protest und Verschwörung, 1981, S.208f; die Fluchtgeschichte neu erzählt in Haasis: Edelweißpiraten, 1996, S.71ff

Venedey kommt am 22. 9. 1832 in Weißenburg an, wohnt bis

April 1833 in Straßburg, bis er sich für Paris entscheidet, wo er mit der Zeitschrift *»Die Geächteten«* den Frühsozialismus voranbringen und zur Geburt der deutschen Arbeiterbewegung beitragen wird.

Am 5. 8. 1830 eine große Revolutionsversammlung: das in Garnison liegende Regiment veranstaltet eine Parade auf der **Place d'Armes**, mit dreifarbiger Kokarde am Tschako, unter wehender Trikolore. Auf dem Balkon des **Hotel de Ville** jubeln die Notabeln der patriotischen Parade zu.

Weißenburger Linien: entlang der Lauter vom Rand der Vogesen bis an den Rhein zieht sich eine Kette von Schanzen, Redouten, Gräben und Überschwemmungsgebieten. Am 13. 10. 1793 überrennen die Österreicher diese Linien und dringen bis Straßburg vor. Die demokratischen Anfänge des Elsasses stehen auf dem Spiel. Ende Dezember 1793 werfen die rabiater gewordenen Sansculotten, unter Beteiligung vieler deutscher Jakobiner wie der Republikaner von Bergzabern, die Österreicher wieder zurück, befreien Landau und säubern bis zum Frühjahr 1794 die Pfalz von Feudaltruppen. Die Reste der Weißenburger Linien sind seit 1991 auf einem Wanderweg begehbar, eine 20 km lange Strecke von Wissembourg bis Lauterbourg, entlang alter Schanzen und Redouten, der durchgehende Wall ist oft noch zu erkennen, gelegentlich verläuft der Weg auf seiner Krone.

Vor der Stadt liegt im Süden der **Geisberg**, der im Dezember 1793 von französischen Sansculottentruppen erobert wurde. 1870 verdrängten die Preußen in einer blutigen Schlacht die Franzosen von diesem Schicksalsberg des Elsaß, wo heute ein Militärfriedhof liegt.

Rolf Übel (Hg.): Die Festungen an Queich und Lauter, 1996 (S.235-246 über die auf weiten Strecken noch sichtbaren Weißenburger Linen).

Musée historique, geöffnet Mo-Sa 14-18, So 10-12, 14-18 Uhr.

▩ HAGENAU

Im Oktober 1848 lebt hier der deutsche Emigrant Hermann Dick, Sohn des alten Mainzer Demokraten Caspar Dick. Als die *»Augsburger Allgemeine«* Oktober 1848 mit chauvinistischen Tönen den alten Franzosenhass der Deutschen aktivieren will, antwortet er mit einem Brief an den *»Indicateur de Haguenau«* und bietet eine programmatische Position der demokratischen Linken, ohne den geringsten Anklang von Nationalismus. Dick beweist auch später als liberaler Direktor der pfälzischen Irrenanstalt Klingenmünster seit 1858 Format.

Gegend um das alte Rathaus. In seiner Reichsstadtzeit hatte Hagenau ein gutes Verhältnis zu seinen jüdischen Mitbewohnern. Davon zeugt Josel von Rosheim (1478 – 1554), geboren vermutlich in Hagenau, wo sein Onkel eine Talmudschule führte. Hier erhielt Josel eine so gute Ausbildung, dass er Sprecher der elsässischen Judenschaft, dann aller Juden im Deutschen Reich wurde, Vorkämpfer für die Rechte der Juden. Er ist die überragende Gestalt des deutschen Judentums im Zeitalter der Reformation, ein glänzender Kontrahent gegen den rabiaten Antisemiten Martin Luther, erfolgreicher Diplomat am kaiserlichen Hof, bei deutschen Fürsten und am deutschen Reichstag.

Josel von Rosheim in gegnerischer Sicht

A. Heit: Elsässische Publizistik, 1975, S.566f (Dicks Artikel in Hagenau 1848 nachgedruckt); Haasis: Josel von Rosheim, in: M. Asendorf / R. v. Bockel: Demokratische Wege, 1997, S.309f ; Selma Stern: Josel von Rosheim, 1959.

STRASBOURG

Altes Rathaus am Gutenbergplatz. Am 21. Juli 1789 stürmen und plündern Stadtarme das Rathaus, weil sie die Senkung des Fleisch- und Brotpreises als ungenügend empfinden. Sie schleppen die Ratskutschen auf die **Place Kléber**, zertrümmern und verbrennen sie. Am nächsten Tag stellt das Zunftbürgertum bewaffnete Patrouillen auf, lässt überall mit Hausdurchsuchungen nach Diebesgut aus dem Rathaus fahnden und 600 Verdächtige festnehmen. Verdächtig ist, wer arm und radikal ist und den Patriziern feindlich. Der Ursprung der Straßburger Nationalgarde liegt in der besitzbürgerlichen Verteidigung der Macht gegen die Unterschichten.

1790 beginnt eine intensive Phase der demokratischen Werbung mit

Flugschriften über den Rhein nach Deutschland hinein. Anlass gibt der drohende Krieg, der Einfall französischer Emigrantenkorps von Baden aus. Als am 24. 6. 1791 deutsche Besucher zur Johannismesse nach Straßburg kommen, wird in allen Gasthäusern massenweise die acht Seiten umfassende Flugschrift *»Schreiben eines Teutschen an seine Brüder in Teutschland. Den 18. Juni 1791«* verteilt.

nachgedruckt in Haasis: Gebt der Freiheit Flügel, II, S. 609/611.

1944 treibt die erste französische Armee die Nazitruppen über den Rhein. Als Symbol des Sieges lässt General de Lattre eine Tafel von 1790 nachmachen und am Rheinufer von Strasbourg aufstellen: *»Hier beginnt das Land der Freiheit.«* Die Rückkehrer aus dem Krieg, unter ihnen freigelassene KZ-Häftlinge, erleben hier die sinngebende Kraft historischer Erinnerung. Vor einem Heimkehrerbüro in Strasbourg läuft alles nicht so rasch. Einer meckert: *»Man merkt schon, dass man in das Land des Durcheinanders zurückgekommen ist.«* Einer der Deportierten, dem noch der Zebraanzug eines KZs an der abgemagerten Gestalt schlottert, gibt erleichtert zurück: *»Wenn man die Ordnung, die wir eben gesehen haben« – er betonte spöttisch das Wort »Ordnung« –, wirklich aus der Nähe beobachtet hat, dann hätte man Lust, bis an sein Lebensende zu rufen: Es lebe das französische Durcheinander!"*

Edmond Michelet: Die Freiheitsstraße. Dachau 1943/1945, 1960, S. 263f. In diesen Erinnerungen des späteren französischen Justizministers finden sich auch Passagen über das elsässische KZ Natzwiller/Struthof.

RUNDGANG AUF DEN SPUREN EMIGRIERTER DEUTSCHER JAKOBINER

Zwischen 1791 und 1793 emigrierten rund 200 Deutsche ins Elsaß, davon allein 110 katholische Geistliche. Die damals entstehende erste deutsche Exilliteratur ist noch immer unbekannt.

Rue de la Nuée Bleue/Blauwolkengasse 2: Hier wohnt 1792/93

Eulogius Schneider

Eulogius Schneider, ein ehemaliger Franziskaner, dann Professor in Bonn (einer seiner Schüler war Beethoven), seit 1791 demokratischer Vikar am Münster, zuletzt Ankläger des Revolutionstribunals. Den Haushalt führt ihm seine Schwester Marianne. In der Nacht zum 20. 8. 1793 wagen es seine Gegner, die auf dem **Kleberplatz** zur Warnung aufgestellte Guillotine vor seine Wohnung zu fahren, ihm den Tod anzudrohen und das Gerüst zu zerschlagen. Der Maire Monnet, ein Opportunist, greift nicht ein.

Eulogius wird in der Nacht des 13. 12. 1793 verhaftet, am nächsten Morgen stundenlang an die Guillotine mitten auf dem Kleberplatz angebunden und im Eisregen dem Spott der Passanten preisgegeben. Am 1. 4. 1794 guillotiniert man ihn in Paris. Am Tag vor seiner Verhaftung hat er sich in diesem Haus mit Sara Stamm von Barr verlobt, der Schwester von Daniel Stamm (in der Mainzer Republik Adjutant von General Custine).

Rue Brûlée/Brandgasse 3, Neubau: Hier wohnt 1793 der aus Berlin emigrierte Carl Clauer, einer der glänzendsten Flugschriftenautoren unter den deutschen Jakobinern: *»Allgemeiner Aufstand oder vertrauliches Sendschreiben an die benachbarten Völker, um sie zu einer heiligen und heilsamen Empörung aufzumuntern«* (1791); *»Der Kreuzzug gegen die Franken«* (1791). 1792/93 Nationalgardist in der Mainzer Republik, von General Custine als Geheimagent nach Mannheim geschickt, um die Festungsstadt durch einen Putsch in französische Hände zu bringen. Nach seiner Enttarnung in Mannheim entgeht er knapp der Verhaftung. 1793 wieder im Elsaß, Kommissar gegen konterrevolutionäre Umtriebe an der Nordgrenze und für die Eintreibung von Requisitionsgeldern zuständig. Zum Präsidenten des Distrikts Straßburg ernannt, Teilnehmer bei der Umwandlung des **Münsters** in einen *»Tempel der Vernunft«* (20. 11.). Sein Sturz wird am 25. 12. eingeleitet: der Sicherheitsausschuss beschließt, alle Ausländer von Verwaltungsposten abzusetzen. Von Paris schwappt Fremdenhass übers Land, man spricht von einer *»Verschwörung der Ausländer«*. Am 10. 1. 1794 wird Clauer mit 10 anderen Jakobinern verhaftet, 5 davon sind aber gar keine Ausländer. Im Klub darf darüber nicht mehr diskutiert werden, die Terreur erwürgt auch die radikale Demokratie. Clauer wird wegen Krankheit in seiner Wohnung unter Hausarrest gestellt, die anderen müssen nach Dijon ins Gefängnis. Am 12. 2. 1794 stirbt er mit 30 Jahren in seiner Wohnung und hinterlässt zwei hilflose kleine Kinder.

Haasis: Gebt der Freiheit Flügel, I, S.854ff (über Clauer); Clauer: Allgemeiner Aufstand, Straßburg 1791. Reprint 1992 nach dem Erstdruck (nur bei Der Freiheits-baum, Tannenstr. 17, 72 770 Reutlingen).

Place Broglie, Hôtel de Ville: Das Haus war im Januar 1794 Haftlokal für die deutsche Emigrantenkolonie. Die Gefangenen geben für den nach Paris abgeführten Eulogius Schneider eine Solidaritätserklärung ab, ohne ihre tödliche Gefährdung zu ahnen.

Erstdruck dieser Erklärung in Cotta: Rede für das Fest des Frankenvolks, Reprint 1992, S. 23f.

Rue de Zurich 11: Das Haus ist inzwischen abgerissen, hier wohnte Marianne Schneider mit ihrem Ehemann Michael Mathias Müller, hier kam 1796 ihr erstes Kind auf die Welt (schon nach 20 Tagen gestorben), dem sie in Treue zu ihrem verleumdeten Bruder den Namen Georg Eulogius gab.
Am **Quai St. Nicolas** die **Kirche St. Nicolas**: Hier tagt 1791 der Jakobinerklub, von der Kanzel herab sprechen auch deutsche Emigranten, so Georg Kerner, Cotta und Eulogius Schneider.
Münster: Schneider hielt hier mehrere Predigten, die auch gedruckt wurden. Am 17. 11. 1793 traf sich im Münster die polititsche Führungsschicht Straßburgs und Lothringens, um Maßnahmen zur Mobilisierung des Elsaß zu besprechen. Die Vorposten der Österreicher streiften bereits bis Straßburg. Beschlossen wurde u.a. die Entchristianisierung des Münsters, das am 20. 11. in einen *»Tempel des Vernunft«* umgewandelt wurde, im Frühjahr 1794 in einen *»Tempel des Höchstens Wesens«*. Im Chor entstand ein Kultmal für die Natur, ein künstlicher Berg.
Als während der Terreur die *»Propagandisten«*, aus Innerfrankreich herbeigerufene Berufsrevolutionäre, im Jakobinerklub vorschlagen, die Steinplastiken am **Münster** zu zerstören, widersetzen sich erfolgreich Elsässer und deutsche Emigranten.
Cotta, während der Terreur 8 Monate in der Conciergerie von Paris gefangen, kommt im September 1794 frei und kehrt nach Straßburg zurück. Erschüttert von dieser Erfahrung hält er im *»Tempel der Vernunft«* an drei Dekadenfeiern hintereinander politische Reden, in denen er seine gewandelte Sicht der Revolution darlegt.
Rue du Vieux Marché aux Poissons/Alter Fischmarkt 32: Hier wohnte der Buchbinder Johann Stuber, der Eulogius Schneiders Zeitschrift *»Argos«* (1791-94) verlegte und Schneiders brillianten Offenen Brief *»An Robespierre den Alten«* aus der Pariser Haft zu veröffentlichen wagte. 1794 trat er in alter Treue und trotz der Stigmatisierung von Emigranten und Schneider-Verwandten bei der Heirat von Marianne Schneider und Michael Matthias Müller als Trauzeuge auf. Das Hochzeitsda-

tum war ein Bekenntnis: der 22. 9. 1794, der 3. Jahrestag der Gründung der Republik.

Cotta, Christoph Friedrich: Rede für das Fest des Frankenvolks und zum Andenken der Räumung seines Gebiets. Straßburg 1794. Reprint 1992 (nach dem einzigen Exemplar, bei Der Freiheitsbaum, Reutlingen).

Rue des Arcades 60/Gewerbslauben: Hier wohnte 1792 ein vielseitiger Revolutionsanhänger, der in Brünn geborene Jude Moshe Dobruschka, in Wien zum Christentum übergetreten und geadelt als Franz Thomas Baron von Schönfeld. Trotz der Konversion ist er Sabbatianer geblieben, anerkannte in dem 1676 verstorbenen Sabbatai Zwi den bereits gekommenen Messias. Er übersiedelt nach Prag, wo er eine der reichsten jungen Frauen des Gettos heiratet. Später geht er nach Wien, wird Bibliothekar und Bankier. 1792 wandert er unter dem neuen Namen Junius Frey nach Paris aus und wird zusammen mit Danton und einer Bankiersgruppe am 5. 4. 1794 guillotiniert. Ein Opfer der Fremdenhysterie.

Haasis: Gebt der Freiheit Flügel, II, 831-853; Susanne Wölfle Fischer: Junius Frey (1753-1794). Jude, Aristokrat und Revolutionär, 1997.

Gefängnis Ponts Couverts/Gedeckte Brücken: einer der Türme war das Haftlokal von Eulogius Schneider in der Nacht 13./14. 12. 1793.

Über Marianne Schneider siehe Haasis: Gebt der Freiheit Flügel, II, 1988, S.791ff; Schneiders politische Fabeln und Parabeln mit Erläuterungen siehe Haasis: Gebt der Freiheit Flügel, I, S. 383ff; Claude Betzinger: Vie et mort d‹ Euloge Schneider, ci-devant franciscain. Des lumières à la terreur 1756-1794, Strasbourg 1997 (die umfangreichste Biografie, auf breitester Quellengrundlage wie bisher noch nie und unter Straßburger Sichtweise).

Kronenburger Straße 60: 1792/93 Wohnsitz des Straßburger Jakobiners André Meyer, Klubmitglied, der 1792 als Nationalgardist mit der Rheinarmee nach Mainz zieht und dort Chefadjutant des Generals Custine wird. Nach seiner Rückkehr unterstützt er die ins Elsaß emigrierten deutschen Demokraten und hilft auch in der Terreur den schutzlosen Waisen des Berliner Emigranten Clauer.

▩ SPAZIERGANG

mit Claude Betzinger (Strasbourg), dem besten Kenner dieser Epoche. Betzinger gibt häufig drei Straßennamen an, den heutigen, den ›früheren‹ (vor der Revolution) und den ›revolutionären‹ (ab Dezember 1793, bzw. 1794/95). Beginn an der **Place d'Austerlitz** (früher Place Dauphine, revol. Place du 10 Août), wo heute die Touristenbusse anzukommen pflegen. Zur **Place du Corbeau**, kurzer Abstecher nach rechts in das gedeckte Sackgässlein, **Impasse Gunther** (revol. Rue de la Vigne), wo der jakobinische Schuster und radikale Schneider-Anhänger Johannes Jung wohnte, der 1794 in Paris guillotiniert wurde.

Sieg der französischen Verfassung von 1791 über Adel, Königtum und Kirche (von links)

Dann nach links **Quai Saint-Nicolas** (revol. Quai du Bonnet Rouge) **Nr. 21** das *»Restaurant au Pont du Corbeau«*, wo Eulogius Schneider eine Zeitlang im 1. Stock wohnte.

Zurück über den **Pont Corbeau** (Rabenbrücke, revol. Pont Rousseau) in die **Rue du Vieux marché aux poissons** (revol. Rue de la Révolution). In Nr. 32 (früher Nr. 77, wie im *»Argos«* genannt) wohnte und arbeitete der Buchbinder Johann Stuber, der hier 1792-94 den *»Argos«* von Eulogius Schneider verlegte und verkaufte. Die Auflage nur 200 Exemplare pro Heft.

Place Gutenberg (früher Marché aux herbes, Gärtnermarkt): das heutige Gebäude der Industrie- und Handelskammer war einst Rathaus, das am 21. 7. 1789 gestürmt und geplündert wurde.

Die **Rue du Miroir** (Spiegelgasse, revol. Rue de Haxo) besteht nur aus einem einzigen Gebäude, einst Sitz der Zunft *»zum Spiegel«*, wo u.a. die Kaufleute Mitglieder waren. Hier fanden auch Sitzungen des Jakobinerklubs statt.

Über die **Rue des Serruriers** (Schlossergasse, revol. Rue de la République) in die **Rue de la Chaîne** (Kettengasse, revol. Rue de Franklin) Nr. 5, wo sich das ehemalige Zunftgebäude der Schuhmacher in die Rue des Cordonniers (revol. Rue de l‹Industrie) **Nr. 12 und 14** erstreckte. Hier gab es deutschsprachige Sitzungen des Jakobinerklubs.

An der **Place Saint-Thomas** (revol. Place de la République) diente das Gebäude des Thomas-Kapitels an der Kirche im Winter 1793/94 auf dem Höhepunkt der Terreur als Arresthaus des Militärgerichts für Verdächtigte.

In der **Rue du Bouclier** (Große Schildgasse, revol. Rue de la Vigilance) **Nr. 9** war der Tempel der Reformierten Gemeinde (Turm erst 1905), hier fanden 1794 die Sitzungen des verkleinerten, von Abweichlern *»gesäuberten«* Jakobinerklubs statt.

Durch das Viertel **La Petite France** geht es zu den **Ponts Couverts**. Hier im Militärgefängnis, von dem nur noch der Turm steht, der erste von links nach rechts, wurde Eulogius Schneider in der Nacht vom 13./14. 12. 1793 eingekerkert. Ganz rechts am Ende des **Quai de Turckheim** liegt der **Galeerenturm**, von wo man die Sträflinge nach Toulon auf die Galeeren abtransportierte.

Über die **Rue du 22 Novembre** (früher Große Stadelgasse, revol. Rue de Geisberg) zur **Place Kléber** (früher Place d‹ Armes, Paradeplatz), links der Neubau »**Maison Rouge**«, einst das Gasthaus *»Maison Rouge«*, wo die meisten Konventsabgeordneten, die von Paris nach Strasbourg geschickt wurden, abstiegen. Ungefähr an der Stelle des heutigen Kleberdenkmals stand 1793/94 die Guillotine.

Die erste Hinrichtung von drei Bauernsöhnen wegen Aufwieglung gegen den Militärdienst fand am 31. 3. 1793 statt. Während der Terreur wurden hier rund 50 Opfer hingerichtet, aber die wenigsten unter Verantwortung von Eulogius Schneider. Auf der Nordseite des Platzes diente das Gebäude »**Aubette**« als Hauptwache.

Rue de la Nuée Bleue (revol. Rue d' Yverneau), gegenüber Alt-Sankt-Peter das **Polizeihauptrevier.** Hier stand das Gericht, 1870 bei der Bombardierung durch die Deutschen abgebrannt, in dem auch das **Revolutionstribunal** unter Schneider, später Mainoni tagte.

Place Broglie (früher Marché-aux-Chevaux, Rossmarkt, revol. Place de l'Egalité). Wo jetzt die **Banque de France** steht, befand sich der Palais des ersten Maire Dietrich, hier erklang am 26. 4. 1792 erstmals die Marseillaise. **Gedenkafel** am Haus. Im Winter 1793/94 hielt das Militärgericht der Rheinarmee in diesem Haus seine Sitzungen ab, die Richter wohnten auch hier. Gegenüber das **Hôtel de Ville**, früher Hôtel de Darmstadt, das Stadtpalais des Landgrafen von Hessen-Darmstadt, der weite Teile des Nordelsaß besaß. Das Gebäude diente 1793/94 als Gefängnis, hier erschoss sich in der Nacht zum 10. 2. 1794 Charles Taffin, ehemaliger Präsident des Revolutionstribunals unter dem Ankläger Schneider.

Am Ende des Platzes, gegenüber dem Theater, liegt das **Hôtel de la Préfecture**, ehemals Hôtel Klinglin, dann Hôtel de l' Intendance, das in der Revolution Sitz der Departementsverwaltung wurde. 1940-44 amtierte hier der Nazigauleiter Rudolf Wagner.

In der **Rue Brûlée** (revol. Rue Dagobert) sieht man gleich vorne links das **Palais Episcopal,** gekauft von Marschall Luckner, das nach dessen Hinrichtung als Schuhwerkstatt für das Heer diente. Gegenüber liegt das **Palais du Gouverneur militaire**, ehemals Hôtel de Deux-Ponts (Stadtpalais des Herzogs von Zweibrücken), das 1792 der General de Beauharnais kaufte, der erste Gatte der zukünftigen Kaiserin Josephine. Während der Terreur befand sich hier der Sitz des Platzkommandanten Dièche, der ständig besoffen war und sternhagelvoll Eulogius Schneider festnahm.

Über die **Rue du Dôme** (revol. Rue de la Philosophie) kommt man in die **Rue du Temple-Neuf** (revol. Culbute des Feuillants). Die evangelische Kirche wurde nach der Bombardierung von 1870 neugebaut. Im alten *»Hörsaal«* fanden im April 1790 und von Februar bis Juni 1792 die Sitzungen des Jakobinerklubs statt.

Durch die **Rue des Orfèvres** (revol. Rue de Calais) gelangt man zur **Place de la Cathedrale**. In der Nähe der **Librairie Gangloff** (da gibt es gelegentlich noch Antiquarisches aus dem alten demokratischen Straßburg zu kaufen) sehen wir am **Haus Nr. 9** die Büste von Johann Michael Sultzer, Schlossermeister und Munizipal. Nach mündlicher Überlieferung habe er den Münsterturm vor dem Abriss gerettet durch den Vorschlag, dem Turm eine weithin sichtbare rote Jakobinermütze aus Blech aufzusetzen. Die List gelang, der Turm blieb uns so erhalten.

Rue des Fréres (revol. Rue de Voltaire) **Nr. 2**: das **Grand séminaire** wurde während der Terreur ein gigantisches Gefängnis, zuerst für eidverweigernde Geistliche, ab 1793 für alle verdächtigten Männer (bis zu 2.000). 600 verdächtigte Frauen sperrte man im angebauten Collège national ein, jetzt **Lycée Fustel de Coulanges** (Eingang von der Place du Château).

Place du Château (früher Place de l' Evêche, revol. Place de la Responsabilité): der Palais Rohan diente 1790-1806 als Sitz der Munizipalität.

■ VORMÄRZ BIS 1848

Einzelne Gebäude und Plätze vorzustellen, ist angesichts der neuen Art weitflächiger politischer Demonstrationen nicht mehr sinnvoll. Die ganze Innenstadt wird zum Forum der Demokratie. **Kleberplatz** und **Münsterturm** genießen eine zentrale Bedeutung. Wer in der Stadt politisch etwas zu sagen und symbolisch zu zeigen hat, musste es zuallererst hier tun.

Am 21. 1. 1820 ein Gedenkgottesdienst im Münster für den 1793 hingerichteten König Ludwig XVI. Der Emigrant Görres geht aus Neugier hin, sein Eindruck: hätten nicht Militär und Beamte auf Befehl das Münster füllen müssen, der Prediger hätte kaum Zuhörer gefunden. Die Bourbonen sind in Straßburg verhasst, in der Garnison gilt kaum jemand als Anhänger des Königs.

Im bourbonischen Frankreich findet die Opposition genügend Anlässe für Unruhen: nach dem erfolgreichen Attentat auf den Herzog von Berry (1820) erlässt die Pariser Regierung Ausnahmegesetze und verwendet zur Überwachung der bonapartistischen und demokratischen Opposition Geheimpolizisten; Revolutionen in Spanien und Neapel; zahlreiche Militärverschwörungen in Frankreich. Man hofft auf die Rückkehr Napoleons, seinen Tod 1821 halten viele für eine Propagandalüge der Regierung. Die Straßburger Geheimpolizei horcht sich in Wirtschaften um. Für gefährlich hält sie Soldaten und Studenten, besonders Juristen und Mediziner. In der Kaserne eines Artillerieregiments, vor der **Porte d' Austerlitz**, taucht im März 1821 ein Paket aufrührerischer Lieder auf: gegen Royalisten, gegen Österreicher und für den Anschluss an die Piemontesen, Neapolitaner und

die eigenen Abgeordneten. Als der Präfekt wegen Unruhen in Grenoble und Lyon Warnungen plakatieren lässt, kommt die Antwort der Subkultur: seine Plakate werden mit den Farben der Trikolore übermalt, die Maueranschläge der Opposition enden mit »*Vive la constitution de 1791!*«
1830 die Julirevolution. Am 30. Juli ertönt in Straßburg erstmals wieder die Marseillaise, die wie andere Lieder der Großen Revolution seit 1814 verboten ist. Am 2. August wird der Sieg von Paris bekannt, gegen 18 Uhr geht auf dem **Münsterturm** die verbotene Trikolore hoch, unten empfindet man sie als Bestätigung, dass die Freiheit über den Despotismus gesiegt hat. Die Bevölkerung verständigt sich durch Maueranschläge, die Notabeln beraten ihre Maßnahmen selbständig. Das **Hotel de Ville** ruft die Nationalgarde wieder ins Leben. Für die Verletzten der Julirevolution wird zu Spenden aufgerufen. Die Straßen sind mit Trikoloren übersät, die spontan aus den Häusern gehängt werden. Eine der Proklamationen offenbart das chiliastische Zeitgefühl: »*Die Revolution, die schon seit 40 Jahren dauert, endet erst mit diesem 2. August 1830. Eine Morgenröte des Wohlstands und des Glücks hebt endlich für Frankreich an. Es lebe das Vaterland! Es lebe die Freiheit!*«
Am 12. 8. 1830 versammelt sich die gesamte Nationalgarde auf der **Place Broglie**, marschiert durch die Hauptstraßen und proklamiert die Thronbesteigung von Louis Philippe. Die Fenster der Häuser sind mit Kerzen beleuchtet *(»Illumination«)*. Royalisten verbreiten ohne Erfolg das Schauermärchen, nun würden wie 1814-15 die Deutschen und Russen in Frankreich einmarschieren.
Der Kampf gegen die Restauration trifft am 29. 9. 1830 das große Missionskreuz auf dem **Schlossplatz**. 1825 wurde es hier aufgestellt, nun bricht man es ab und verlegt es ins Innere des Münsters. Ein Schlag gegen die Klerikalen.
Am 5. 2. 1831 veranstalten die Medizinstudenten den nach der fehlgeschlagenen Göttinger Revolution eintreffenden deutschen Emigranten ein Bankett im Roten Haus am Kleberplatz (heute an dieser Stelle ein Kaufhaus), den Saal geschmückt mit französischen, deutschen, polnischen und belgischen Fahnen.
Der erste Jahrestag der Julirevolution, der 30. 7. 1831, wird mit einem großen Fest begangen. Die liberalen Honoratioren geben ein Bankett im **Hotel de l'Esprit**. Abends Illumination der Häuser und der **Allée de la Robertsau**, der Hauptpromenade für Spaziergänge, mit Feuerwerk. Am 9. 8. nochmals großes liberales Bankett mit Offizieren der Garnison im **Theater**, um sie für den Liberalismus zu gewinnen. Im August 1831 erreicht mit dem

Saint-Simonismus der Frühsozialismus das Elsaß, drei seiner Vertreter kommen nach Straßburg und halten im **Hotel de l'Esprit**, wo sie absteigen, täglich von 15 bis 18 Uhr Vorlesungen. In der **Grande Rue 136** richten sie ein Lesekabinett ein, das täglich von 18 bis 20 Uhr geöffnet ist. Beim Buchdrucker Dannbach erscheint deutsch das *»Glaubensbekenntnis des Saint-Simonismus an die Elsässer gerichtet«*.

November 1831: die ersten polnischen Flüchtlinge kommen nach Straßburg, sammeln sich auf dem **Kleberplatz**, wo sie mit größter Begeisterung empfangen werden. Ganz Europa ist vom polnischen Freiheitskampf angesteckt. Radikale Studenten stellen eine schwarze Fahne her (Trauer und Protest zugleich), der Präfekt verbietet sie. General *Romarino* wird von Bürgern im Triumph an der Rheinbrücke abgeholt und unter ständigen Rufen *»Nieder mit den Ministern! Nieder mit dem juste-milieu!«* in die Stadt geführt, über die **Porte d'Austerlitz**, **Rue d'Austerlitz** und den **Zoll** zum **Quai Sant-Nicolas**. Aus den Bürgerhäusern spenden die Frauen Beifall. Empfang auch für General Sznayde, der 1849 den pfälzischen Aufstand für die Reichsverfassung befehligen wird. Jedes Eintreffen weiterer polnischer Emigrantentruppen gibt Anlass für ein neues Straßenfest, mit einem Musikkorps der Nationalgarde, das neben der Marseillaise auch die Hymne der Polen spielt. Bankett der Radikalen im **Hotel de l'Esprit**. Den ganzen Abend sind Serenaden begeisterter Sänger zu hören und die umliegenden Straßen von Anhängern überschwemmt. 2.000 Nationalgarden tummeln sich auf den

Bankett von Liberalen

Politisierender Stammtisch

Straßen. Der Jubel hält eine geschlagene Woche bis zur Abreise des Generals Romarino an.

Zu einer Katzenmusik, einer Protestform mit misstönenden Musikinstrumenten und Drohparolen, kommt es vor dem Hotel »**Ville de Metz**« (am **Vieux Marché aux Vins**), als der Hotelier keine Polen aufnehmen will. Die Strafaktion geht von Gästen der benachbarten **Brauerei Griffon** aus, radikalen Demokraten am dortigen Stammtisch. Im März 1832 sind in der Brauereigaststätte wieder alte Revolutionslieder zu hören, kommen wieder Revolutionsbroschüren auch in deutscher Sprache unters Volk.

Im März 1832 herrscht Unzufriedenheit wegen der Teuerung: wichtige Waren des alltäglichen Bedarfs kosten in Straßburg 60 % mehr als in Kehl drüben. Folglich gibt es einen Kampf gegen den Zoll – und Blütezeit für Schmuggler. In der Nacht zum 24. 3. 1832 taucht an der Tür des **Münsters** ein Plakat auf: *»Vive la république! A bas Louis-Philippe!«* Es bildet sich eine Sektion der *»Société des Amis du peuple«*. Ihr Sekretär ist der Notar Stöber aus einer bekannten Demokratenfamilie. Im Juni 1832 verhängt das Militär den Belagerungszustand. Dennoch tauchen weitere Drohplakate auf.

Angesichts der deutschen Verfolgungswut nach dem Hambacher Fest 1832 spricht sich die Straßburger Zeitung *»Courier du Bas Rhin«* für ein französisches Engagement zugunsten der deutschen

Verfassungsbestrebungen und gegen die offizielle Nichtinterventionspolitik von Paris aus. Frankreich solle dabei nicht seine Macht ausdehnen, sondern den deutschen Nachbarn Freiheit und Einheit verschaffen.

Beim Hambacher Fest am 27. Mai 1832 nimmt eine 40köpfige Delegation der Straßburger *»Société des amis du peuple«* teil, einige in der Uniform der Nationalgarde. Teilnehmen will auch der Parlamentsabgeordnete Culmann von Brumath, dessen Bruder einer der wichtigsten pfälzischen Oppositonspolitiker im bayerischen Landtag ist. Der Präfekt verweigert dem Brumather Culmann den Pass nach Deutschland. Das führt zu Protesten der Weißenburger Nationalgarde, die Culmann mit Gewalt über die Grenze geleiten will. Der Präfekt sperrt die Nordgrenze des Elsaß, er fürchtet die Sympathie der Nordelsässer für die pfälzische Bewegung.

Nach der Niederschlagung eines republikanischen Arbeiteraufstands in Paris im Juni 1832 patrouilliert die Nationalgarde durch Straßburg. Zum Protest versammelt sich im **Hotel de l'Esprit** die demokratische Opposition mit ihren Konventsabgeordneten.

Nach dem Tod des republikanischen Generals Lafayette treffen sich am 27. 5. die Republikaner in Straßburg am Quai Saint-Thomas und veranstalten eine Demonstration durch die Hauptstraßen zu den **Markthallen**, wo sie eine politische Trauerfeier für Lafayette abhalten.

1833/34 kommt es öfters zu Zusammenstößen von Republikanern mit konservativen Beamten und Militär und zu Protestveranstaltungen in der Innenstadt. Im Militär selbst entwickelt sich eine starke republikanische Fraktion. Uneinnehmbare Bastionen der Radikalen bleiben die Kneipen und Brauereien.

Ein charakteristisches Ereignis der *»hinternationalen«* Sympathien: Am 14. Juli 1835 soll abends das Münster festlich beleuchtet werden. Als Karl Vogt, soeben aus Deutschland angekommen, sich zum Münster begibt, stößt er auf der Straße mit einem von der deutschen Polizei gesuchten Gießener Studenten zusammen. Der Eilige reißt Vogt mit sich fort und erzählt: soeben hätten radikale deutsche Demokraten zusammen mit Straßburger Republikanern die Lampengerüste um das Münster zerstören wollen, um *»die Ehre des Tyrannen«*, Louis Philippes, des Bürgerkönigs, zu untergraben, doch die Polizei habe sie leider überrascht.

Am 19. 2. 1848, eine Woche vor der Februarrevolution von Paris, protestieren gegen 21 Uhr in der Dunkelheit 50 – 100 junge Leute, Jura- und Medizinstudenten und Handelsdiener, gegen einen aus Paris zurückkehrenden reaktionären Abgeordneten. Katzenmusik vor seinem Haus mit Pfeifen,

Kochtöpfen und den Rufen »*Vive l'opposition! A bas les satisfaits! A bas les ministres de l' étranger! A bas Guizot!*« Eingerahmt von Polizisten und Gendarmen, ziehen sie durch die Hauptstraßen und singen verbotene Revolutionslieder. Ihre Route: **Pont de l'Esprit, Quai de l'Esprit, Vieux-Marché-aux-Poissons, Place Gutenberg, Rue des Hallebardes, Rue du Dôme, Rue du Juifs**. Vor dem Haus eines demokratischen Abgeordneten erklingt die Nationalhymne, vor dem eines verhassten Abgeordneten dagegen eine Katzenmusik. Zurück zur **Place Gutenberg**, erneut Gesänge. Um 22 Uhr über die **Rabenbrücke** und **Rue d'Austerlitz** zur **Porte d'Austerlitz**, wo sich die Kasernen der 6.000köpfigen Garnison befinden.

25. 2.: Nach Bekanntwerden der Pariser Revolution übernimmt der Gemeinderat wie schon 1830 die Regierungsgewalt. Die Proklamation der Republik in Paris wird am nächsten Tag in Straßburg begeistert aufgenommen. Die aus Paris zurückkommenden liberalen Konventsabgeordneten werden in den elsässischen Städten mit Jubel und Illumination empfangen. Sofortige Wiederaufstellung der Nationalgarde.

20. 3. 1848: Die Gemeindeverwaltung proklamiert in einem zweisprachigen Plakat den schönsten Sozialismus. »*Künftighin gibt es keine verschiedenen Klassen mehr, wir gehören sämtlich einer und der nämlichen Familie an, wir sind alle Brüder. Gesetzmäßige Maßregeln, welche die Bedingungen der Arbeit verbessern, werden alle Kinder Frankreichs der Wohltaten der Zivilisation teilhaftig machen und werden ihren Anteil am Wohlstande des gemeinschaftlichen Vaterlandes sichern ... Schon sind die Arbeitsstunden vermindert worden. Arbeit wird denjenigen geliefert, die Mangel daran haben. (...) Seid also nicht ungeduldig, kehret in euere Werkstätten zurück, zeiget jenen, die euch immer verleumdet haben, dass ihr der Freiheit würdig seid.*« Am Ende wird deutlich: es geht doch nur darum, streikende Arbeiter zu beruhigen. Drei Monate später wird die Arbeiterbewegung gänzlich zerschlagen.

17. 7. 1848: Morgens entlässt die neue Tabakmanufaktur mehrere hundert Arbeiter, gleichzeitig werden Arbeiter aus der »*Nationalwerkstätte*« (auf dem **Lobsteinwörth**, einem weiten Brachfeld am Rhein) auf die Straße gesetzt. Um 14 Uhr Demonstration von 400 Arbeitslosen vor der Mairie, bewaffnet mit Hacken, Schaufeln und Stöcken, voran zwei Trommler und Trompeter. Gegen die Forderung auf Weiterbeschäftigung werden um 15 Uhr 10.000 Nationalgardisten und Soldaten mobilisiert, die die Straßen besetzen. Verhaftungen der Anführer, Auflösung des Arbeiterklubs und der »*Nationalwerkstätte*«, deren

Werkzeuge auf dem Rhein abtransportiert werden.

Das Jahr 1848 wird im Elsaß völlig anders erlebt als in Deutschland. Herausragendes Beispiel ist das Erinnerungsfest anlässlich des Anschlusses an Frankreich vor 200 Jahren (1648). Den ersten Festtag, den 22. 10. 1848, einen Sonntag, beginnt das beflaggte Straßburg um 9 Uhr mit Gottesdiensten aller Religionen in allen Kirchen, unter Teilnahme der zivilen Autoritäten, der Nationalgarde und der Linientruppen. Ein starker Trupp Nationalgarde unter dem Drucker und Verleger Silbermann marschiert durch die Porte Nationale (beim **Pont Nationale** über die Ill) zur Stadt hinaus in Richtung **Königshofen** und empfängt eine Delegation aus Nancy als Vertreter Lothringens. Beim Rückmarsch geht es mit den Gästen über den **Kleberplatz** zum **Hôtel de Ville.** Nach und nach sammeln sich Delegationen aus dem ganzen Elsaß auf der **Place Broglie**, wo der Grundstein für ein großes Denkmal gelegt wird; das Momunent baut man freilich nie, Napoleon III. wird bald Präsident der Republik. Zahlreiche *»brüderliche Bankette«* finden in den Markthallen, Hotels und Restaurants statt.

Am 24. 10. gehen die Feierlichkeiten zu Ende mit einem Marsch aller elsässischen Delegationen und Nationalgarden über die Rue de la **Mesange** zum **Wassergraben**, den **Quai Schoepflin** zum **Theater.** Mittags verläuft die Route über **Kleberplatz, Rue des Grandes Arcades, Rue du Vieux-Marché-aux-Poissons, Rabenbrücke, Rue d'Austerlitz, Rue des Orphelins, Rue de la Krutenau, Quai des Pêcheurs** und endlich durch die **Allée de la Robertsau** zur **Orangerie**. Dort wartet ein großes, allegorisches Denkmal, geschaffen von Grass, dem Schöpfer der Kleberstatue auf dem Kleberplatz: Frankreich und das Elsaß, zwei riesige Gestalten, umarmen sich. Am Straßenrand sind große Buffets mit Erfrischungen aufgebaut. Abends Rückmarsch und wieder viele Bankette in der Stadt. Beleuchtung aller Häuser, die Spitze des **Münsterturms** prangt mit einem Leuchtfeuer in den Nationalfarben.

Es handelt sich um ein Massenfest voller Märsche und inhaltlich nicht komplizierter Akklamationen. Eine Demonstration des geeinten Bürgerwillens, mit großer Zustimmung zur Regierung, keine politische Auseinandersetzung. Alles steht unter der erklärten Hoffnung, mit Deutschland eine langandauernde Verständigung zu finden. Doch aus Deutschland kommt keine Antwort.

▩ DEUTSCHE EMIGRATION

Das Gasthaus Rebstöckl (Hotel à la Vignette, heute steht an dieser Stelle das Hotel de l'Europe, Rue du Fossé-des-Tanneurs 38-40) war 1819-50 Treffpunkt deutscher Emigranten, Sitz der Flüchtlingshilfe (1848 *»Zentralausschuss der deutschen Republikaner«*), der Wirt ein Deutscher. Nach Hambach ging unter den Demokraten ein geflügeltes Wort um: *»Wo auch immer man einen Verfolgten auf die Demokratenpost setzt, wird er weitergereicht und kommt eines Tages unfehlbar im ›Rebstöckl‹ zu Straßburg heraus.«* Als im April 1848 Georg Herweghs *»Deutsche Arbeiterlegion«* durch die Stadt nach Deutschland marschierte, logierte der Generalstab hier. Herwegh verfasste hier am 15. 4. seinen Aufruf *»Die Pariser deutsche demokratische Legion an unsere deutschen Mitkämpfer aus Frankreich und der Schweiz und an das deutsche Volk«*. Nach dem Heckerzug kamen neue Flüchtlinge, ebenso nach Struves fehlgeschlagener Lörracher Republik. Im Juni 1848 lebten 66 deutsche Flüchtlinge hier.

Die 1. Emigrationswelle begann 1791, ihr berühmtester Kopf war Eulogius Schneider.

Die 2. Emigrationswelle rollt ab 1819. Im Lauf des Jahres trafen rund 50 deutsche Flüchtlinge ein: Schriftsteller, Studenten, Buchdrucker. Als erster kommt am 10. 10. 1819 der Journalist Joseph Görres, weil Preußen wegen seiner Schrift *»Teutschland und die Revolution«* seine Auslieferung verlangt. Von jetzt an wird er in Strasbourg durch Spione observiert, steigt im »**Roten Haus**« am **Kleberplatz** ab, zieht in die **Rue des Bouchers 4**, dann in die Rue **Place du Moulin 4 (2. Stock)**, in eine kleine Wohnung nach Südwesten mit einem *»schönen Saal und einem geräumigen Schlafzimmer*, *zuletzt zum Müllermeister May, ins idyllische Finkwiller. Nebenan wohnt drei Monate lang in schönster Freundschaft der österreichische geheime Polizeiagent Rother, der sich als Flüchtling tarnt. Schöne Komödie: der Wiener Polizeispitzel muss oft selbst die notleidenden Flüchtlinge unterstützen. Insgesamt denunziert er Hunderte von Oppositionellen, Zeitungen und Verlegern in Deutschland. Seine Berichte erfreuen sich bei den obersten Stellen in Wien und Berlin großen Interesses.*

Äußerlich fühlt sich Görres pudelwohl: *»Wir haben eine Mühle, die uns Mehl schafft im Überfluss, drei Schweine haben wir eingelegt, 40 Enten, 20 Hühner, welsche Hahnen, Gänse in hinreichender Zahl gehen im Hof, wir könnten die Sache also getrost in die Länge ziehen.«* Das Exil sieht nach Urlaub aus. Der Straßburger Präfekt ist tolerant, gewährt Asyl, obwohl Görres vor vier Jahren vehement die Eroberung des Elsaß durch Deutschland gefordert hat. Angefeindet wird Görres dagegen von den Bonapartisten und Napoleons einstigem Meisterspion, Karl Schulmeister, den er nach einem Austausch von Ohrfeigen aus seiner Wohnung wirft, womit er bei den Liberalen an Popularität gewinnt.

Im Geheimen berät der Maire Kenzinger die Preußen, wie Görres verhaftet werden könnte. Mitten in der Idylle leidet Görres monatelang unter einem Angsttraum, der charakteristisch ist für die Emigration: er sei ein Baum, den eine Hand mit den Wurzeln aus der Erde reisse und der schwankend und schmachtend in der Luft hänge.

Als Görres sich Jahre danach den katholischen Konservativen zuwandte, konnte er endlich auf eine deutsche Universität berufen werden – nach München.

Karl Alexander Müller: Görres in Straßburg 1819/20, 1926.

Die 3. Emigrationswelle setzt 1831 ein. Harro Harring, Dichter und abenteuerlicher Berufsrevolutionär. Ernst von Rauschenplatt, einst juristischer Privatdozent in Göttingen, wegen der missglückten Studentenrevolte von 1831 geflohen, Berufsrevolutionär. Dr. Theodor Schuster. Die beiden zuletzt Genannten empfahlen in einer Straßburger Zeitung das freie Frankreich als Asyl, bis auch auf dem rechten Rheinufer der Sieg *»des von Frankreich ausströmenden Liberalismus über den Absolutismus und dessen Gefolge, den Obskurantismus und Servilismus, zu hoffen sein wird.«* Georg Büchner. Georg Fein. Jakob Venedey. Wilhelm Schulz. Josef Garnier, berühmt durch seine Publikation über Kaspar Hauser. Gustav Kombst (mehr über ihn im Kap. 8, Basel). Karl Vogt, später führend in der Paulskirche und im Stuttgarter Rumpfparlament.

Neben der deutschen Flüchtlingskolonie gab es in Frankreich noch die polnische (1838 zählte man in ganz Frankreich 13.000 polnische Emigranten), italienische und spanische. Das Mitgefühl mit unterdrückten Völkern war eine nachhaltige Strömung in ganz Europa. Unter preußisch-österreichischem Druck verwies die französische Regierung die aktiven Demokraten 20 Meilen von der Grenze weg ins Landesinnere und setzte, um versteckte Flüchtlinge aufzuspüren, Geheimagenten und Spitzel in Marsch.

Eine pfiffige Ausnahme bildete seit Hambach bis 1848 der Straßburger Polizeikommissar Pfister, der als Republikaner bei vielen Flüchtlingen ein Auge zudrückte und dafür umso sicherer erfuhr, wer wirklich in der Stadt versteckt und wer gar kein Emigrant war, sondern Abenteurer und Schnorrer. 1839 entging ihm, dass Wirth unter einer Deckadresse einen regen Briefverkehr mit erfahrenen Revolutionären unterhielt, um für die erwarteten Aufstände in Belgien ein deutsches Freikorps zusammenzustellen. Werbebriefe ergingen an viele Orte in der Schweiz und im Elsaß. Vorspiel und Training für die im März 1848 aus Paris abmarschierende Arbeiterlegion.

Die 4. Emigrationswelle von 1848: Mitte April 1848 kam die deutsche Arbeiterlegion hier an. Dazu ihr Generalstabschef Otto von Corvin: *»Unsere Leute, welche einen Marsch von drei Wochen gemacht hatten und überall mit großer Gastfreundschaft aufgenommen worden waren, wurden hier in einer verlassenen Kaserne und schlechter als die Hunde einquartiert. Von der Regierung geschah nichts; hätten die Bürger nicht den Leuten zu essen gegeben, sie hätten verhungern müssen.«*

Otto von Corvin: Die erste Expedition der deutschen republikanischen Legion, 1849, S. 21.

Nach dem gescheiterten April-Aufstand zogen sich die Flüchtlinge nach Straßburg oder in die Schweiz zurück. In Straßburg lebten Gustav Struve, Karl Heinzen, Theodor Mögling, Karl Blind, Otto von Corvin.

Die 5. Emigrationswelle von 1849: Nach der Niederlage war Straßburg nur noch Durchgangsstation, die Zeit der Duldung vorüber.

Novemberrevolution 1918: In der Nacht 9./10.11.1918 erreicht die deutsche Revolution auch Straßburg. Ein Trupp von Matrosen aus dem Baltikum besetzt nachts um 2 Uhr den **Hauptbahnhof**, um 6 Uhr den **Kleberplatz**. Der Stadtkommandant tritt zurück, ein Soldatenrat wird gewählt. Um 10 Uhr öffnen die Revolutionäre die Tore der **Gefängnisse**. Es gibt heftige Diskussionen in den Wirtschaften über den Frieden und die *»große Freundschaft der Völker«*. Auf dem **Kleberplatz** werden Proklamationen hinausgebrüllt. Am 10. abends bivakieren Tausende von Deserteuren im **Bahnhof**, sie wollen nach Hause. Am selben Tag bemächtigt sich der sozialdemokratische Reichstagsabgeordnete Jacques Peirotes des **Hotel de Ville** und ruft den Gemeinderat zusammen. Während der Versammlung treten drei Bürger mit der Trikolore blau-weiß-rot im Knopfloch auf und mit einer Fahne, die für den **Münsterturm** gedacht ist. Beifall. Andererseits wählen die Soldaten- und Arbeiterräte ein 13köpfiges Exekutivkomitee.

Arbeiter- und Soldatenräte existieren zur selben Zeit auch in Colmar, Metz, Mulhouse, Sélestat, Haguenau, Schiltigheim, Bischwiller, Molsheim, Erstein, Saverne, Neuf-Brisach, die immer ohne Blutvergießen operieren. Die deutschen Truppen verlassen die Vogesen und ziehen sich 10 km vom rechten Rheinufer zurück. Am 11. 11. wird um 11 Uhr auf dem **Kleberplatz** die Republique d' Alsace-Lorraine proklamiert, auf Beschluss der Soldatenräte. Als ihr Symbol geht die elsässische Fahne

»Rot un Wiss« am **Münsterturm** hoch. Neben ihr flattert bis zum 19. 11. die rote Fahne als Zeichen, dass man sich nicht dem französischen Kapitalismus unterwerfen will.

F. Ponteil: L' Opposition politique à Strasbourg sous la monarchie de Juillet, 1932; C. Staehling: Historie contemporaine de Strasbourg, 1884; O. Wiltberger: Die deutschen politischen Flüchtlinge in Straßburg 1830-1849, 1910; P. Zind: Elsass-Lothringen, 1979.

Aussichtsfahrten auf der Ill, Anlegestelle vor dem Rohanschloss. Nachtfahrt mit Abendessen durch das beleuchtete Strasbourg. Wer am Tag fahren will, sollte sich bei Sonne eine Kopfbedeckung mitnehmen. Leidvolle Weisheit: *»Mit dem Hut in der Hand, ist die Birne schnell verbrannt.«*

Münster, Lichtspektakel »Son et Lumière«, Eingang auf der Südseite bei der Astrologischen Uhr. Deutsche Fassung 20 Uhr, französische 21 Uhr. Man erlebt spannend die Geschichte von Strasbourg durch die Jahrhunderte. Die deutsche Fassung im Vergleich zur französischen abgemildert, geschichtsgeklittert, um die Deutschen nicht so arg an ihre Verheerungen im Elsaß zu erinnern. Man will die zahlenden Gäste nicht ärgern. Von der Demokratiegeschichte kein Sterbenswörtchen.

▩ ROSHEIM

altes Reichsstädtchen südwestlich von Straßburg

Jos Fritz und seine Bundschuhverschwörung planten bei der **Zaberner** Kirchweih am 8. 9. 1517 sich zum Aufstand zu sammeln und Rosheim zu erobern. Danach wollte man sich auf dem Kniebis bei Freudenstadt/Schwarzwald treffen.

Im August 1830 Protest der Liberalen gegen die illegale Ansiedlung eines Konvents der Ligourianer (Neuansatz der Jesuiten) auf dem **Bischenberg** im Süden des Städtchens. Die Liberalität kleidet sich national, man ruft: *»A bas les jésuites! Vive la liberté! Vive la France!«* Die Protestierenden schlagen die Tore ein, das Kloster wird vom Präfekten aufgelöst.

In der **Judengasse** bei der Kirche lebte unter kaiserlichem Schutz der bedeutendste deutsche Jude zur Zeit der Reformation: Josel von Rosheim (1478-1554). Ihm gelang es 1530, die deutschen Judengemeinden zu einer gemeinsamen Interessenvertretung auf dem Augsburger Reichstag zu bewegen. Gewählt zu ihrem *»Parnoss«*, ihrem Vorsteher, siegte Josel bei einer Disputation gegen einen gefährlichen Konvertiten, der die Juden des Hochverrats bezichtigte. Durch Interventionen am kaiserlichen Hof und bei deutschen Fürsten erreichte Josel, dass die deutschen Juden nicht völlig entrechtet und nach Osten abgedrängt wurden.

Haasis: Josel von Rosheim, in: M. Asendorf / R. v. Bockel: Demokratische Wege, 1997.

Die berühmte romanische **Kirche** zeigt neben rätselhaften Figuren einen jüdischen Geldausleiher mit einem Geldbeutel in der Hand. Unduldsamkeit und Neid schlossen die jüdischen Mitbürger von jeder handwerklichen und bäuerlichen Tätigkeit aus, von akademischer ganz zu schweigen.
5 km entfernt außerhalb von **Rosswiller** liegt der alte Judenfriedhof, wo die Christen den Juden erst im 18. Jh. Grabsteine erlaubten. Die christlichen Nachbarn benützten den Friedhof gerne als Steinbruch.

▩ WALDERSBACH im Bruchetal bis Fouday, dann abbiegen ins Steintal

Pfarrer Oberlin (Grab auf dem **Friedhof von Fouday**) versuchte 1778 vergeblich, den Sturm- und Drangdichter Jakob Michael Reinhold Lenz (1751-92) von der entstehenden Geisteskrankheit zu heilen. Darüber lese man an Ort und Stelle Georg Büchners Novelle »*Lenz*« (1836). Oberlin schloss sich der Revolution an. Am ersten Jahrestag des Bastillesturms (14. 7. 1790) ließ er einen Vaterlandsaltar errichten. Feierliche Verabschiedung der Verfassung von 1791 in der **Kirche von Fouday**. Während der Terreur flüchteten Geistliche und Adlige zu ihm ins Steintal. Oberlin wandelte seine Kirche in einen »*Tempel der Vernunft*« um. Im Juli 1794 wurde er wie viele andere Geistliche verhaftet, kam aber nach Robespierres Sturz wieder frei.
Das **Oberlin-Museum im Pfarrhaus** dokumentiert Oberlins Kolonisationsarbeit im bitterarmen Steintal.

▩ NATZWILLER-STRUTHOF nördlich angrenzend

Früher Vernichtungslager der Nazis, begonnen 1940. Elsässer kamen oft nur deshalb hierher, weil jemand aus der Familie desertiert war. Die deutschen Professoren Hirt, Bickenbach und Haagen von der Universität Straßburg machten abscheulichste Menschenversuche, ein Seziertisch mit Abflussrinnen ist noch heute zu sehen. Der Tod trug verschiedene Gesichter: Kälte, Hunger, Krankheiten, deutschen Terror, Arbeit in unterirdischen Rüstungsbetrieben, auch im Steinbruch, der das Material lieferte für Hitlers Architekten Albert Speer. Die Wärme des Krematoriums lieferte Warmwasser für die Duschen. Die Gaskammer liegt einige Minuten vom Lager entfernt. Vor der Verlegung der Häftlinge nach Dachau Ende 1944 gab es Massenexekutionen. Insgesamt kamen hier vermutlich mehr als 10.000 Menschen um.

Nach Kriegsende wurde das Lager weiterverwendet zur Einschließung von Nazis und von Elsässern, die als Kollaborateure galten.

▩ SENONES nördlich von St. Dié in den Vogesen

Eine Gedenkwand mit den Namen der Ermordeten steht **hinter dem Klosterpark**. Aus dem Ort verschleppten 1944 SS-Truppen Männer des Ortes in KZs. Solche Tafeln finden sich auch in 9 weiteren Dörfern der Umgebung, werden aber aus dem Elsaßbild der Touristik säuberlich ausgeklammert. Dieselbe SS-Division, die schon in Oradour ein Blutbad angerichtet hatte, wollte im September 1944 mit Senones und Umgebung (La Petite-Raon, Moussey u.a.) ebenso umspringen. Behauptung: englische Fallschirmjäger hätten hier Unterstützung gefunden. Die SS treibt alle Einwohner zusammen. Da sich die Alliierten nähern, bleiben Frauen und Kinder zuhause, während alle Männer zwischen 16 und 65 Jahren (!) deportiert werden, übrigens selbst solche, die zum Vichy-Regime tendieren. Viele kommen ins KZ Wüste von Schörzingen (bei Rottweil), wo man aus Ölschiefer Öl gewinnen will, andere landen gleich in Vernichtungslagern. Von den 1.000 Deportierten kehrt nur ein Drittel zurück, die anderen werden umgebracht. Ohne ihre Ernährer verarmen die dezimierten Familien völlig. Die Tradition der Armut hält bis heute an.

▩ HARTMANNSWEILERKOPF / VIEIL ARMAND

956 m hoch, nordwestlich von Mulhouse, bei Cernay-Uffholtz auf die Vogesen

Um ein wenig gegen das kitschige Elsaßbild zu immunisieren, sei dieses gigantische Gruselkabinett auf den Vogesen empfohlen. Die Elsässer erlitten durch die Deutschen drei Traumata: 1870, 1914 und 1940. Der Kriegsinszenierung hier oben auf dem Vogesenkamm kommt im elsässischen Empfinden eine zentrale Bedeutung zu. Auf diesem Berg starben 60.000 französische und deutsche Soldaten. Als ich nach dem Golfkrieg dieses makabre »*Monument National*« erstmals betrat, bekam ich folgende Eindrücke:

»Den Eingang zur Krypta flankieren zwei Racheengel, gestützt auf riesige Schwerter. Diese christliche Mythologie ist nicht weniger dumpf als die germanische. Wer soll denn da an wem gerächt werden? Die Höhe über der Krypta trägt einen pseudoreligiösen Altar, verziert mit den Wappen großer französischer Städte. Hier spricht Stolz, beileibe keine Trauer. Auf allen Tafeln des Gräberfeldes steht: Mort pour la France. Das kann glauben, wer will. Mir fehlt der Glaube. Schöne Lüge für die Witwen...

In der Vorhalle sind die französischen und deutschen Truppen genannt, die hier verbluten durften. Auf dem Boden Requisiten des Krieges: eine schier unglaubliche Unsinnsausstellung. Nebeneinander Schutzplatten, Gasmasken, Mausergewehr, MG-Granatgurt, Mörserrohre, Feldflasche, Granaten. Mit viel Freude am Krieg wurde ein Stillleben arangiert aus Stacheldraht, Steigeisen, Kochtopf, zerrissenem Schuh und Gasalarmglocke.

Die Besucher finden das zumeist sehr abenteuerlich. So toll wie sonst nur den Golfkrieg in der Glotze. Karl Valentins Panoptikum wird weit übertroffen von einem erst 1980 ausgegrabenen deutschen Schuh. Da steckt noch ein abgerissener, skelettierter Fuß drin. Heidenei, das ist aber echt gut.

Das Innere der Krypta umhüllt den Massenmord mit einem christlichen Heiligenschein. Maria und das Jesuskind nehmen sich der toten Soldaten an, die zumeist selber gemordet hatten. Der Soldat als Märtyrer. Der Krieg als Gottesdienst. Die rechte Seitenkapelle ist den Juden gewidmet. Für wen sind die eigentlich gefallen?...

Der ganze Berg ist eine Touristenattraktion geworden, die Stellungen sind wieder aufgebaut. Ein großes Feld für die chauvinistische, todesgierige Phantasie. Überall suchte ich das Wort Frieden. Vergeblich. Ein solches Denkmal dürfte man nicht dem Kriegsministerium unterstellen.

Was tun? Zuerst dachte ich: Alles müsste in die Luft gesprengt werden. Jetzt gefiele es mir besser, wenn man den Berg in seiner überdimensionalen Dummheit unberührt ließe und nur durch Zugaben in eine Friedensstätte umwandelte. Wie lange wird das dauern? Nachdem ich die Sensationsgier der heutigen »Patrioten« beider Nationen dort oben gespürt habe, bin ich sicher, dass ich diese Umwandlung nicht mehr erleben werde.«

Hellmut G. Haasis, in : Basler Zeitung, Dreiland-Beilage, 3. 10. 1991, S. 3.

Kapitel 7

SÜDBADEN

▒ ACHERN

Schon vor der Offenburger Versammlung von 1847 tauchte im Ort das Flugblatt *»Revolutionsaufruf an Deutschland«* auf. Im April 1848 trifft hier der Offenburger Demokrat Schaible den russischen Anarchisten Bakunin. Es geht gleich entschieden um den Umsturz der Verhältnisse, nicht um das Parlament.

Gasthaus Zur Hoffnung, Kapellenstraße 7: Ursprünglich Zuckerfabrik, dann Kneipe, heißt in der Revolution *»Zur Republik«*, wo am 2. 4. 1848 die radikale 1. Acherner Volksversammlung abgehalten wird und sich entschieden für die Republik erklärt. Hauptredner ist der radikale Konstanzer Fickler. Die badische Regierung hat so wenig gelernt, dass sie gegen auffallende Acherner einen Prozess anstrengt. – Nach der Niederlage von 1849 wird die Wirtschaft umbenannt in *»Zur Hoffnung«*. Ein seltenes Beispiel politischer Kontinuität.

Gasthaus Engel, Adlerplatz 12, abgerissen, heute Geschäftshaus. Hier findet im September 1848 die 2. Acherner Volksversammlung mit 3.000 Teilnehmern statt. Gefordert werden erneut die Republik, die Auflösung der beiden badischen Kammern und die Einberufung eines revolutionären Landtags für eine neue Verfassung.

Friedhofsmauer der alten Kirche von Fautenbuch: In der Friedhofsmauer findet sich der Grabstein des großen Acherner Demokraten Joseph Ignaz Peter. Im April 1848 wird er zum revolutionären Statthalter des Seekreises ernannt, im Frankfurter Parlament hält er sich zur äußersten Linken, 1849 ist er in Karlsruhe Justizminister und emigriert am Ende nach Paris.

Eisenbahngleise zwischen Achern und Fautenbach: Um Struves 2. badische Erhebung zu unterstützen, reißen in der Nacht des 22./23. 9. 1848 Demokraten die Schienen heraus, sie wollen Truppentransporte der Gegenseite verhindern.

▒ RENCHEN

Haupstr. 33, Gedenktafel: Das Geburtshaus von Amand Goegg, der 1849 Finanzminister in der Revolutionsregierung ist und bis zum Schluss bei der sich zurückziehenden Freiheitsarmee bleibt. Emigration nach Paris und London, wo er in der europäischen Emigrantenbewegung um Mazzini, Kossuth, Louis Blanc und Le-

dru-Rollin tätig ist. In den USA gründet er den *»Amerikanischen Revolutionsbund für Europa«*. Nach der Rückkehr schließt er sich als Glasfabrikant der Sozialdemokratie an und nimmt an Friedenskongressen teil.
Friedhof: Grab von Goegg, gest. 1897.

Amand Goegg (anonym): Nachträgliche authentische Aufschlüsse über die Badische Revolution von 1849, Zürich 1876.

Grimmelshausendenkmal bei der katholischen Kirche: Diese Erinnerung für den 1676 in Renchen gestorbenen berühmten Romanautor Grimmelshausen *(»Der abenteuerliche Simplicissimus«)* sollte ursprünglich für die Gefallenen der 48er Revolution errichtet werden, was die badische Regierung verbot. Goegg setzte sich nach seiner Amnestierung für das Denkmal ein und konnte es 1879 einweihen. Auf der Spitze sieht man den Stern als Symbol der demokratischen Revolution.
Rathaus: im Bürgersaal ein Triptychon mit lokalen Persönlichkeiten, darunter Goegg während der badischen Erhebung.

▩ OFFENBURG

Von ihrer Lage her eignete sich die Stadt für zentrale Treffen aus dem ganzen Land. Die Einwohnerschaft hielt politisch zu verschiedenen Richtungen. Die Konservativen dominierten im **Kirchenviertel** (bis **Klostergasse** und **Korngasse**), die **Südstadt** war dagegen Hochburg der Liberalen und Demokraten, am stärksten in der **Gerbergasse**.
Gaststätte Salmen, Lange Straße 52: Am 22. 8. 1843 findet ein Verfassungsfest wegen der Verkündigung der badischen Verfassung vor 25 Jahren statt. Am Abend vorher gibt es Freudenfeuer und Böllerschüsse auf den umliegenden Bergen. Am nächsten Morgen ziehen Trommler, Bürgermilitär und ein Träger mit der Verfassungsurkunde im Festzug durch die Stadt. Festgottesdienst. Festrede auf die Verfassung, noch ohne die geringste Kritik. Speisung der Armen und der Schulkinder.
Die erste der drei berühmten Offenburger Versammlungen fand hier am 12. 9. 1847 statt. Vor 900 Zuhörern aus ganz Baden attackiert der Mannheimer Gustav Struve die verfassungswidrigen Zustände, schlägt vor, die im Landtag beantragten Steuern zu verweigern und gegen die Minister Anklage zu erheben. Höhepunkte ist die Rede von Friedrich Hecker. Beschlossen wird die Plattform für die kommende 48er Revolution mit 13 Artikeln, die noch heute nicht alle verwirklicht sind. Art. 2: Pressefreiheit. Art. 3: Gewissens- und Lehrfreiheit. Art. 4: *»ein frisches Gemeindeleben, das Recht, sich zu versammeln*

und zu reden«. Art. 8: »*gerechte Besteuerung, progressive Einkommenssteuer«* . Art. 9: »*die Bildung durch Unterricht allen gleich zugänglich«*. Art. 10: »*Die Gesellschaft ist schuldig, die Arbeit zu heben und zu schützen.«* Art. 12: »*An der Stelle der Vielregierung der Beamten trete die Selbstregierung des Volkes.«* Art. 13: »*Abschaffung aller Vorrechte«.*

1875 wurde der Saal von der jüdischen Gemeinde in eine Synagoge umgebaut.

Marktplatz, Rathaus: Am 19. 3. 1848 Schauplatz der zentralen Volksversammlung der badischen Demokraten mit 20.000 Teilnehmern. Nur die Bauern aus dem Renchtal kommen bewaffnet, geben aber ihre Waffen ab. Die Reden werden vom Balkon des Rathauses herunter gehalten. Der Mannheimer Soiron inszeniert Geschichtsbewusstsein, erinnert an den Rütlischwur der Schweizer und fragt, ob auch die Anwesenden ihn schwören wollen.

»Es war ein feierlicher Augenblick, wie hierauf Tausende von Händen sich erhoben und Tausende von Männern feurig zum Himmel riefen: Wir schwören!«

Wichtig ist die Frage der Republik. Hecker spricht dafür, meint aber, es sei *»jetzt noch nicht an der Zeit«*. Auch der Radikale Fickler aus Konstanz wünscht weder eine *»Trennung des Seekreises von Baden, noch Badens von Deutschland, er habe die erste republikanische Tugend, die Unterwerfung unter die Majorität, nie in Zweifel gezogen.«*

Als zusätzliche Forderungen zum Programm von 1847 werden die Wahl eines deutschen Parlaments und die Bildung von Volksvereinen gefordert.

Am 13. 5. 1849 beschließt die gewaltigste Volksversammlung Badens die neue Revolution: bewaffnete Verteidigung der Reichsverfassung, Volksbewaffnung, Wahl der Offiziere durch die Soldaten, Errichtung einer Nationalbank gegen das Übergewicht der großen Kapitalisten. Rote Fahnen und Jakobinermützen sind zu sehen. Mit dem Übergang der Festung Rastatt zur Demokratie schließt sich das badische Militär der Reichsverfassung an.

Am nächsten Tag flieht der Großherzog aus dem Land. Die Offenburgerinnen gründen einen Frauenverein.

Bahnhof: In der Nacht des 18./19. 4. 1848 besetzen 150 Radikale mit einem Handstreich das Gebäude und errichten davor Barrikaden, um preußische Invasionstruppen abzuwehren und so den Heckerzug und die Pariser Arbeiterlegion zu unterstützen. Morgens wird die ganze Gegend von Truppen besetzt und die Stadt eingekesselt, die Aufständischen fliehen. Schaible emigriert nach Straßburg und setzt dort sein Medizinstudium fort, kehrt aber im Mai 1849 zurück und wird Kom-

missar der Revolutionsregierung. In seiner erneuten Emigration lässt er sich als erfolgreicher Arzt in England nieder.
Anfang Juli 1849 wird die Stadt kurzfristig Sitz der badischen Revolutionsregierung und der Reichsregentschaft, auf dem Rückzug in die Schweiz.

Michael Friedmann: Offenburger Freiheitsheft, 1996; Franz X. Vollmer: Offenburg 1848/49, 1997; »Des Volkes Freiheit«. Die Revolutionäre von Offenburg 1847/49, 1997.

Museum im Ritterhaus, Ritterstr. 10. Di-Fr 10-13, 15-17, Sa/So 10-17 Uhr. In der Dauerausstellung sind einige Gegenstände und Bilder aus der Revolution 1848/49 zu sehen.
Der Wiener Bildhauer Alfred Hrdlicka (geb. 1928) machte 1977 ein Modell für ein Offenburger Revolutionsdenkmal: ein Arm mit Faust ragt aus dem Boden. Der Plan wurde nie realisiert.

▩ LAHR

Schutterlindenberg: Auf diesem Vorberg des Schwarzwalds gab es am 18. 10. 1818 eine Verfassungsfeier unter dem Oberamtmann Freiherrn von Liebenstein, später als liberaler Landtagsabgeordneter einer der führenden Köpfe des Landtags. Um 18 Uhr mit zahllosen Fackeln eine Demonstration der bewaffneten Bürger zu Pferd und zu Fuß auf den Berg hinauf. Vorher waren hier seit 1813, der Schlacht von Leipzig, traditionell Freudenfeiern für den Sieg über Napoleon gehalten worden.
Beim Verfassungsfest von 1843 wurde als Dank an den Großherzog die Verfassungssäule errichtet. Eine sträfliche Illusion, wie sich fünf Jahre später zeigte.
Kaiserstraße 90: 1848 die Wohnung und Druckerei von Johann Friedrich Rost, eines Vetters des großen Hambacher Demokraten Philipp Jakob Siebenpfeiffer, der übrigens in Lahr geboren und aufgewachsen ist. Hier erschien 1848 das republikanische Blatt *»Der Schutterbote«*, das schon ab September unterdrückt wurde.
Kaiserstraße 41, einst Gasthaus Zum Pflug: Der Wirt Friedrich Leser führte 1849 die bewaffnete Erhebung an.
Republikanisches Viertel: die Gegend östlich vom *»Pflug«*. In der **Kaiserstraße 13** wohnte Leonhard Roos, ein Kürschner, der 1849 in den revolutionären Landtag kommt.- 1849 entsteht ein Frauenverein, der es auf 60 Mitglieder bringt.
Friedrichstraße 4: Vom Hertensteinschen Balkon herab werden am 5. 3. 1848 Reden vor 5.000 Versammelten gehalten. Das Gebäude war einst Zunfthaus der Gerber, woran das goldene Gerberzeichen erinnert.
Friesenheim: hier heben Demo-

kraten im September 1848 die Schienen aus, um den Transport gegnerischer Truppen gegen die Lörracher Republik zu verhindern

■ ETTENHEIM und Umgebung südlich von Lahr

Die Gegend galt seit 1791 den Demokraten als rotes Tuch, den deutschen wie den französischen. Der Straßburger Kardinal Rohan war der Verpflichtung auf die Verfassung ausgewichen und hierher emigriert. Nun baute er ein Emigrantenkorps auf, um nach Frankreich einzufallen und die Revolution zu ersticken. Gegen diese Gefahr entwickeln die Straßburger eine glänzende Agitationsliteratur, die massenweise im Rechtsrheinischen auftaucht.

André Briche: *Die Franken an alle europäische Völker* (gedruckt bei Haasis: Gebt, II, S. 618-622; Christoph Friedrich Cotta: *An die Männer in Teutschland* (S. 631-638);»*Letzter Ruf der freigewordenen Franken an die unterdrückten Deutschen*« (S. 649); Carl Clauer: Allgemeiner Aufstand, Straßburg 1791. Reprint 1992 (Der Freiheitsbaum, Tannenstr. 17, 72 770 Reutlingen).

In **Kappel** am Rhein schreien im Mai 1791 die gegenrevolutionären Söldner nach **Rheinau** zu den Nationalgarden hinüber»*Vive le roi!*«. Prompte Antwort: »*Vive la nation!*« Eines Tages setzt die Truppe nach **Rheinau** hinüber und will ins Elsaß einmarschieren, wird aber zurückgeschlagen, darunter von Rheinauer Frauen, die mit Knüppeln eingreifen. Im Juni jagen in **Grafenhausen** Soldaten die Bürger aus dem Wirtshaus. Die Bauern wollen Sturm läuten, doch die Kirchentüren sind versperrt. Von da an kontrollieren sie den Ort: wenn ein Söldner erscheint, wird er mit Stöcken hinausgeprügelt. Im Juli gibt es beinahe eine Straßenschlacht in **Ringsheim** (südlich von Ettenheim): Anlass bietet eine Prügelei beim Kegelschieben, das Emigrantenkorps schlägt Generalmarsch. Nun ziehen die Bauern die Sturmglocke und alarmieren die Dörfer, Hilfe kommt aus **Kappel** und **Herbolzheim**. Die Korpsführung vermeidet mit Mühe eine Schlacht. Der Kardinal Rohan lässt gegen die Einwohner von **Ettenheim** marschieren, die sich ebenfalls gegen den täglichen Soldatenterror wehren.

Pfarrkirche: Innen findet sich eine Grabplatte für Kardinal Rohan, den hier 1803 gestorbenen Anführer der Reaktion und einstigen Kardinal von Straßburg.

Schon an der 2. Offenburger Versammlung im März 1848 nimmt eine große Gruppe aus dem Ort teil, gründet einen Volksverein und macht sich eine rote Fahne mit der Offenburger Losung »*Freiheit, Bildung, Wohlstand für alle!*« Als Hecker im April 1848 durch Südbaden nach Karlsruhe marschieren will, sind die Ettenheimer bereit mitzuziehen. Sie schließen sich bei Freiburg der Kolonne Sigel an und werden zuhause entwaffnet. Aber eine gegenrevolutionäre *»freiwillige Bürgerwehr«* scheitert jämmerlich, weil sich dafür niemand gewinnen lässt. Struves 2. Aufstand im September 1848 unterstützen die Ettenheimer dadurch, dass sie die Eisenbahngleise bei Orschweier herausreißen.

Zur 3. Offenburger Volksversammlung vom 13. 5. 1849 zieht der ganze Volksverein, verstärkt durch benachbarte Dörfer. Als sie heimkommen, marschiert der Hutmacher Kasper mit einer roten Fahne voraus. Die Heimkehrenden skandieren: *»Jetzt geht's los, jetzt haben wir die Republik.«* Ein neu entstehender Frauenverein bringt es auf 30 Mitglieder und schenkt der Volkswehr, die an der Neckarfront mitkämpft, eine Fahne wieder mit der Offenburger Parole. Die Ettenheimer Volkswehr befreit beim Rückzug in Mannheim gefangene Demokraten, darunter Corvin, und bewahrt sie damit vor preußischen Standgerichten.

■ FREIBURG

Holzmarktplatz 6, Feuerbachsches Haus. Hier wohnte die Familie des Archäologen Anselm Feuerbach, seine Frau Henriette war mit den Herweghs befreundet und wurde deshalb von Emma Herwegh auf deren 2. Kundschafterreise am 19. 4. 1848 be-

Emma Herwegh

sucht, was zur Bespitzelung und zum Verhör der Gastgeberin führte. Über den Straßenkampf am Ostermontag schrieb Henriette: *»Wer auf der Straße war, wurde gefangen oder niedergemacht, wer an den Fenstern sich zeigte, erschossen. Das dauerte vier Tage; aus den Kellern herauf, zu den Fenstern heraus wurden sie gezogen. Alle Häuser durchsucht.«*

Holzmarktplatz, Turm, einst Stadtgefängnis: Hier ist Amalie Struve vom September 1848 bis Mai 1849 unter schlimmen Bedingungen inhaftiert und trägt lebenslange Gesichtsschmerzen davon.

Sigels Kolonne greift am Ostersonntag 1848 die Stadt an. Am **Martinstor** gibt es Kämpfe mit Barrikaden und aufgerissenem Pflaster, ebenso am **Breisacher Tor**, wo die wenigen Kanonen der Aufständischen nichts ausrichten.

Sozial- und Jugendamt, Kai-

ser-Joseph-Straße 143: Hier stand einst die Karlskaserne, wovon nur noch die Fassade existiert. Hier wurden ab Sommer 1849 Demokraten inhaftiert. Einer der Häftlinge schrieb in sein Tagebuch:

»Das Gefängnis war ganz mit Kot beschmiert und hat zwei Löcher mit Gitter: eins in den Kasernenhof sehend – hier war der Laden auf. Das zweite Gitter geht gegen die Straße nebst der Kaserne und war mit einem Laden zugenagelt, so dass nur das eine Loch uns Luft gewährte. Der Notdurftkübel war eben voll Unrat und die Wasserkanne war halbvoll mit Wasser und Stroh. Die Luft war stinkend zum Ersticken gewesen.«

Basler Hof, Kaiser-Joseph-Straße 176, heute das neugebaute Regierungspräsidium. Hier fand ab dem 20. 3. 1849 der Hochverratsprozess gegen Gustav Struve, Karl Blind und andere statt. Struve warf in einer großen Rede den Fürsten Verfassungsbruch vor – eine Argumentation seit Hambach. Urteil: jeder 8 Jahre Zuchthaus in Bruchsal, wo alle im Mai 1849 wieder die Freiheit erhielten. – Im Basler Hof amtierten von Mai bis Juli 1849 revolutionäre Zivilkommissare.

Münsterplatz: Am 26. 3. 1848 findet hier eine Volksversammlung mit 25.000 Teilnehmern statt. Auf dem Münster deutsche Fahnen. Hauptrede von Struve. In der Nacht Katzenmusiken vor den Häusern der bekanntesten Demokratiegegner.

Europaplatz, einst Karlsplatz: Im Sommer 1848 ist im Münster das Te Deum zu hören wegen der Wahl von Erzherzog Johann zum Reichsverweser. Es folgt eine große Militärparade auf dem Platz mit Trup-

Schwurgerichtsprozess gegen Struve, Blind und andere

pen, die bald die Totengräber der Demokratie werden. Am 2./3. 7. 1849 kommt Sigel mit den restlichen Truppen an und stellt sie auf dem Platz auf, um die innerstädtische Konterrevolution niederzuhalten.

Rathausplatz, einst Franziskanerplatz: Hier spielte sich am 16./17. 8. 1757 der Freiburger *»Weiberkrieg«* ab. Zwei Männer sind auf dem Territorium des evangelischen Markgrafen als Wilderer erwischt worden. Die Bürgerschaft kann 18 Monate lang die Auslieferung verhindern. Hauptargument: ein Katholik darf keinem protestantischen Fürsten ausgeliefert werden, nach dem Bürgerrecht ist ein Freiburger Bürger nur hier vor Gericht zu stellen. Die beiden Jäger, angesehene Mehl- und Getreidehändler, werden am 16. 8. verhaftet und in den **Gefängnisturm »zum Schaub«** in der **Turmstraße 1** gebracht. Deren beide hochschwangere Ehefrauen agitieren sofort für die Befreiung, schreien ihre Wut hinaus, trommeln mit Lärminstrumenten durch die Gassen. Gegen Abend strömen Kneipenbesucher dazu. So entsteht ein Volksauflauf aus Frauen, Männern und Kindern, 300 Personen, die die Türe des Turms einschlagen und ins Gefängnis eindringen. Drinnen rufen die beiden Frauen: *»Ihr Herren, es ist jetzt Nacht, wir brauchen unsere Männer.«* Am nächsten Tag rufen die Rebellen allgemein zur freien Jagd auf, sogar mit schriftlichen Aufforderungen. Männer wie Frauen laufen mit Gewehren in den Stadtwald. Dort hebt ein allgemeines Schießen an. Die Österreicher müssen den verhassten Regierungspräsident fallenlassen.

Den Salpeterern (siehe in diesem Kapitel weiter hinten) ging es in Freiburg nicht so gut, ihre Anführer landeten im 18. Jh. regelmäßig in einem Freiburger Stadtturm. Hier starb 1727 der *»Salpeter Hans«*, Hans Friedle Albietz.

Gasthaus »Kleiner Meyerhof«: drinnen ist ein Wandgemälde um 1900 zum Weiberkrieg zu sehen.

Sabine Allweier: »Ihr herren es ist jetzt nacht wür brauchen unsere Männer.« Der Freiburger Weiberkrieg. In: Beiträge zur Volkskunde in Baden-Württemberg, 7, 1977, S. 97-125; Ulrich Ecker: Reform und Ende der österreichischen Herrschaft, in: Heiko Haumann/Hans Schadek (Hg.): Geschichte der Stadt Freiburg im Breisgau, Bd. 2, 1994, S. 204-211.

Altes Rathaus, Rathausplatz: Mitverschworene von Hecker stürmten im April 1848 das Gebäude, eroberten 4 Kanonen und brachten sie zur Verstärkung zu den Barrikaden bei den Stadttoren.

Rotteck-Denkmal, Platz der Alten Synagoge, gegenüber dem Stadttheater: Karl von Rotteck war einer der größten Historiker des Liberalismus; seine *»Universale Weltgeschichte«* wurde das Grundlagenwerk der frühen Demokratie, der Autor bekam zeitweise Berufsverbot. Die Geschichte des Denkmalbaus: vorgesehen für 1847, untersagt, 1848 gebaut, aber hinter Brettern verborgen, 1850 nachts enthüllt, im nächsten Jahr wieder abgebrochen.

Schwabentor, Oberlinden: Am Ostermontag 1848 misslang hier Sigels Kolonne die Eroberung der Stadt.

Städtisches Verkehrsamt, Ecke Rotteckring/Rathausgasse: Einst das Wohnhaus von Professor Karl von Rotteck. Gedenktafel. Hier wuchs mit dem Sohn Karl, Advokat, ein radikaler Republikaner heran, der 1849 revolutionärer Direktor des Oberrhein-Kreises war, fliehen musste und 1850 in die USA emigrierte.

Kaufhof, einst Hotel »Zähringer Hof«, **Kaiser-Joseph-Straße 195**: Vom Balkon hielt Karl Vogt, später Prof. in Genf, für die flüchtende Reichsregentschaft des Stuttgarter Rumpfparlaments eine enthusiastische Rede.

Münsterplatz. Am 1. 7. 1849 kam die geschlagene Freiheitsarmee durch Freiburg. Die Niederlage animierte die Demokratiefeinde zum Putsch: Besetzung der Tore und öffentlichen Gebäude. Als der Diktator Goegg auf dem Platz erschien, schrien schwankende Soldaten: *»Es lebe der Großherzog!«*. Goegg wagte sich unter die murrende Menge, wo man ihn zuerst mit dem Ruf empfing: *»Schießt den Hund herunter!«* Mit einer guten Rede beruhigte er die Zweifelnden und quartierte die Soldaten sofort bei der revolutionsfeindlichen Bourgeoisie ein. Die Konterrevolution war vermieden. Am selben Tag noch floh er in die Schweiz, während ein Rest der Armee unter Sigel mit 6.000 Mann in Richtung Bodensee abzog, um Zuzüge aufzunehmen und eine letzte Schlacht zu riskieren.

Den **Münsterturm** benützte am 22. 4. 1848 der Freischarenkommandant, Student und Turner Georg von Langsdorff als Befehlszentrale.

Im **Historischen Kaufhaus** gab es am 10. 12. 1848 nach der Trauerdemonstration durch die Stadt eine Trauerfeier für den in Wien ermordeten Robert Blum.

Schlossberg, Kanonenplatz: Am 10. 5. 1849 weigerte sich hier eine Versammlung der Garnison, auf das Volk zu schießen.

Freiburg-Wiehre, Alter Friedhof, heute Kinderspielplatz, Ecke Dreikönigstraße/ Erwinstraße: Hier führten die Preußen im Sommer 1849 drei standrechtliche Hinrichtungen durch: an Friedrich Neff, Max Dortu und dem Soldaten Gebhard Kromer. Als in den nächsten Tagen Frauen an den Gräbern Blumen niederlegten, wurden sie festgenommen und eingelocht. Blumen galten als Terror-Waffen, Erinnerung und Trauer als Verbrechen.

Gerlinde Hummel-Haasis: Schwestern, zerreisst eure Ketten, 1982; Carola Lipp (Hg.): Schimpfende Weiber und patriotische Jungfrauen, 1986, Reprint 1998; Christina Rössler: Frauen in der Revolution von 1848/49, in: Birgit Heidtke/Christina Rössler: Margarethas Töchter. Stadtgeschichte der Frauen von 1800 bis 1950 am Beispiel Freiburgs, 1996, S. 17-52.

Freiburg-Güntherstal: Am Ortseingang steht ein **Gedenkstein** für das Gefecht vom 22. 4. 1848, bei dem Sigels Truppe von badischem Militär geschlagen wurde.

Ulrike Rödling/Heinz Siebold: Der Münstergeneral. Menschen und Ereignisse in Freiburg 1848/49, 1997.

Freiburg-Lehen: Um 1510 fand Jos Fritz hier eine Anstellung als Bannwart und Feldhüter. 1513 unternahm er den weiteren Versuch einer Verschwörung des Bundschuhs. Die Forderungen waren ein richtiges Programm geworden: Ziel *»die göttliche Gerechtigkeit«*. Treffpunkt der Verschwörer war das Gasthaus »Zum Spiegel«, das noch bis zum Zweiten Weltkrieg stand.

Heiko Haumann (Hg.): Vom Hotzenwald bis Wyhl. Demokratische Traditionen in Baden, 1977.

■ HOTZENWALD nördlich von Waldshut

Die ganze Waldgegend war ein bäuerlicher Freistaat, genannt *»die Einung der Grafschaft Hauenstein«*, eine nur dem Kaiser in Wien unterstellte Freigrafschaft mit Selbstverwaltung. Diese Schwarzwaldbauern zwischen St. Blasien, Waldshut und Stühlingen kämpfen seit dem Beginn des 17. Jh. um die Erhaltung ihrer Rechte und geben trotz grausamster Verfolgung nicht nach. Eine Ausnahme in der deutschen Untertanengeschichte. Als das Kloster St. Blasien diese Freibauern sich unterwerfen will, kommt es zu einem langen Widerstand. Der Anführer ist der *»Salpeter-Hans«*, der vom Abkratzen des Salpeters in den Ställen lebt und viel herumkommt. Das österreichische Militär überzieht das Land daraufhin mit Terror: willkürliche Haft, Hinrichtungen unter erzwungenem Zuschauen der Anhänger, Zwangsarbeit, Deportationen nach Belgrad und ins Banat. Glücklich, wer in die Schweiz flüchten kann.

Herrischried: militanter Salpetererort, der 1739 vom österreichischen Militär besetzt wird, um den Unabhängigskeitswillen der Waldbauern zu brechen.

Waldshut: Viele Salpeterer werden 1739 hier inhaftiert und in **Albbruck** am Hochrhein auf der Richtstätte vor 4.000 gezwungenen Hauensteinern hingerichtet. Ihr Verbrechen ist, als Hauensteiner Delegierte den Kaiser in Wien um Achtung ihrer Freiheitsrechte gebeten zu haben. 1745 greift ein bewaffneter Salpeterer-Trupp Waldshut an, wird aber zurückgeschlagen. Es beginnt ein Bürgerkrieg: die Täler am Hochrhein halten zu der Partei der »*Ruhigen*«, der Obrigkeitstreuen. Als sie siegen, plündern und verwüsten sie die Häuser der Salpeterer, die in die Schweiz flüchten.

1755 wühlt eine erneute Jagd der Obrigkeit nach Salpeterern die Gegend auf, 112 werden in Waldshut wie Vieh zusammengetrieben und ins Banat deportiert. Unterwegs sterben 6 Kinder und ein Mann. Die Transportkosten müssen die Entrechteten selbst bezahlen, die dabei allen Besitz verlieren und bettelarm im Banat ankommen.

Remetschwiel (nordwestlich von Waldshut): Das Kloster St. Blasien nimmt einen neuen Anlauf, die alten freiheitlichen Einungsrechte außer Kraft zu setzen und die Waldbauern zu Leibeigenen zu machen. Das Kloster befiehlt alle Bewohner auf den 4. 5. 1719 zum Dinggericht von Remetschwiel. Als der Waldprobst aus einer selbstproduzierten Urkunde das Wort »*leibeigen*« verliest, hagelt es Proteste, die Versammlung geht in allgemeinem Lärm unter. Wortführer ist der Salpeter-Hans, von da an der führende Kopf.

Weilheim, Hasselbachmühle (nördlich von Waldshut): Nach dem Tod des Salpeter-Hans 1727 wird der Müller Martin Thomas von dieser Mühle hier der führende Kopf. Man wählt ihn zum Einungsmeister der Einung (Bezirk) Dogern (westlich von Waldshut). Er wird zu mehrjähriger Festungshaft in Belgrad verurteilt.

Göhrwil, Gasthaus Adler (westlich von Waldshut, an der Alb): Eine Salpeterer-Hochburg und einer der acht Einungsorte. Hier siegen bei den umstrittenen Wahlen der Einungsmeister immer wieder die Salpeterer. Im Erbfolgekrieg verweigern sie Kriegsdienste, weil sie nur zur Verteidigung des Landes verpflichtet seien, nicht zu auswärtigem Kriegsdienst. Der Kaiser legt 2 Regimenter in den Wald. Die Salpeterer setzen 1745 die Anhänger der »*Ruhigen*« für zwei Wochen im »*Adler*« gefangen. In diesem Jahr gewinnen sie bei den Wahlen alle acht Einungsmeister.

Thomas Lehner (Hg.): Die Salpeterer, 1977; Günther Haselier: Geschichte des Hotzenwaldes, 1973.

Alte Lieder der Salpeterer grub Roland Kröll 1977 aus und publizierte sie auf einer inzwischen fast verschollenen Langspielplatte.

Kapitel 8

DREIECKLAND

▩ MALMERSPACH

im St. Amarin-Tal

Die erste Erhebung während der Großen Revolution beginnt mit einer Bauernversammlung am Sonntag, den 26. 7. 1789 in Malmerspach. Die Bauernschaft marschiert das Tal hinab über **Thann**, **Sennheim (Cernay)** und **Uffholz** nach **Gebweiler** (**Guebwiller**). Das Schloss des Abtes von Murbach und alle Häuser des fürstlichen Stifts (Fürstentum des Murbacher Abtes, Residenz Gebweiler) werden geplündert, die Einwohner von Gebweiler halten sich heraus.

Als im Februar 1791 französische Emigrantenkorps ins Elsaß einzufallen drohen, erheben sich erneut 3.000 Talbewohner von **St. Amarin** und **Münster**. Eine solche massive Bereitschaft gab es sonst nirgends im Elsaß. Sobald es später, im Herbst 1793, gilt, an der Nordgrenze des Elsasses die eingedrungenen Österreicher zurückzuschlagen, sind Sundgauer vornedran, obwohl sie am weitesten von der Nordgrenze weg sind.

In diesem alten Tal der Textilindustrie hatten seit 1939 die Schweizer Brüder Hans und Fritz Schlumpf mit Hauptwerk in **Malmerspach** das Sagen. 1962 gibt es den ersten Streik in dem patriarchalisch geführten Betrieb. Nach Entlassungen umstellen 500 Arbeitslose tagelang die Schlumpf-Villa in Malmerspach, die versteckt im Industrieviertel liegt, **Aux hêtres pourpres** (Zu den Blutbuchen). Von der Polizei befreit, fliehen die Schlumpfs in die Schweiz, ohne mit ihrem Vermögen für ihren Betrieb einstehen zu wollen. 1977 dringen 200 Arbeiterinnen in einen weiteren Schlumpf-Besitz in Mulhouse ein, die Textilfabrik HCK, und entdecken eine Menge wertvollster Oldtimer-Autos. Die Besetzer erklären das Werk zu einem »*Musée des Travailleurs*« und nehmen innerhalb von zwei Jahren Eintrittsgelder von 800.000 Besuchern ein. Ein Gericht verurteilt die flüchtigen Brüder zu 2 bzw. 4 Jahren Gefängnis, die sie nie absitzen, die Eidgenossenschaft bewahrt sie davor. Seit 1982 ist die Fabrik ein berühmtes Automuseum in **Mulhouse**, das seine Herkunft von mutigen Arbeiteraktionen tapfer – verschweigt.

▩ MULHOUSE

Ein alte Stadtrepublik, die von 1515 bis 1798 mitten im Elsaß mit der Eidgenossenschaft verbündet ist, überdies eine florierende Industriestadt, die vor 1790 bereits 30

Fabriken besitzt. Hier liegt neben der Schweiz und Paris in den 1830er Jahren eine der Wurzeln der deutschen Arbeiterbewegung. Heute weist die Stadt eine starke maghrebinische Immigration auf, rund 20 %, abgedrängt in wenig ansehnliche Vororte, eingekreist von der rechtsradikalen *»Front Nationale«*, geplagt von Arbeitslosigkeit, Ausgrenzung, mangelnder Orientierung, Verzweiflung.

Die **Place du Nouveau-Quartier**, heute reduziert auf den **Parkplatz** südlich der Place de la République, zwischen den beiden Avenues der Marschälle Foch und Joffre, nördlich der Bourse. Nach dem Sturz des Königs Louis-Philippe in Paris kommt am 29. 2. 1848 ein Kommissar des Departements, proklamiert die Republik und nimmt auf diesem Platz die Parade der Truppen und der neuen Nationalgarde ab. Pflanzung eines Freiheitsbaums, der bis 1854 stehenbleibt.

Place de la Réunion, Hotel de Ville: Am 15. 3. 1798 findet *»ein Fest der Vereinigung«* statt, das dem Platz den Namen gibt. Die Stadt schließt sich der französischen Republik an, aber nicht in einem revolutionären Befreiungsakt, sondern zermürbt von einer 7jährigen Zollblockade Frankreichs. Die Zeichen der alten Zeit werden in den großen Springbrunnen geworfen: die Embleme der Körperschaften, die Stadtfahne, das große Siegel und die Satzungen der Reichsstadt. Auf dem Platz wird ein Freiheitsbaum aufgestellt.

Im Hotel de Ville amtiert nach Napoleon I. der Textilindustrielle Jacques Koechlin als Maire, Mitglied der oppositionellen Vereinigung der *»Freiheitlichen«*, Anhänger der Verschwörung der Carbonneria, mit seinen Brüdern verwickelt in einen der bedeutendsten Putschversuche gegen den französischen König. Zusammen mit Belfort stellt damals das Elsaß in Frankreich eine republikanische Insel dar.

Am 26. 7. 1847 erscheint um 9.30 Uhr eine Menge Fabrikarbeiter, eine Delegation verlangt vom Maire die Senkung des Brotpreises. Danach geht sie in die Spinnerei Naegely und bewegt die 1.500 Arbeiter zum Streik. Es entsteht ein Aufruhr. In wenigen Stunden zertrümmern 5.000 Streikende 42 Bäckereien und Gaststätten. Die Nationalgarde, die Besitzlose in ihren Reihen hat, ist nicht fähig zum Eingreifen, denn die Tamboure, alle Arbeiter, treten einfach nicht an. Die Realisierung einer modernen Utopie: Es trommelt zum Krieg – und keiner geht hin. Der Aufruhr bekommt den Namen *»Bäckerfest«* und signalisiert weithin die Grenzen der Geduld.

Die Unruhen in Mülhausen, in: Allgemeines Intelligenzblatt der Stadt Basel, 3, 1847, Nr. 150; Die Mülhauser Emeute. Von einem Augenzeugen, in: ebenda, Nr. 151-153.

Aus den Wahlen von 1848 gehen Vertreter der Fabrikanten als Sieger hervor. Trotz vieler Fabrikschließungen während dieser Epoche bleiben Unruhen aus. Napoleon III. kommt 1850 in die Stadt, die keine Begeisterung zeigt. Bei der Volksabstimmung nach seinem Staatsstreich vom 2. 12. 1851 stimmen 1.800 Bürger dagegen, nur 1.683 dafür: Mulhouse bleibt knapp seinem republikanischen Geist treu.

Hambacher Demokraten, die 1832 aus Deutschland vertrieben worden sind, bauen zuerst in der Schweiz unter den deutschen Handwerkern Arbeitervereine auf. Ende 1835 wird ein Ableger in Mulhouse aufgemacht, der den Namen *»Löwenfels«* erhält. Die Arbeiter treffen sich zuerst in rein geselligem Rahmen. Wer mehr Interesse beweist, wird in einen inneren, verschworenen Kreis aufgenommen, der im Hinterzimmer tagt. Hier erfolgt die Heranbildung zu politischem Bewusstsein, zuerst im Geist der Hambacher Flugschriften, später im Sinne des Frühsozialismus. Nebenher entsteht eine Krankenkasse. Vereinsziel ist die deutsche Republik, die man bei der richtigen Gelegenheit mit Gewalt durchsetzen will. Wenn diese Gesellen auf der Walze weiterziehen oder nach Hause gehen, werden sie zu einer *»wandernden Propaganda«*.

Haasis: Spuren der Besiegten, II, S. 734–743 (Der deutsche Arbeiterverein »Löwenfels« in Mülhausen/Elsaß 1835/36); Nationalität trennt, Freiheit verbindet. Lörrach, Liestal, Mulhouse. Ein trinationales Ausstellungsprojekt, 1998.

Oberstadt, Gasthaus »La porte de Nesle« (Nesselturm): Hier tagt um 1848 der Verwaltungsrat der Hilfskassen, nach Beobachtung eines Polizisten *»ein veritabler Club, wo sich die hitzigsten Köpfe ein Stelldichein gaben«*. In der Wohnung darüber wohnt Georges Joseph Schmitt, glühender Republikaner und Redakteur der Zeitung *»Volksrepublik«*. Demokratische deutsche Arbeiter und die Sozialisten der Gegend treffen sich im Gasthaus »**Zum Storchen**« und in der »**Krone**«.

Basler Tor: Beim *»Bäckerfest«* am 26. 7. 1847 versuchen Streikende die durch das Tor hereinziehenden Truppen zu entwaffnen. Die Soldaten schießen: 3 Tote, viele Verletzte, 100 Verhaftete.

Neues Tor, Gasthaus »Danner«: Einst Haus der Büchsenmacher, dann Stammlokal der Gruppe *»Solidarité Républicaine«*, die im November 1848 in Paris gegründet wurde und als erste Parteiverbindung demokratischer Sozialisten gelten kann. Hier findet der badisch-pfälzische Aufstand im Mai 1849 tatkräftige Hilfe, ebenso durch einen Ausschuss in Colmar und ein Zentralkomitee in Strasbourg. Publizistische Stimme für die badische Erhebung ist die *»Volksrepublik«*. Die Gruppe erobert im Mai 1849 bei den Parlamentswahlen 8 von 10 Sitzen des Departements Haut-Rhin. Als Frankreich im Juni 1849 gegen die revolutionäre Römische Republik eine militärische Intervention unternimmt, kommt in Mulhouse eine riesige Volksversammlung zustande und 4.500 Bürger unterschreiben eine Petition gegen diesen Krieg. Ab jetzt erschwert der Maire die Öffnung der Wirtshäuser.

Beim Besuch des Präsidenten Napoleon im August 1850 gelingt es pfiffigen Textilarbeitern, die Anpassung der Regierungsvertreter zu durchkreuzen. Als der öffentliche Empfang zuende ist, gehen die Arbeiter dem Präsidenten mit ihrer Fahne entgegen: *»Arbeiter der Kammgarnspinnerei Schwartz Trapp & Co., 1848. Es lebe die Republik«.* Die Demonstranten bringen alles durcheinander und singen *»Es leben die Roten, nieder mit den Weißen«*, rufen ständig *»Es lebe die Republik«*. Napoleon sieht darin den *»Ausdruck einer feindseligen Haltung«* . Doch der Firmenchef hält noch später zu den Arbeitern und lässt die Fahne in seiner Fabrik als politische ›Reliquie‹ aufbewahren.

Musée Historique, Place de la Réunion. 2. 5. – 30.10. Di-So 10-12, 14-18 Uhr. 1. 11. – 30.4. Di-So 10-12, 14-17 Uhr. Freier Eintritt für Kinder und ihre Begleiter am 1. Sonntag des Monats und Mittwochmittag. Tel. 0033-894 54 320. Fax (Ville de Mulhouse) 0033-893 25 909. Viele Objekte in diesem schönen alten Hotel de Ville stammen aus der Renaissance (Fassade 1552 bemalt), es gibt Informationen zur alten Stadtrepublik, zur Industriegeschichte, zur elsässischen Identität unter der ersten deutschen Besetzung (ab 1871) und zu Koechlin. Interessant ein altes Wirtshausschild von Blotzheim ca. 1780 bis 1820. Ursprünglich stand darauf *»A la Couronne civique«* (Zur Bürgerkrone) geschrieben, daneben Liktorenbündel und die Waage der Justitia. Das Ganze eingefasst von einem Blätterkranz, der mit einem Trikolore-Band umwunden ist und gekrönt von der Parole *»Freiheit – Gleichheit«*. Ein typisches Gemälde der Revolutionszeit. Als die Restauration kam, wurden Symbole der Revolution und des Kaiserreichs verboten. Das Gasthaus wurde umbenannt in *»Zum goldenen Pferd«*, der sparsame Wirt ließ den Schild mit einem Pferd übermalen. Wenn man genau hinschaut, kann man das Original noch erkennen. Eine Fälschung durch Anpassung.

▩ SUNDGAU

1633, mitten im Dreißigjährigen Krieg, entwickelte sich zwischen Basel und Mulhouse ein Bauernkrieg. Die Sundgauer erhoben sich gegen die schwedischen Truppen, die weniger für den evangelischen Glauben als für die Hegemonie ihrer Geldgeber fochten.

Ferrette/Pfirt: Auf der **Burg** quartiert sich im Januar 1633 eine schwedische Truppe unter dem Befehl des Berner Patriziers Hartmann von Erlach ein. Der Kommandant befiehlt am Sonntag, den 30. 1. 1633: die Dörfer **Lutter, Rädersdorf** und **Sondersdorf** müssen am nächsten Tag auf der Burg Pfirt Frondienste leisten; wer nicht kommt, wird mit Feuer und Schwert überzogen.

Erster Widerstand regt sich in **Wolschwiller**, angeführt vom Geschworenen Christian Biegenwald. Noch in der Nacht werden alle Dörfer alarmiert. Am nächsten Morgen geht Sturmläuten durch das ganze Land. Hunderte fron- und wehrpflichtiger Männer sammeln sich bewaffnet auf den Feldern von **Oltingen**, in der Talsenke gegen **Wolschwiller** (heute bei der **blau angestrichenen Fabrik**). Es zahlt sich aus, dass der Sundgau mit einer Miliz, dem Landesaufgebot, das Waffenrecht behalten hat. Die Versammlung versteht sich als Landsgemeinde und beschließt, mit einem Marsch durch die Dörfer ihre Basis zu verbreitern. Die Route am 31. 1.: **Wolschwiller, Biederthal, Leymen**, durch den Eichwald nach **Oberhagenthal**, über den Berg nach **Wentzwiller**, steil hoch nach **Folgensbourg**, hier Schlussberatung der inzwischen 2.000 Mann mit Festsetzung der Strategie: jedes Dorf geht nach Hause, es ist bitterkalt, die Tage sind kurz. Marschleistung 30 km. Morgen geht es weiter.

Felder bei **Oltingen**: Am nächsten Tag, Dienstag, den 1. 2., treffen sich die Aufständischen 4 Uhr morgens (!) wieder, um über **Lutter, Rädersdorf** und **Sondersdorf** nach **Pfirt** zu ziehen. Die schwedische Besatzung kapituliert, Erlach gibt das geraubte Geld heraus. Die Österreicher, die Landesherrn, sind über die Erhebung keineswegs glücklich, ein Regierungskommissar schreibt nach Wien, die Sundgauer könnten ihren Sieg leicht auch gegen ihre eigene Herrschaft ausnützen. Das ›schwedische‹ Militär lernt nichts, plündert **Obermichelbach**, legt halb **Leymen** in Schutt und Asche. Das Bauernheer bringt dafür Erlach und seine Soldaten um. Erlach findet natürlich ein ehrenvolles Grab. Wo? Im Kreuzgang des Basler Münsters, Geld und Familienbeziehungen genügen.

Bei **Delle,** westlich von Pfirt, bildet sich ein 2. Bauernheer, der Sieg macht Appetit. Schon ist unter den Tausenden von Bauern zu hören, den österreichischen Obervogt wollten sie nicht mehr regieren lassen. Am Horizont eine Freigrafschaft?

Am 4. 2. Marsch des Bauernheeres von **Pfirt** nach **Altkirch**, dann nach **Landser**. Am 8. 2. Schlacht bei **Blotzheim**: die Bauern sind militärisch unerfahren, ohne Leitung und lassen sich ins freie Feld hinauslocken, wo sie 9 berittenen Kompanien unterliegen. Die meisten Rebellen entkommen, 500 sterben, 825 werden gefangen ins Schloss von **Häsingen** gebracht. Ein grauenvoller Bluthandel vollzieht sich vor den Augen neugieriger Basler, die Soldateska knüpft 48 Bauern an der Landstraße nach Basel auf (heute an der **Route Nationale, ungefähr beim Flughafen**). Die Soldaten, nur am Geld interessiert, machen den herbeigeeilten Baslern das Angebot, gegen Bargeld Sundgauer Bauern vom Galgen loszukaufen. Wenn ein Basler genug Geld dabei hat und es anlegen will, kann er einen Rebellen dem Tod wegschnappen.

600 Gefangene, die keine Geldgeber finden, werden nach Südwesten auf das Feld zwischen Landser und Niedersteinbrunn hinausgetrieben und bei der Markungsgrenze wie Vieh abgestochen. Daran erinnert der Flurname »**Kuttelnausgraben**«. In der Nähe des damaligen Massengrabes liegt heute die **Kaegi-Mühle** mit dem Feinschmeckerlokal »**Zur alten Mühle**«. Magen und Geschäftssinn kennen keine Pietät.

Vézelois/Wieswald (südlich von Belfort): Das 2. Bauernheer verschanzt sich auf dem befestigten Friedhof (heute sind noch Reste der Mauern zu sehen) um die Kirche und wird nach langem Widerstand niedergemacht. Hier stehen wir vor dem 2. Massengrab der Sundgauer Bauernfreiheit. Kein Hinweis in der Kirche.

Haasis: Spuren der Besiegten, I, 1984, S. 376ff.

Das Oberelsaß bleibt eine Hochburg der Rebellion. Schon im Juli 1789 regt sich das ganze Land, aber die Freiheitsbewegung trägt ein doppeltes Gesicht: emanzipa-

Ende der Sundgauer Bauernerhebung 1633

torisch gegen die Grundherren, den Adel, doch freiheitsfeindlich gegen die Judenschaft. Ein Zug, der sich auch 1848 wieder offenbart, beim »*Judenrumpel*« in Dürmenach (29. 2. 1848, Plünderung der jüdischen Häuser, 75 Gebäude wurden zerstört, jedes einzelne Haus regelrecht belagert, auf der Straße sah es aus wie nach einem Krieg; die Juden flohen in die Schweiz).

Astrid Starck: Jiddische Lebensbeschreibung. Von Seligmann Brunschwig von Dürmenach mit Schilderung des »Judenrumpels« von 1848, in: Juden im Elsaß. Red. Katja Guth-Dreyfus und Eve-M. Hoffmann. Ausstellungskatalog Jüdisches Museum der Schweiz, Basel 1992, S. 16-19; Daniel Gerson: Die Ausschreitungen gegen die Juden im Elsass 1848, in: Bulletin des Leo Baeck Instituts, 87, 1990, S. 29-44.

Ferrette (Pfirt): Die Bauern der umliegenden Orte ziehen im Juli 1789 gegen das Städtchen, der verhasste Amtmann entkommt knapp. Das Amtsgebäude wird gestürmt, die Kasse geplündert, alle Schriftstücke und mit ihnen das Haus verbrannt. Die Stadtbewohner bleiben neutral. Der ganze Sundgau gerät in Aufruhr. Neben der Vernichtung der Urkunden und dem Sturm auf Schlösser gibt es auch die Verfolgung der jüdischen Bewohner, angeblich wegen Wucherzinsen. Aber auch arme Juden und unbeteiligte Frauen, Alte und Kinder werden aus den Dörfern vertrieben, ihre Häuser geplündert.

Hagenthal: Am 28. 7. 1789 findet ein organisierter Sturm der umliegenden Dörfer gegen die Judenschaft statt. Die Bauern durchsuchen die Häuser der Juden, nehmen alles Brauchbare mit und verbrennen die Schuldscheine, die sie bei den Geldleihern erwischen können. Damit ist den Juden die Grundlage des einzig erlaubten Berufs zerstört.

Leymen: Nur 5 km südlich eine ganz andere Bauernbewegung. Das Haus des Ortsherrn von Reichenstein wird geplündert. Der Herr weiß von der Gefahr und flüchtet am Abend vorher auf die über Leymen liegende österreichische Festung **Landskron**. Die Bauern ziehen vor die Festung, bitten ihren Herren mitzukommen. Er tritt ihnen seinen Wald ab, schenkt ihnen den kleinen Zehnten und mehr. In einer Gemeindeversammlung in der Kirche wird der Schenkungsvertrag verlesen und unterzeichnet. Wenige Tage danach platzt die friedliche Revolution von Leymen wie eine Seifenblase: Einmarsch von Soldaten, Verhaftung der Gemeinderäte und Abtransport in die Festung Hüningen, Beschlagnahmung der Papiere.

Hirsingen, Schloss des Grafen Fortunatus von Montjoye-Hirsingen: In der Nacht vom 29./30. 7. 1789 stürmen Bauern das Schloss, für dessen Luxus sie seit Jahrzehnten Frondienste leisten müssen. Unterstützung erhalten sie durch das Gerücht, *»Der König hat's erlaubt.«* Der Graf entkommt nach Basel, die Plünderung dauert tagelang, Unbrauchbares wird zerstört. Es folgt ein weiterer Sturm der Bauern auf die Schlösser von Hirtzbach und Carspach, wo er von Soldaten aufgehalten wird.

▒ BINNINGEN (Baselland)

Die Hagenthaler Juden fliehen schon am ersten Tag des Pogroms (28. 7. 1789), abends erreichen sie 10 km weiter in Binningen Basler Gebiet und werden ohne Formalitäten und Zaudern im Wirtshaus »**Zum Löwen**« und im »**Neubad**« beherbergt. Nur Basel nimmt jüdische Flüchtlinge auf, Solothurn bleibt hartherzig. Insgesamt können sich damals 708 Juden aus dem Sundgau nach Basel retten.

Haasis: Gebt der Freiheit Flügel, I, S. 80ff.

Beim **Gasthof Neubad**, heute knapp an der Stadtgrenze, findet am 26. 3. 1848 eine Versammlung von 600 Deutschen statt, die sich zu einer deutschen Republik bekennen. Im April 1848 ist hier der Sammelplatz der deutschen Demokraten, Handwerksgesellen aus der Schweiz, die zu Hecker nach Südbaden ziehen wollen. Am Samstag vor Ostern marschieren von hier 100 unbewaffnete Mitglieder von Beckers deutschschweizerischer Legion durch Basel an den **Otterbach** (beim Basler Badischen Bahnhof), eskortiert von der Miliz. Von dort gehen sie ans **Grenzacher Hörnli** und überfallen die Grenzwächter, um zu Waffen zu kommen.

▒ BASEL

Angesichts des Sundgauer Bauernaufstands von 1789 bricht in Basel Panik aus, 150 Mann Miliz stehen an den Toren, **die beiden Tore gegen den Sundgau** werden geschlossen, die verjagten Juden aber aufgenommen. Diese Hilfsbereitschaft würdigen die Juden mit hebräischen Dankgedichten, die in den Sundgauer Synagogen verlesen werden.

Alter Bahnhof (**am Lysbüchel, am Zoll nach St. Louis**, schon lange abgebrochen, heute Schällemätteli im St. Johanns-Quartier): Bevor im April 1848 Züge aus dem Elsaß nach Basel einfahren dürfen, werden sie am Stadttor angehalten und nach deutschen Freischärlern durchsucht. Nur ein kontrollierter Zug darf in die noch mit Mauern umgebene Stadt einfahren. Gegen die Freischärlergefahr richtet die Basler Bahnverwaltung einen eigenen Spitzeldienst ein. Liestal lässt Hecker in Strabourg durch einen früheren deutschen Flüchtling aushorchen.

Kantonsspital, Hebelstraße 32: Einst *»Holsteinerhof«*, jetzt Spitalverwaltung, Ende der 1970er Jahre schön restauriert. Das Haus gehörte in den 1790er Jahren dem Basler Oberzunftmeister und späteren Revolutionär der Helvetischen Republik Peter Ochs. Hier war die französische Botschaft untergebracht. Größte Bedeutung für die Freiheitsimpulse gewinnt der Sekretär Theobald Bacher, ein Elsässer, Chef des französischen Nachrichtendienstes in Mittel- und Nordeuropa. Bacher unterstützt deutsche Umsturzversuche im Rechtsrheinischen. So gehen hier von 1792 bis 1799 zahlreiche deutsche Jakobiner ein und aus, die dem Pariser Außenministerium Nachrichten beschaffen, auch über das gegnerische Militär. Zu den interessantesten jakobinischen Geheimagenten, die hier verkehren, zählt der Ludwigsburger Georg Kerner. Auch der Elsässer Valentin Probst aus Rouffach wird von Bacher betreut. Dass Probst nach 2 Jahren Wiener Polizeihaft 1797 bei Hüningen über den Rhein ausgetauscht wird, verdankt er nur seinem elsässischen Landsmann Bacher. - Im selben Haus beginnen 1794 die Verhandlungen zum Basler Frieden (1795) zwischen Frankreich und Preußen.

Haasis: Gebt der Freiheit Flügel, II, S.763ff (Neues vom französischen Geheimagenten Georg Kerner); Heinrich Scheel: Süddeutsche Jakobiner, 1962.

Rathaus: Im August 1789 beschließt der Kleine Rat unter der Drohung eines Aufstands in Liestal, die Leibeigenschaft aufzuheben. Zur Garantie der Schweizer Neutralität stellt Basel 1792/93 2.000 Milizsoldaten an die Grenze.
Als im April 1848 Hecker mit 50 äußerst schlecht Bewaffneten in Konstanz die Revolution beginnt, ruft Basel mit Trommelschlag 2.000 Mann gut ausgerüstete Miliz an die Grenze. Am meisten ge-

Französische Botschaft mit dem Büro des Nachrichtendienstes

fürchtet ist Georg Herweghs Arbeiterlegion aus Paris, aber ihr fehlen Ausrüstung und Übung. Weniger ängstlich verhält sich Basel bei den Durchzügen deutscher Handwerksgesellen von Beckers Legion aus der Innerschweiz. In kleinen Abteilungen zu 30 bis 40 Mann dürfen die Revolutionäre mit einer bewaffneten Eskorte die Stadt passieren, während man Freischärler aus dem Elsaß abweist. In Basel warten 200 deutsche hier arbeitende Gesellen, um der Pariser Arbeiterlegion ins Elsaß entgegenzuziehen. Endlich gehen sie am 20. 4. unbewaffnet über die Grenze, Basel atmet auf.

Im Frühsommer 1849 marschieren nach und nach rund 500 deutsche Freischärler durch die Stadt nach Deutschland.

Dr. Gottlieb Bischoff, Basels liberaler Polizeidirektor, drückt 1848 bei den deutschen Demokraten ein Auge zu. Als Emma Herwegh am 14. 4. auf ihrer Kundschafterreise aus Strasbourg nach Basel kommt, um sich nach Heckers Verbleiben und Aktionen zu erkundigen, erhält sie Auskunft von Dr. Karl Brenner, dem führenden Kopf der Basler Radikalen und Redakteur der »*National-Zeitung*«. Sie fährt weiter nach **Schaffhausen,** zu einem eingeweihten Gastwirt, der Heckers Route kennt. Über die Grenze hinweg existiert ein gutes Informationsnetz. Hecker wird nach der Niederlage von Kandern aus Basel ausgewiesen. Aber wenigstens ist damals eine Auslieferung von Flüchtlingen an die Todfeinde absolut tabu. Das wird sich ändern, zur Nazizeit.

Die ganze Ängstlichkeit im April 1848 vor den Flüchtlingen war aufgeblasen. Nach den Niederlagen der drei Freischärlerkolonnen kamen nur 97 Flüchtlinge nach Basel, die sofort nach Frankreich abgeschoben wurden. Basel war dicht.

Sobald in Baden im Mai 1849 der 3., der größte Aufstand ausbricht, schicken die Basler Behörden etliche Spione nach Baden, um die Lage zu beobachten.

Das **Gasthaus zum Schwanen** lag 1848 in der Mitte der heutigen **Marktgasse**, zwischen Fischmarkt und Schifflände. Hier stieg nach der Niederlage von Kandern Hecker am 21. 4. 1848 ab und wurde sofort der Polizei gemeldet. Die erdrückende Mehrheit der Basler Regierungs- und Stadträte war konservativ und verweigerte den Besiegten grundsätzlich ein Asyl. Hecker, seit Kandern völlig ermüdet, durfte sich nur einen Tag ausruhen und musste schon am nächsten um 8 Uhr ins Elsaß nach St. Louis abreisen, von wo er kurz auf die **Schusterinsel** bei Weil ging.

Fischmarkt, **Buchhandlung Wieland und Fischer** (gleich beim Schwanen): Der Buchhändler Alexander Fischer, ein Deutscher, war 1848 Vorsitzender des »*Deutschen Demokratischen Vereins*«.

Diese Organisation warb Freischärler für Baden.

Gasthaus »Drachen« an der Schifflände, Wirt Erlacher: Hier pflegten sich 1796 Basler Demokraten in ihrer *»Patriotischen Gesellschaft«* mit deutschen Emigranten zu treffen, um Umsturzpläne zu besprechen. Ebenso in *»Eglins Kaffeehaus«*. Eine führende Rolle spielte damals Jägerschmid aus Karlsruhe.

Fischmarkt 1: Hier wurde in den 1830er Jahren im Verlag von J. G. Neukirch die *»Basler Zeitung«* redigiert und gedruckt. An der Stelle des alten, nach 1900 abgerissenen Gebäudes steht heute noch ein Teil des Neubaus (1907). Die Zeitung hielt damals mehr zur Demokratie als die Basler Ratsherren und Kaufleute und beteiligte sich nicht an der Verachtung des 1832 abgetrennten Kantons Baselland. Ab dem 1. 4. 1834 erscheint im Impressum als *»verantwortlicher Redakteur«* der deutsche Flüchtling Dr. Gustaf Kombst, der vorher in Frankfurt/Main Sekretär der preußischen Gesandtschaft war. Kombst hatte im Dienst Beweismaterial für die antidemokratischen und verfassungswidrigen Umtriebe Preußens und anderer Staaten gesammelt und 1835 in einem Exildruck in Straßburg publiziert. Kombst glaubt nun, den Baslern sagen zu müssen, wie recht die Baselbieter mit ihrer Rebellion haben. Das gibt Ärger, denn die Basler sind konservativ und leben in gereizter Stimmung, jeder Demokrat riecht ihnen nach Baselbieter Schießpulver.

Basler Wirtschaft

Die Baselstädter wagen nicht, aus der Stadt in ihre Landhäuser hinauszugehen, die monatelang leerstehen. Seine Zeitungsartikel machen Kombst in Basel zur »*Zielscheibe des allgemeinen Hasses*«. Aus einem Leseclub wird er ausgegrenzt. Wenn er irgendwo ein Zimmer betritt, verlassen die »*Patrioten*« den Raum. Der Verleger befürchtet den Ruin. Ein Basler Freund von Kombst hält es für nötig, »*um Exzesse zu verhüten, mich zu Tisch zu eskortieren*«. Ein konservativer Redakteur wird mit Kombst verwechselt und bezieht auf der Straße Prügel. Nach der Drohung, Kombst in seiner Wohnung anzugreifen, lässt dieser ausstreuen, gleich den ersten, der hereinkomme, schieße er nieder. »*Und so habe ich denn wirklich die Basler Zeitung 14 Tage lang mit geladenem Gewehr bei meinem Schreibtische und einen Säbel vor mir liegend redigiert.*«
Kombst geht zur »*Neuen Züricher Zeitung*«, die radikaldemokratisch ist – damals. 1836 wird er nach massiver Einmischung Preußens in die Schweizer Verhältnisse ausgewiesen. Es kommt rechtswidrig zu einer allgemeinen Verhaftungswelle auch unter Schweizer Republikanern. Kombst flieht nach Baselland, nun stellt sich seinetwegen diplomatischer Druck auch aus Frankreich ein, obwohl er nie etwas mit Frankreich zu tun hatte. Die aus den Fingern gesaugte Theorie der Repression lautet: in ganz Europa existiere eine weitverzweigte Verschwörung, geleitet von einer geheimen europäischen Zentralregierung des Jungen Europa. Dieses Netz müsse in der Schweiz mit einer Invasionsarmee zerschlagen werden.
Aus Angst vor Verhaftung flieht Kombst in die Juraberge, getarnt als englischer Botaniker mit einem falschen Pass. Aber er fühlt sich angesichts der »*Flüchtlingshatz*« selbst in den freien Bergen gefangen. »*In den Orten, wo ich mich später verborgen gehalten, selbst in einem engen Zimmerchen im 5. Stock eines Hauses in einer engen Straße in Paris, habe ich nie Anwandlungen von Gefängnisstimmungen gespürt, die ich auf den Höhen des Jura nicht zurückdrängen konnte.*«

Gustaf Kombst: Erinnerungen aus meinem Leben, Leipzig 1848; Ders. (anonym): Authentische Aktenstücke aus den Archiven des deutschen Bundes, zur Aufklärung über die hochverräterischen Umtriebe der deutschen Fürsten, Straßburg 1835.

Freie Straße: Das Haus des aus Deutschland stammenden radikalen Buchhändlers und Verlegers Jacob Christian Schabelitz-Flick, der auch die »*Basler Nationalzeitung*« herausbrachte, lag 1926 in der Nähe der Post. Bei diesem Verleger verkehren 1848 viele deutsche Flüchtlinge, tagsüber unbelästigt, aber wehe, wenn sie nachts ihr Haupt zur Ruhe legten, das wäre

erschlichenes Asyl gewesen. Schabelitz publiziert die in Deutschland verbotene demokratische Literatur, so Heckers *»Die Erhebung des Volkes in Baden«*. Wirklichen Ärger gibt es erst, als nach der Zersprengung des Heckerzugs reaktionäre württembergische Soldaten Basel besuchen, die die Stadtgrenzen seit 1. 5. besetzt halten. Natürlich dürfen die Soldaten noch nachts in den Wirtshäusern zechen, während man Flüchtlinge gleich packt und ausweist. Die württembergischen Offiziere treiben sich hoch zu Ross in der Stadt herum, was selbst die Konservativen als Provokation empfinden, aber nicht unterbinden.
1849 steht die *»Nationalzeitung«* auf der Seite der deutschen Demokratie und leitet Spenden weiter.
Der Basler **Buchdrucker, Buchhändler und Verleger Samuel Flick** stellt Anfang 1799 den wichtigsten deutschen Untergrunddruck der Epoche her, der massenweise über den Rhein geschmuggelt wird und die deutschen Amtmänner und Polizisten bis weit nach Württemberg hinein in Atem hält: *»Entwurf einer republikanischen Verfassungsurkunde, wie sie für Deutschland taugen möchte«*. Der Autor ist vermutlich ein Stuttgarter Demokrat. Es geht um die Schaffung eines *»unzerteilbaren deutschen Freistaats«*. Ein Abschnitt hält fest: man wolle keine Tochterrepublik Frankreichs als halbkoloniales Anhängsel sein. Entgegen der direktorialen Verfassung erlaubt dieser Entwurf *»keine innere Abänderung«* der *»heiligen, unwandelbaren, unveräußerlichen Menschen- und Gesellschaftsrechte«*. Ein grundlegendes Werk der Menschenrechtsideen in Deutschland, bisher kaum bekannt.

Heinrich Scheel (Hg.): Jakobinische Flugschriften aus dem deutschen Süden Ende des 18. Jh., 1965, S.130-182 (Text des Verfassungsentwurfs).

Freie Straße, Gasthaus »Wilder Mann«, links einst das Polizeibüro, rechts die Polizeiwache: 1831 sind hier Katzenmusiken der Konservativen zu hören, weil der Wirt für die Selbständigkeit von Baselland eintritt. In der 48er Revolution steigen hier führende Teilnehmer der badischen Revolution ab. Bald kommt es auf Basels Gassen (**Freie Straße, Gerbergasse**) zu Demonstrationszügen und Katzenmusiken beider Parteien. Auf dem **Barfüßerplatz** jagen konservative Gäste der **Gaststätte Bell** (am **Barfüßerplatz**) den ersten Basler Arbeiterzug auseinander, die Arbeiter halten zur Partei der Radikaldemokraten. Antwort: Steinwürfe gegen die Häuser baseltreuer Obrigkeitsvertreter.
Gerbergasse 26: Hier wird im September 1848 Gustav Struves

Zeitung *»Deutscher Zuschauer«* von J. W. Baur sel. Erben gedruckt. Als verantwortlich zeichnet der 23jährige Wilhelm Klein, später Basels bedeutendster radikaler Politiker. Die schöne Basler Pressefreiheit endet freilich mit der Niederlage von Staufen im September 1848: die Zeitung wird verboten.

Lohnhof: Einst Untersuchungsgefängnis und Sitz der Kriminalpolizei, heute sind dort moderne Wohnungen. Hier befindet sich in den 1790er Jahren die Firma Sarasin, bei der deutsche Demokraten sich als Handelsangestellte ernähren und von hier aus eine süddeutsche Umsturzbewegung versuchen. – Nach 1938 wird hier ein Internierungslager für deutsche Flüchtlinge eingerichtet.

Steinentorstraße 13. Im Waffengeschäft Bürgin kauft am 20. 10. 1938 der bis heute wenig bekannte Schweizer Hitlerattentäter Maurice Bavaud (Neuchâtel) eine Schmeisser-Pistole Kaliber 6.35 mm mit 10 Patronen. Für ein Attentat ein ungenügendes Kaliber. Bavaud reist Hitler hinterher durch das ganze Deutsche Reich, um den Kriegstreiber zu beseitigen. Er kommt in München am 9. 11. 1938 sogar in die erste Reihe der Ehrentribüne für den Gedenkmarsch zur Feldherrnhalle, kurz vor der Reichspogromnacht. Doch der Abstand zu den Vorbeimarschierenden ist zu groß, Kumpane, Fahnen und hochgerissene Arme verdecken Hitler. Bavaud wird später im Zug verhaftet, als er kein Geld mehr für eine Fahrkarte hat, am 18. 12. 1939 vom Volksgerichtshof zum Tod verurteilt und am 14. 5. 1941 in Berlin-Plötzensee hingerichtet. Der Schweizer Botschafter Frölicher in Berlin unterlässt als guter Freund der Nazis alle Schritte, um Bavaud gegen einige in der Schweiz inhaftierte deutsche Spione auszutauschen.

Rolf Hochhuth: Tell 38. 1979; Niklaus Meienberg: Es ist kalt in Brandenburg. Ein Hitler-Attentat, 1980.

Rheinufer, St. Alban Rheinweg: Im April 1848 gelingt den deutschen Revolutionären ein Waffenschmuggel. In **Birsfelden** werden Waffen auf ein Schiff geladen. Nachdem das Schiff, voll mit Bewaffneten, die sich nicht versteckt halten, an Basel vorbei den Rhein hinuntergefahren ist, lässt die Stadt das Rheinufer mit Scharfschützen besetzen.

Als im Juli 1849 die Besiegten über die Grenze kommen und durch Basel nach **Liestal** und Bern geleitet werden, fallen Stimmungsunterschiede auf. Mit in der Kolonne marschiert Karl Brunnemann, Lehrer und Demokrat aus Stettin. Er geht mit 300 anderen am 8. 7. 1849 bei Lörrach über die Grenze nach **Riehen** und wird von der Basler Miliz durch die Stadt in die **Klingen-**

talkaserne geführt (Kleinbasel, vorne am Rhein bei der Klingentalfähre, zwischen Klingentalgraben und Kasernenstraße). *»Hatten uns die Baselstädter auch nichts weniger als Sympathie bewiesen, sondern uns bei unserm Durchmarsch mehr wie Wundertiere als wie gewöhnliche Menschenkinder angestiert, um so herrlicher war von Seiten der Einwohner der Empfang in Liestal, es hatte ja auch so mancher unter ihnen im Jahre 1831 ähnliches erlebt wie wir.«*

K(arl) B(runnemann): Wanderungen eines deutschen Schulmeisters, 1874, S. 30.

Münsterplatz: Am 22. 1. 1798 Errichtung eines Freiheitsbaums *»aus Anlass der festgesetzten Gleichheit zwischen Stadt- und Landbürgern«*. Beginn der Helvetischen Republik, der modernen Schweiz. Im inneren Kreis standen um den Baum die Mitglieder der *»Nationalversammlung Basel«*, außen Miliz.

Münsterkreuzgang: An einer Wand finden sich 2 Grabplatten aus dem Sundgauer Bauernaufstand 1633.

»Der Rittersmann erwarb gross Ehr, Der hie ruht bey den Todten, Drey Cronen in dem Feld dient Er ... Der Böhmen Gaulen Gothen... In Pündten Teutsch Welsch Niderland Hat er mit Lob Gestritten, Cläglichen Tod durch Mörderhand 1633 Zu Pfirdt endlich Gelitten. Durch solch schnell und kläglich End War die Blust des Lebens gnommen. Dem er sich auff Tugend Wendt. Das falsch glückh wolt ihmss nich gossen, Doch Lebt er jetz in Himmelss Freud, Ledig von aller Plage, Dahin seim Vettren gab das Gleid, Erwartend des Jüngsten Tage.

Hie ligen begraben die Woledlen und Gestrengen Hartmann von Ehrlach der Hochloblichen Cron Schweden gewestner Oberster Leutenandt Aetatis 36 Jahr und Burckhardt von Ehrlach, seines Alters 18 Jahr Beyde auff Pfirdt durch einen wüetischen Baurenmord erschlagen den 25 Jennerss 1633.« (Datum nach dem alten Kalender)

Dieses geschichtsfälschende Grabmal steht noch nach über 365 Jahren, unbestritten. An die Bauern erinnert nichts: kein Grab, kein Denkmal, kein Museum, keine Straße, nicht einmal ein unschuldiges Büchlein.

Jetzt geht's mit der **Münsterfähre** hinüber ins rechtsrheinische **Kleinbasel, Rheingasse, Gasthaus »Zum Bären«**: Treffpunkt der Basler radikalen Demokraten, wo auch die deutschen Emigranten verkehren. Dorthin wendet sich 1848 der preußische Demokrat Sigismund Borkheim:

»Der Polizeidirektor Dr. Bischoff führte eben ein sehr eifriges Gespräch mit Doll [einem deutschen Freischarenoffizier, engem Freund von Hecker] und als die

anwesenden Badenser das Hecker-Lied anstimmten, fielen Bischoff und Doll recht kräftig ein. Mir waren Wort und Weise fremd, ich sang nicht mit, wurde deshalb »kaibe Prüss« [saudoofer Preuße] tituliert, und da ich mir diese Bezeichnung höflich verbat, vom Wirt ersucht, den Fleck zu räumen. Die Leute drangen auf mich ein, und als ich, zur Türe geschoben, dem polizeilichen Oberhaupte zurief, er werde mich hoffentlich gegen eine solch brutale Behandlung schützen, lächelte er einfach, schlürfte seinen Wein und gab mir durch eine Handbewegung zu verstehen, ich möchte verschwinden.«

Rheingasse 8, **Gasthaus »Zum Weißen Kreuz«**, mit einem württembergischen Wirt: Hier wird am 20. 9. 1848 der 2. badische Aufstand geplant, der Marsch nach Lörrach. Im Haus wohnt seit einigen Wochen der Schwabe Theodor Mögling, der beim Heckerzug dabei war und nun vom Wirt gegenüber der Polizei verheimlicht wird. Mögling, bisher mit Hecker in Muttenz, will in Ruhe seine Erlebnisse beim Heckerzug niederschreiben. Struve platzt herein, nachdem er in der Gerbergasse den Druck seiner Zeitung überwacht hat, und trifft den Rheinhessen Friedrich Doll und den Koblenzer Moritz Wilhelm Löwenfels, beide Freischarenoffiziere. Andere Flüchtlinge kommen hinzu und drängen auf das sofortige Losschlagen. Die Lörracher Bürgerwehr sagt zu mitzumachen. Mögling rät als einziger ab. Struve sagt den Lörrachern schriftlich zu, morgen (21.) dort zu erscheinen, durch Eilboten fordert er von anderen Flüchtlingszentren in der Schweiz Unterstützung an. Donnerstag, den 21. 9., Besprechung des Marschplans im »**Weißen Kreuz**«, zusammen mit Wilhelm Liebknecht. Um 13 Uhr geht Struve einige Straßen weiter in die **Obere Rebgasse 16, Gasthaus »Lamm«** (Stammlokal des »*Deutschen Demokratischen Vereins*«), von wo man abmarschieren will. Kommandant wird Löwenfels, weil Becker noch nicht eingetroffen ist.

Wilhelm Liebknecht stellt inzwischen gegenüber Säckingen eine andere Freischar zusammen, wird aber beim Rheinübergang festgenommen.

15.30 Uhr Abmarsch mit rund einem Dutzend Freischärler in Zivil und ohne Waffen, zum Claraplatz, bei der Theodorskirche durchs

Riehentor Richtung Riehen-Lörrach. Eine ganze andere Asylpolitik der Schweiz zeigt sich 1848 und noch öfters, wenn es um Gegner der Revolution geht, Anhänger der Fürsten. Während der Lörracher Republik kommen monarchistische Flüchtlinge ans Tor, denen man ohne weiteres Asyl gewährt. Ähnliches passiert im Mai 1849, als viele reiche Leute aus Angst vor den Freischärlern sich und ihr Vermögen über die Grenze retten. Viele der 400 reaktionären Flüchtlinge kommen in Kleinbasler Gasthäusern unter, vor allem im **»Roten Löwen« (Utengasse/ Greifengasse 18)**, der das Stammlokal der deutschen Demokratiefeinde wird, weshalb es drinnen immer wieder politische Zusammenstöße gibt. Die Basler Demokraten antworten mit Katzenmusiken vor den ›royalistischen‹ Kneipen.

Nach der Zerschlagung der Lörracher Republik veranstalten ärmere Basler Radikaldemokraten und auswärtige Gesellen vom 26. bis 28. 9. 1848 in der ganzen Stadt »*Schwabenjagden*«. Wer von den deutschen Gesellen, die in Basel in Arbeit stehen, sich dem 2. Aufstand nicht angeschlossen hat, wird schikaniert.

André Salvisberg: Revolution in Basel, 1998; Markus Kutter: Jetzt wird die Schweiz ein Bundesstaat, 1998.

▩ BIRSFELDEN

Rheininsel, heute Kraftwerk und Schleuse: Auf der Insel sperrten 1349 die Basler Zünfte gefangene Juden in ein Holzgerüst ein und verbrannten sie, ähnlich wie in Straßburg (Kap. 6). Alles angeblich wegen des Massensterbens in der Pest, in Wirklichkeit ließen die soeben an die Macht gekommenen Zünfte die Juden für die Konkurrenz büßen und raubten Vermögen zusammen.

Verbrennen von Juden

Druckerei von Johann Ulrich Walser, 1848 eingerichtet in der Demokratenkneipe *»Gasthaus Stab«*, Hauptstraße 48 (heute Wohn- und Geschäftshaus). Der Drucker (Großvater des Schriftstellers Robert Walser), gebürtig aus Teufen (Appenzell Außerrhoden), war einst Theologiestudent in Tübingen und wegen revolutionärer Betätigung inhaftiert, wurde Pfarrer in Liestal, aber aus politischen Gründen aus dem Pfarramt verjagt. Im Sommer 1848 bringt er illegal einen brisanten Untergrunddruck heraus: Struve/ Heinzen: *»Plan zur Revolutionierung und Republikanisierung Deutschlands«.* Darin ziehen die Autoren die Konsequenzen aus dem übereilten und gutmütigen Heckerzug vom April. Es setzt harte Töne, die freilich nur die Revolutionstechnik betreffen, nicht die Frage, wie man die Bevölkerung besser gewinnen könne. Daneben finden sich nationalistische Ansprüche bis in Gebiete der Tschechen und Italiener hinein. Bei Walser erscheinen auch Struves *»Grundrechte des deutschen Volkes«* und 1849 nach der Hinrichtung des Rümminger Demokraten Friedrich Neff dessen *»Letzter Brief«* an seine Mutter. Walser muss für seine Verlegertätigkeit selbst im liberalen Kanton Baselland büßen, Struve wird aus seinem Birsfelder Asyl ausgewiesen und weicht nach Rheinfelden (Aargau) aus. Karl Heinzen bringt weitere Flugschriften im Exilverlag Belle-Vue von Kreuzlingen heraus (siehe Kap. 9).

Gustav Struve/Karl Heinzen: Plan zur Revolutionierung und Republikanisierung Deutschlands (Birsfelden 1848; je 1 Exemplar nur in der Landesbibliothek Bern und in der Kantonsbibliothek Liestal, in keiner deutschen Bibliothek); Haasis: Artikel über Heinzen, in: Manfred Asendorf/ Rolf von Bockel (Hg.): Demokratische Wege. Deutsche Lebensläufe aus fünf Jahrhunderten, 1997, S. 253f.

In dem Ort war 1848 auch Wilhelm Liebknecht im Exil, von hier aus stieß er am 21. 9. zum Treffpunkt der Freischärler nach **Kleinbasel** ins »**Weiße Kreuz**«. Später war er einflussreicher Sozialdemokrat im Deutschen Reich, sein Sohn Karl eine legendäre Gestalt neben Rosa Luxemburg wurde mit ihr 1919 von rechtsradikalen Soldaten ermordet.
Nach der Zerschlagung der badischen Demokratie bezieht Franz Zitz, Mainzer Abgeordneter in Frankfurt und Kommandant des Rheinhessischen Armeekorps in der Pfalz, am 19. 6. 1849 vorübergehend in Birsfelden Asyl, bevor er in die USA auswandert.

MUTTENZ

Das Gasthaus »**Zum Schlüssel**«, Burggasse 2, existiert noch heute. 1848 war es Heckers ›Hauptquartier‹, wo er seine Anhänger, die aus Deutschland zu seiner Verehrung kamen, empfing. Mit dem Wirt Johannes Mesmer genoss Hecker den Schutz eines Liestaler Regierungsrats.

Gasthaus »Zum Schlüssel« in Muttenz (zweites Gebäude von rechts)

LIESTAL

Die ersten Fabriken entstanden in **Füllinsdorf** und **Nieder-Schönthal** an der Ergolz (nördliche Ortsteile von Liestal). Der Karlsruher Demokrat Ernst Alexander Jägerschmid muss 1789 nach Liestal fliehen. Er ist Bergbauingenieur, Chemiker, Fachmann für Sensenfabriken und Geschäftsführer der Eisenwerke der Basler Familie Zaeslin, die hier vier Drahtzüge und Kupfer- und Hammerschmieden betreiben. Seine Arbeitsstelle, das Untere Werk, lag bei der **Mündung des Deichs in die Ergolz**. 1798 prägt Jägerschmid hier die Münzen der Helvetischen Republik. 1799 bekommt er das Bürgerrecht, weil er *»vieles für die Revolution getan hat«,* die helvetische in Baselland.

Im Geheimen arbeitet er seit 1796 mit einem Netz von Gesinnungsgenossen zwischen Oberrhein und Bayern und deutschen Emigranten im Elsaß auf eine deutsche Revolution hin. Die französische Armee verspricht Hilfe für einen demokratischen Umsturz, doch sobald sie gut über den Rhein gekommen ist, lässt sie die deutschen Freunde fallen. So verrät die Armee zwischen 1796 und 1799 dreimal vereinbarte Pläne, bis die deutschen Jakobiner zermürbt aufgeben. Enttäuscht geht Jägerschmid, der nicht mehr zurück nach Deutschland kann, ins

Elsaß. 1833 stirbt er verarmt in Toulouse.

Haasis: Ernst A. Jägerschmid – ein verfrühter badischer Republikaner im Lande Basel, in: Dreiland-Zeitung, Basel, Jg. 5, 8. 12. 1995, Nr. 49, S. 9; Hans-Rudolf Heyer: Die Kunstdenkmäler des Kantons Basel-Landschaft, Bd. 2, Basel 1974, S. 126-135 (Baugeschichte).

Rathaus: Die Basler schließen Ende 1831 aus ihrem Stadtverband 46 rebellische Ortschaften aus, die am 17. 3. 1832 im Rathaus den neuen Kanton Baselland gründen. Basel versucht es 1833 nochmals, erleidet aber blutige Niederlagen an der **Hülftenschanze** und im **Hardwald bei Pratteln**. Errichtung eines Freiheitsbaums vor dem Rathaus mit Tanz.

Friedhof: beim Eingang nach rechts zum Grabmal von Emma und Georg Herwegh. Weil der Stuttgarter Herwegh nicht ins württembergische Militär will, muss er 1839 in die Schweiz emigrieren. Zuerst wird er aus Zürich ausgewiesen, erst der Kanton Aargau erlaubt die Heirat mit Emma. 1843 gehen die beiden nach Paris, von wo sie 1848 mit einer »*fürchterlichen*« Arbeiterlegion nach Südbaden einmarschieren. Danach Exil in Frankreich, Genf, 1851 Zürich. Ab 1866 leben die Herweghs nach der Amnestie in Baden-Baden, verarmt und vergessen. 1875 wird Georgs Leiche nach Liestal überführt. Emma geht nach Paris und lässt sich ebenfalls in Liestal beisetzen. Beide stifteten ihren Nachlass dem Kanton, wo er heute betreut wird und zu sehen ist.

Das **Bauernkriegsdenkmal** stand bisher vor dem Obertor beim »**Engel**«: Ein Obelisk (1904) für sieben umgebrachte Bauernrebellen des großen, ziemlich vergessenen Schweizer Bauernkriegs von 1653. Bei der Schlacht von Wohlenschwil am 3. 6. 1653 nehmen auch Basellandschäftler unter einer originellen, leider verlorenen Fahne teil: vier Bauern auf weißem Seidentuch, der 1. trägt einen Degen an seiner Seite und eine Haue, der 2. eine Reuthaue auf dem Rücken, der 3. eine Schaufel, der 4. erhebt in alter Schweizertracht die drei Schwurfinger.

Gasthaus »Zum Engel«, der Abriss ist geplant, die Engelstatue über dem Eingang steht jetzt im Museum. Ab 1820 war hier der populäre Haudegen Johann Jakob Buser Wirt und wegen seiner Rebellentätigkeit gegen Baselstadt 1798 und 1830-33 »*General Buser*« genannt. General ist er in Wirklichkeit nie gewesen. Er stammte aus **Sissach** und war dort zuerst Wirt des Gasthauses »**Freiheit**«. Nach dem 1. Sieg von Baselstadt über Baselland 1830 muss Buser emigrieren. 1831 erfolgt ein erneuter Aufschwung der Trennungsbewegung gegen Basel, was sich im provokativen

Liestaler Wirtschaft

Tragen einer rot-weißen Kokarde und im Aufstellen neuer Freiheitsbäume ankündigt. In **Sissach** trägt der Baum in jakobinischer Tradition die Aufschrift: »*Wer mich berührt, der soll des Todes sterben.*« Der Freiheitsbaum in **Therwil**: »*Schweizer wollen wir bleiben, aber die Basler sollen nicht auf uns reiten.*« Rebellenversammlungen in Wirtshäusern. Dagegen beabsichtigt der Basler Polizeidirektor einen nächtlichen Überfall auf **Liestal** und die Verschleppung der Anführer.

Busers Memoiren sind noch immer herzerfrischend zu lesen, haben etwas Spätjakobinisches an sich, ein Neudruck wäre lohnend. Für seinen Grabstein wünschte Buser sich den Spruch: »*Hier ruht der General / Spart ihm die letzte Qual / Dass auf zehn Schritt kein Aristokrat / Seinem Hügel naht!*«

Vor der Wirtschaft fand 1831 eine gewaltige Landsgemeinde des ganzen Baselbiets statt, mit 3.000 Teilnehmern, die die Trennung von der Stadt beschlossen.

Gasthaus »Zum Schlüssel«, Rathausstraße 72: Am 18. 8. 1831 versammeln sich hier 40 Baselbieter Großräte und fordern die Unabhängigkeit der Landschaft von der Stadt. Beginn des 2. Aufstands gegen Basel: Beschlagnahmung der Akten beim Basler Statthalter und dessen Ausweisung, ähnliches ereignet sich in Sissach. Das Land wird mobilisiert, eine Truppe marschiert aus Basel heran, die die Baselbieter bei der Hülftenschanze besiegt und Liestal beschießt. Doch außer der Beseitigung des Freiheitsbaumes erreichen die Basler nichts.

Die **Hülftenschanze**: (nördlich von Liestal-Frenkendorf, zwischen der Eisenbahn und der Straßenabzweigung nach Kaiseraugst; wer mit dem Auto fährt, muss von Pratteln kommen, kein Linksabbiegen auf der Schnellstraße) war damals ein Wehrbau (Schanze mit hölzernem Wachhaus). Hier greifen 1.300 Basler Soldaten von Pratteln her (deshalb auch oft Schlacht bei Pratteln genannt) am 3. 8. 1833 die Baselbieter an. Zuerst scheinen die Baselstädter zu siegen, dann aber meutert und flieht ihre gezwungene Mannschaft. Endgültiger Sieg der Landschaft über die Basler. Die eidgenössische Tagsatzung lässt den ganzen Kanton besetzen und erklärt die Trennung. – Diese Erfahrung macht die Liestaler verständnisvoll für die deutschen Flüchtlinge, die von ihren Herrschern vertrieben werden.

Ein heute vergessenes Denkmal für diese Schlacht liegt in einem **Wäldchen**, in der sogenannten **Griengrube**, südlich der Hülftenschanze (westlich der Eisenbahnlinie, am besten von der Schanze hierher zu Fuß).

Wilhelm Schulz-Stutz: Ernste und heitere Notizen zur Geschichte von Baselland und von Liestal. Aus den Jahren 1832-1835, 1. Aufl. 1875, Neudruck Liestal 1931 (mit Beschreibungen der Gefechte und der politischen Volkskultur; Exemplar im Kantonsarchiv Liestal); (Johann Jacob) Buser: Denkwürdigkeiten aus General Busers politischem Lebenslaufe, 2. Aufl. Liestal 1841 (Exemplar in der Staatsbibliothek München); Baselland vor 150 Jahren – Wende und Aufbruch, 1982, S. 210-234 (über die Loslösung von Basel 1830-33); Matthias Manz: Die Basler Landschaft in der Helvetik (1798-1803), Liestal 1991.

1848. Wirtshaus, Hinterzimmer und Salon. Deutsche Demokraten im Baselbieter Exil (Dichtermuseum/Herwegh-Archiv in Liestal/Schweiz), 1998; Nationalität trennt, Freiheit verbindet. Lörrach, Liestal, Mulhouse. Ein trinationales Ausstellungsprojekt. 1998.

Dichtermuseum, Stadtmuseum, Herwegh-Archiv, Rathaus 3. Stock, Rathausstraße 36. Tel/Fax 0041-61-927 52 99. Hier sind zu sehen u.a. Busers Originalwirtshausschild vom Gasthaus *»Zur Freiheit«* in Sissach, mit der Aufschrift *»Zum General B[user] 1831. 1832. 1833 von Sissach«.*

▩ AARAU

Nach 1815 entwickelt sich hier am frühesten in der Schweiz ein neuer demokratischer Geist, deutschen Flüchtlingen gegenüber aufgeschlossen. Zu den Koryphäen dieser Kolonie zählen Heinrich Zschokke, ein deutscher Jakobiner aus Magdeburg, in der Schweiz Protaganist der Helvetischen Republik, populärer Erzähler und Journalist, noch immer interessant seine Autobiografie *»Eine Selbstschau« (1842);* der württembergische Offizier Karl Friedrich von Penasse, einst Teilnehmer einer Verschwörung in der Ulmer Festung für eine süddeutsche Republik, Polizeidirektor

in Aarau. 1820 kommt Joseph Görres von seinem Straßburger Exil hierher.
Die Gaststätten teilen sich nach Parteirichtungen auf: im »**Storchen**« die Liberalen, im »**Wilden Mann**« die Gemäßigten, im »**Ochsen**« die Aristokraten.
1830 verweigern die Aargauer die Neuwahlen zu einer als aristokratisch empfundenen Verfassung und pflanzen allenthalben wieder Freiheitsbäume.
Der radikale Kanton provoziert 1841 den Sonderbundkrieg, als er in seinem Bereich die Klöster schließt. Dieser Anstoß führt zur Modernisierung der Schweiz, einem Auftrieb der deutschen Demokraten und 1847 einem Sieg über die Reaktion der katholischen Innerschweiz.

Rolf Weber (Hg.): Rosen unter Alpenschnee. Deutsche Emigranten in der Schweiz 1820–1885, 1983.

■ LÖRRACH

Stetten, Grenze: Nach der Niederlage von Herweghs Arbeiterlegion in Dossenbach blockieren württembergische Truppen am 28. 4. 1848 die Grenze. 394 Freischärler geraten in Gefangenschaft, 2 werden sofort erschossen.
Gasthaus »Zum Rössle« an der Grenze: davor hält Struve am 21. 9. 1848 der Stettener Bürgerwehr und vielen Neugierigen eine Ansprache. Neff nimmt vorher die Grenzwächter gefangen und stellt Waffen bereit. Weiter geht's zu Fuß nach Lörrach zur Ausrufung der deutschen Republik.
Die **Villa Aichele**, am Südrand der Stadt in der **Basler Straße**, tut sich heute durch Kunstausstellungen hervor. Einst befand sich hier das Hauptquartier der Gestapo, woran heute nichts mehr erinnern soll.
Altes Rathaus, Wallbrunnstraße, neben dem Marktplatz: Der Bürgermeister Weidenbach gibt sich Anfang 1798 als Lockspitzel her, um die badische Umsturzbewegung, die den Rastatter Kongress sprengen und eine süddeutsche Republik errichten will, zu verraten. Ein ganz anderer Lörracher ist der Bäckermeister Vollmer, der um 1796 unter dem umgedrehten Namen »*Remlow*« als

Gustav Struve als badischer Freischärler

konspirativer Bote die einzelnen Aufstandsgruppen im deutschen Südwesten untereinander in Verbindung bringt. Er befördert die konspirative Korrespondenz von Jägerschmid (Liestal) und Krutthofer nach Ulm, Augsburg, Regensburg und München und koordiniert die Kommunikation der demokratischen Stützpunkte zwischen Zürich, Oberschwaben und Mainz.

Wieder ein anderes Lörrach im Sommer 1796: Diplomatie und Militär der Franzosen ermuntern zuerst die süddeutschen Jakobiner zu einem Aufstand, um so die eigenen Truppen leichter über den Rhein bringen zu können, verraten aber die deutschen Demokraten, nachdem der Rheinübergang gelungen ist. Grundsatz: *»Im Rücken der Armee duldet man keine Revolution!«* Deshalb erscheint Bacher, Nachrichtendienstchef der Basler Gesandtschaft, am 16. 7. 1796 in Lörrach mit einem Trupp Soldaten, um den badischen Jakobiner Jägerschmid festzunehmen. Dennoch wird hier am 23. 7. ein Freiheitsbaum errichtet, man erwartet eine Revolution - nur die Franzosen wollen nicht.

Die Lörracher sind 1848 zuerst zurückhaltend. Während Hecker am 19. 4. die Bürgerwehr auffordert, nach Kandern zu kommen, lehnt der Gemeinderat ab. Hecker dazu: im Augenblick besitzte *»die Partei der Geldsäcke im Gemeinderate das Übergewicht«*. Als am nächsten Tag die verspätete Kolonne Weißhaar mit 800 Mann durch Lörrach marschiert, schließen sich nur 3-4 Lörracher an, darunter Neff aus Rümmingen.

Vom **Balkon des Rathauses** ruft Struve am 21. 9. 1848 die deutsche Republik aus, gestützt auf die vollständig zu ihm übergegangene Lörracher Bürgerwehr mit dem 24jährigen Markus Pflüger, Wirt des Gasthauses **»Hirsch«** (**Tumringer Straße**, heute dort das **Kaufhaus Hertie**, Pflüger ist später lange Reichstagsabgeordneter, der sich von Bismarcks Politik trennt). Die Parolen stammen aus dem Offenburger Programm: *»Wohlstand, Bildung und Freiheit für alle.«* Die großherzoglichen Hoheitszeichen werden von den Gebäuden entfernt, dafür rote Tafeln mit der Aufschrift *»Deutsche Republik«* angebracht. Auf dem Marktbrunnen flattert die rote Fahne. Bekannte Reaktionäre bekommen Hausarrest, die Staatskassen werden beschlagnahmt, erweisen sich aber als leer, die Männer von 18-40 Jahren werden für die *»Freiheitsarmee«* eingezogen. Am stärksten beteiligt sich das benachbarte **Inzlingen**. Die Lörracher Republik erreicht rund 10.000 bewaffnete Mitkämpfer, endet aber nach drei Tagen mit der Niederlage von **Staufen**. Dort wird eine völlig harmlose 5köpfige Musikergruppe aus Weil/Rhein von den Preußen standrechtlich erschossen.

Die Schweiz, bedroht von Österreich und Preußen, verweist die Flüchtlinge auf mindestens 6 Stunden Wegstrecke von der Grenze weg.

Rathaus: Im November 1847 begeistert sich der Bürgermeister Carl Wenner für die Radikaldemokraten in der Schweiz mit ihrem Sonderbundskrieg. Er regt eine Grußadresse an die Tagsatzung in Bern an und bekommt dafür in der Stadt 227 Unterschriften. *»In dem Kampfe sehen wir nicht bloß einen Schweizer Krieg, sondern einen Kampf für die Freiheit aller, für Licht und Wahrheit überhaupt, – einen Kampf im Namen der Kultur und der ewigen Menschenrechte.«*

Gasthaus »Zum Wilden Mann«, Basler Straße 172, am Marktplatz: in den 1840er Jahren im Besitz des liberalen Bürgermeisters Wenner, der das Haus für viele Demokratenversammlungen offenhielt.

Nationalität trennt, Freiheit verbindet. Lörrach, Liestal, Mulhouse. Ein trinationales Ausstellungsprojekt. 1998 (hier viele Details zu Kandern, Staufen, Schusterinsel usw.).

Museum am Burghof, Basler Straße, Mi-Sa 14-17, So 11-13, 14-17 Uhr (viele Objekte und Bilder aus der 48er Revolution).

HECKERZUG

Der Zug beginnt in **Konstanz**. Dem Aufruf Heckers vom 12. 4. 1848 folgen am nächsten Tag nur

Friedrich Hecker

40 Männern, die zumeist schlecht bewaffnet sind. Heckers ursprünglicher Plan: Marsch mit 4 Kolonnen nach Karlsruhe und Frankfurt, dort aber nur als Schutzwache für das Parlament, keine Staatsstreichpläne. Heckers Vision beim Ausmarsch:

»Wir wollten vertilgen die despotischen Reste des Mittelalters und gründen den freien Volksstaat. Im Gespräch über die Vorzeit und kühne Taten der Bewohner vom See, wie einst Konstanz tapfer gestritten gegen äußere Dränger und den Übermut der Geschlechter in der Stadt, zogen Dr. Kaiser und ich vor unserem Heerhäuflein her, mit Trommelschall durch ein Dörflein hindurch, wo Glück und Segen und gutes Gelingen uns zugerufen wurde und biederer Händedruck uns begrüßte.«

Der Zug geht weiter nach **Wollmatingen, Stockach, Engen,** südlich an **Donaueschingen** vorbei nach **Stühlingen, St. Blasien, Bernau, Schönau, Steinen**, am 20. 4. 1848 Niederlage bei **Kandern.** Am Ende sind es rund 1.000 Mitstreiter, die meisten aber völlig unzureichend mit Sensen bewaffnet. Die 2. Kolonne Weißhaar wird am 21. 4. in **Rheinfelden** geschlagen.

Friedrich Hecker: Die Erhebung des Volkes in Baden für die deutsche Republik 1848, Basel 1848, Reprint Karlsruhe 1997; Gustav Struve: Geschichte der drei Volkserhebungen in Baden 1848/1849, Bern 1849, Reprint Freiburg 1980; Amalie und Gustav Struve: Heftiges Feuer. Geschichte der badischen Revolution 1848. Mit einer Einführung von Irmtraud Götz von Olenhusen, 1998.

▩ KOLONNE SIGEL

Mit 80 Nachzüglern zieht Sigel am 14. 4. 1848 von **Konstanz** los und will Heckers Truppe in **Freiburg** treffen. Mit dabei der Schweizer Bürger Schieber, dessen Augenzeugenbericht lange verschollen war. Wer etwas besonderes erleben will, schnappt ein Rad und fährt die Route ab, mit diesem Bericht und einer Radkarte auf dem Lenker. Route: **Hegne, Allensbach, Kaltbrunn, Radolfzell, Böhringen, Singen** (»*Krone*«), **Hilzingen, Binningen, Tengen, Riedöschingen**. (Die Kolonne hat jetzt 873 Mann, die meisten nur Sensenmänner.) **Blumberg, Fützen, Grimmelshofen, Weizen, Stühlingen, Waldshut, Tiefenhäusern, Höchenschwand** (noch nicht 2.000 Mann, 18 Wagen, 49 Pferde, die von 20 Frauen und Mädchen getränkt werden), **Häusern, St. Blasien, Riggenbach** (dort steht ein Freiheitsbaum, nicht der 1. während des Zugs, mit der martialischen Aufschrift: *»Für die Freiheit/Unser höchstes Gut/Ströme willig/Unser letztes Blut«),* **Bernau, Ehingen** (Freiheitsbaum), **Präg, Gschwend, Schönau** (hier erfahren sie von der Niederlage bei Kandern), **Zell in Wiesental** (*»Desertionslust«*), **Todtnau** (hier kommen von Beckers deutsch-schweizerischer Legion 22 Mann auf 2 Wagen an, *(»sie führen sehr schöne Büchsen und sehen gebildet aus«*), **Muggenbrunn** (noch tiefer Schnee, *»der Berg glich durch dieses wüste Land schon einem Totengang, was er für uns wurde! nämlich für den Freiheitsplan«),* **Horben, Günterstal, Freiburg**. Niederlage, Rückmarsch nach **Todtnau**, der Berichterstatter geht bei **Laufenburg** in die Schweiz.

Schieber: Konstanzer Freiheits-Chronik vom Jahr 1848. Konstanz 1848, Reprint 1998.

▩ DIE DEUTSCHE LEGION AUS PARIS

Nach 18 Tagen Marsch durch Frankreich kommt die Legion in **Straßburg** Mitte April 1848 an. Während man einige Tage wartet, unternehmen Emma Herwegh und andere Kundschafterreisen. Endlich spendiert die französische Eisenbahndirektion von Strasbourg den 650 Freischärlern eine Freifahrt den Rhein aufwärts nach **Bantzenheim**. Vorher wurde mit Becker, der mit einem Teil seiner Arbeiterlegion aus der Schweiz Basel passiert hat, vereinbart, sich in **Hüningen** zu treffen. Durch Heckers Verzögerungstaktik trifft die Pariser Legion viel zu spät in Südbaden an.

Der Maire von **Bantzenheim** gewährt auch ohne Empfehlung Quartiere – jede Autorität von Paris und Strasbourg hat sich um eine Unterstützung herumgedrückt. Corvin übernachtet in **Chalampé**, direkt am Rhein, **Neuenburg** gegenüber, dazwischen lag damals eine Rheininsel. Da Neuenburg von 550 badischen Soldaten besetzt ist, veranstaltet Corvin um Mitternacht einen Scheinangriff. In der Stadt sehen sich ängstliche Bürger schon von Räubern und Mördern überfallen und flüchten mit Sack und Pack, die badischen Truppen rühren sich nicht.

Am 2. Tag, dem Ostersonntag, werden 200 Gewehre und 2.000 Patronen ausgegeben. Um 21 Uhr erfolgt der Abmarsch nach **Kembs**, vor dem Ort setzt die Legion mit Schiffen über, landet weit flussabwärts bei **Rheinweiler** und marschiert nach **Tannenkirch** in die Berge, wo die Truppe schon Tische

Georg Herwegh

zum Frühstück aufgestellt findet. Bei strömendem Regen marschiert sie weiter nach **Kandern**, wo die Bevölkerung ebenfalls sehr freundlich ist. Einige Tage vorher ist hier Heckers Truppe geschlagen worden. Corvins Ziel: die Vereinigung mit Sigels Kolonne, die aber am selben Tag in Freiburg besiegt wird. Weiter nach Norden ins Gebirge hoch nach **Vogelbach** und **Marzell**, wo Corvin die Herweghs vorfindet. Übernachtung. Am nächsten Tag gibt es durchweichte Stiefel und Fußkranke. Auf sehr beschwerlichen Gebirgswegen, die kein Wagen mehr fahren kann, geht es zwischen **Sirnitz** (1104 m) und **Köhlgarten** (1224 m) hindurch nach **Münsterhalden** ins Untermünstertal, wo die Einwohner ihre Häuser verschlossen haben. Als sich herausstellt, dass es deutsche Republikaner sind, öffnen sich die Häuser, Essen wird auf die Straße gebracht, die geflüchteten Frauen und Mädchen kehren zurück.

Nun erzählt ihnen hier ein Flüchtling von der Freiburger Niederlage. Feindliche Truppen werden in **Stauffen** vermutet. Aus Wut über den verräterischen Bürgermeister holen sich die Freischärler Waffen aus den Häusern. In der Hoffnung, Sigels Kolonne zu treffen, marschieren sie durch das Obermünstertal in Richtung **Wieden**. Dort stellt sich heraus, dass Sigels Truppe bereits zerschlagen ist. Infolge von Irrwegen, Müdigkeit, Aussichtslosigkeit angesichts der Berggipfel (viele über 1110 m hoch) und strömendem Regen gibt es bei der Einteilung der Nachtwachen teilweise Befehlsverweigerungen. Corvin, gedienter preußischer Offizier, macht für den Mangel an militärischer Disziplin bei den demokratischen Freiwilligen *»das fahrige, räsonnierende Handwerksburschenwesen«* verantwortlich.

Der Plan muss geändert werden: Marschziel ist nun die Schweiz, um sich dort mit den Resten der Freischaren und Beckers Schweizer Legion für einen neuen Einfall nach Baden zu vereinigen. Um dem überlegenen, bisher siegreichen Militär auszuweichen, marschiert die Legion auf eigentlich unpassierbaren Gebirgswegen über den Belchen (1414 m): ein Stück Guerillataktik, begünstigt durch dichten Nebel und Regen. *»Der Weg war sehr beschwerlich und wurde es im-*

Corvin (zu Pferd) kommandiert in Mannheim 1849 eine Batterie

mer mehr, je höher wir hinaufkamen. Bald gerieten wir in den Schnee und sanken oft bis an die Knie hinein.« In den nächsten Dörfern unten gibt es keine Verpflegung, die Legion zieht weiter nach **Zell**, wo der Bürgermeister sie beschwört, wegen der in **Schopfheim** liegenden Soldaten weiterzumarschieren. Am Ortsausgang gegen Schopfheim wird eine Barrikade errichtet, u. a. mit einem herbeigeholten Schäferkarren, worin der Schäfer seinen Rausch ausschläft. Die Zeller treiben indessen ihre Pferde und Kühe aus dem Ort, um keine Spanndienste leisten zu müssen. Um 23 Uhr Weitermarsch an der Hohen Möhr (983 m) vorbei ins nächste Tal nach **Hasel** und **Wehr**. Die Legion ist nach 20 Stunden Marsch völlig erschöpft und ausgehungert, viele schlafen im Gehen oder fallen schlafend um. Aber es geht bald weiter nach **Dossenbach**, wo württembergische Soldaten auftauchen. Corvin stellt die Legion am Waldsaum auf, die Württemberger rücken unter Trommelschlagen vor. Die Legion hat keine Chancen, da ihre Scharfschützen nur 3- 5 Patronen besitzen. Die 300 Gegner siegen, weil sie ausgeruht und nicht hungrig sind, vorzügliche Gewehre und je 60 Patronen besitzen. *»Während des Gefechts und auf dem Rückzug sind 30 von unsern Leuten gefallen; in Dossenbach selbst wurden, wie man mir erzählte, nur 9 begraben; mehrere ertranken auf der Flucht im Rhein; einen erhängten die Württemberger im Walde!«*

Viele wurden verwundet und gefangen. Ein Förster führt die zusammengeschmolzene Truppe durch den Wald Richtung **Beuggen** und **Karsau**. Ein Bauer aus Karsau, wo auch die Herweghs unter Todesgefahr versteckt werden, warnt die Flüchtlinge, die Württemberger seien schon informiert, aber in Karsau könne man ihnen weiterhelfen. Im Wirtshaus am Ortsende werden sie von Württembergern überrascht, Corvin entkommt durch die Hintertür, rutscht die Hänge zum Rheintal hinunter, versteckt sich in einer Waldschlucht und genehmigt sich erst einmal eine Mütze Schlaf von zwei Stunden. Die ganze Gegend ist mit württembergischen Wachtposten besetzt. Drei weitere Flüchtlinge finden zu ihm. Ein Schmied von Karsau holt die vier bei Einbruch der Dunkelheit in sein Haus.

»Mit welcher Gier fielen wir über die Suppe von Brot und Kartoffeln her, welche der ehrliche Mann uns vorsetzte und die wir der Vorsicht wegen im Dunkeln verzehrten. Bis hieher hatten meine Kräfte ausgereicht; jetzt aber fiel ich plötzlich um und erwachte am andern Morgen zu meinem großen Erstaunen im Kuhstall. Auf meine Frage erwiderte einer meiner Kameraden. ›Ja du warst tüchtig besoffen und hast allerlei

Zeug vom Gefecht und von Reitern geschwatzt und wolltest durchaus in den Wald zu unsern Kameraden‹.«

Als am Samstagfrüh Einquartierung kommt, verkleidet sich Corvin als Gesell und arbeitet in der Schmiede mit als *»Fritz, der Nassauer«*. Der Schmied nimmt ihn mit Werkzeugen ins Nachbardorf **Nollingen** mit, wo sie neben Soldaten im Wirtshaus sitzen und einen Schiffer finden, der beide auf dem Boden des Schiffes liegend ans Schweizer Ufer bringt. Sie gehen ins **schweizerische Rheinfelden**, finden im »**Gasthaus zum Schiff**« schon die Herweghs, die mit Hilfe einer anderen Karsauer Familie entkommen sind. *»Wir weinten alle vor Freuden, uns nach solchen Gefahren frei wiederzusehen. Alle hielten mich für tot.«*

Es wäre ein schönes Dankeszeichen, wenn dem Ort **Karsau** und seinen vielen mutigen Fluchthelfern ein Denkmal gesetzt würde: DEN UNBEKANNTEN FLUCHTHELFERN. Einen Grundstein dafür hat schon Corvin gesetzt:

»Halb verhungert und völlig atemlos irrten die unglücklichen Menschen [nach der Niederlage von Dossenbach] im Wald umher und gewiss würden viele vor Elend umgekommen sein, wenn die braven Bewohner von Karsau sich nicht oft mit Lebensgefahr in den Wald geschlichen und den Armen Lebensmittel gebracht hätten. Eine große Anzahl der Flüchtlinge wurde von ihnen versteckt und dann über den Rhein geschafft.«

Otto von Corvin: Die erste Expedition der deutschen republikanischen Legion, Arnstadt 1849 (66 S., Exemplar in der Bayerischen Staatsbibliothek München; ein glänzendes Werk, Nachdruck nötig. Corvin war der Generalstabschef der Legion, als Ostpreuße bei den Süddeutschen nicht beliebt, aber ein vorzüglicher Berichterstatter); Emma Herwegh: Im Interesse der Wahrheit. Zur Geschichte der deutschen demokratischen Legion aus Paris, von einer Hochverräterin. (1849) Nach dem unzensierten, handschriftlich ergänzten Exemplar der Autorin hg. und mit einem Nachwort versehen von Horst Brandstätter, Lengwil (Schweiz) 1998; Michail Krausnick: Nicht Magd mit den Knechten – Emma Herwegh, eine biographische Skizze (Marbacher Magazin 83), 1998; Ders.: Die eiserne Lerche. Die Lebensgeschichte des Georg Herwegh, 1998.

▩ WEIL/RHEIN

Die **Schusterinsel** war die Verlängerung der französischen Schiffsbrücke nach Weil, heute ist die Insel verschwunden. Vor den Augen der Basler Polizei verbarrikadieren sich hier ab Gründonnerstag, dem 20. 4. 1848 geschlagene Aufständische mehrere Tage lang in chiliastischer Hoffnung, bald würden revolutionäre Massen sich ihnen anschließen. Das Kommando liegt bei August Willich, der im nächsten Jahr mit der Arbeiterlegion aus Besançon den badisch- pfälzischen

Feldzug mitmachen wird. Die Gemeinden Weil, Hüningen und Kleinhüningen versorgen sie mit Essen und Getränken, der Fährmann bringt Werkzeuge für den Barrikadenbau. Die Sache der Freischärler ist populär. Die Basler machen daraus eine groteske Ostergaudi. Die halbe Stadt pilgert zum Osterspaziergang hinaus und begafft die radikalen Demokraten wie Tiere im Zoo. Die Basler Radikalen dagegen sammeln Geld. Der Basler Karikaturist Hieronymus Hess macht sich mit einem berühmt gewordenen Bild über die Minirepublik lustig. Am 27. 4. 1848 ziehen die Rebellen nach Huningue ab, ins französische Asyl, bis zum nächsten Versuch im September. Beim Abzug schießen sie ihre Gewehre ab, was man selbst in Basel hören kann, wo die Konservativen gleich wieder erbleichen und jammernd ihr Geld verstecken.

Ähnlich verläuft es nochmals nach dem Ende der Lörracher Republik im September 1848. Die Insel verleitet zu illusionären Hoffnungen. Hecker geht lieber nach **Muttenz**, in die Wirtschaft »**Zum Schlüssel**«: das ist seine *»Schusterinsel«*.

Friedhof: Denkmal von 1927 für die in Staufen am 25. 9. 1848 standrechtlich erschossenen 5 Weiler Musikanten.

RIEHEN

Zoll/Grenze: Am 20. 9. 1848 kommen hier 30 Revolutionäre mit Gustav Struve über die Gren-

Die Republik auf der Schusterinsel (Basler Karrikatur von Hieronymus Hess)

ze, um die Lörracher Republik auszurufen. Die Schweizer Zöllner drücken die Augen zu, die Waffen werden erst auf deutschem Gebiet gefasst.

Ab 1933 beleuchtet dieses ins Rechtsrheinische hineinragende Basler Dorf am schärfsten das gnadenlose Schicksal der Flüchtlinge: zwischen tödlichem Nazideutschland und Schweizer Abgrenzung. Vor drohender *»Überfremdung«* , vor der *»Festsetzung wesensfremder Elemente«* warnen die Schweizer Zentralbehörden schon, bevor der erste Strom von Juden und anderen Flüchtlingen ankommt. Ein uraltes nationales Trauma. Dr. Heinrich Rothmund, als Chef der Polizei verantwortlich für die Berner Flüchtlingspolitik, definiert schon im April 1933 die Juden als Wirtschaftsflüchtlinge. Von nun an werden Flüchtlinge, die keine glasklaren Beweise für politische Verfolgung mit sich tragen, meistens abgewiesen, zurück zu den

Grenzzaun bei Riehen um 1940

Nazis und in Lager. Auch polnische Zwangsarbeiter werden nicht als Flüchtlinge anerkannt. Andererseits darf nicht vergessen werden, dass es auch Riehener Bürger gab, die Flüchtlinge unterstützten.

Paradiesstraße 30: Der Hausbesitzer Walter Strub war Mitbegründer der Basler KP, Großrat in Basel, Gemeinderat in Riehen, ein mutiger Fluchthelfer. Sein Sohn erzählt: *»So rief zum Beispiel im Frühsommer 1933 Babette Gross, die Frau und Mitarbeiterin des Verlegers Willi Münzenberg, meinen Vater aus Lörrach an und bat ihn, hinüberzukommen. Meinem Vater war sofort klar, dass sie auf der Flucht war, und er traf sie am Abend in einem Café in Lörrach. Dann führte er sie, mit seinem Pass im Sack, am Arm über die Grenze, auf dem Weg der Bahnlinie entlang. Meine Mutter war groß, eine stattliche Frau, und Babette Gross hatte eine ähnliche Figur, und so schmuggelte er sie als seine ›Gattin‹ im Dunkeln an den Zöllern vorbei. Das ging damals also noch relativ schmerzlos.«*

Dann kommen Friedrich Wolf mit seiner Familie und Louis Fürnberg. Das emigrantenfreundliche Haus wird vom Nachbar gegenüber beobachtet und laufend denunziert. Von da an müssen die Flüchtlinge zum Hintereingang reinkommen. Eine schöne Hilfe von oben: der Basler Regierungsrat Brechbühl, Sozialdemokrat, seit 1935 Leiter des Polizeidepartements, gibt der kommunistischen *»Roten Hilfe«* immer wieder Tips, welchen der illegalen Flüchtlinge man gerade legalisieren könne.

In der **Inzlingerstraße** wohnte eine Basler Familie, die Mutter nahm sich der Flüchtlinge an, sie hatte einen kleinen *»Grenzladen«*. Ihre Tochter berichtet: *»Etwas war mir unheimlich: Wenn ich am Morgen in die Küche zum Frühstück hinunterkam, wusste ich nie, ob nicht wieder fremde Menschen dasitzen würden. Es kam nämlich öfters vor, dass Flüchtlinge, denen es in der Nacht gelungen war, die Grenze zu überschreiten, am Morgen in unserem Haus Zuflucht suchten. Ich erinnere mich gut, wie sie erzählten, auf welche gefahrvolle Art sie den gewaltigen Stacheldrahthag überwunden hatten. Einer war zum Beispiel mit einem Brett, das er auf den Hag legte, darübergestiegen, andere hatten mit Drahtscheren oder mit den Händen ein Loch gemacht und waren hindurchgekrochen. Das schien mir mit meinen acht, neun Jahren fast unmöglich. Ich erinnere mich an ein Ehepaar, das die Nacht im Hühnerstall hinter unserem Haus verbracht hatte und sich dann an der Hintertüre meldete, als die ersten Lichter im Haus aufleuchteten.«* Die Flüchtlinge mussten zur Polizei geschickt werden.

»Riehener Flüchtlingsmutter« nannte man Melanie Rückel-Innerkofler, eine gebürtige Südtiro-

lerin, in der **Baslerstraße 48**, neben dem Polizeiposten. Obwohl sie selbst arm war, versorgte sie umsonst die Flüchtlinge und wurde eine Institution:

»*Zu allen Tages- und Nachtzeiten läutete das Telefon und der Polizeiposten meldete, dass wieder fünf, sechs Flüchtlinge eingetroffen seien. Ich kann mich gut erinnern, dass Mutter während zwei oder drei Jahren in jenem Zimmer schlief, in dem das Telefon stand, damit die Polizei sie jederzeit rufen konnte. Dann stand sie auf, kochte etwas Warmes und brachte es hinüber. Sie hatte kein anderes Engelt dafür als die dankbaren Blicke der Flüchtlinge.*«

Ab 1938 bekamen die Juden auf Grund einer Schweizer Initiative ein »J« in den Pass gestempelt. Rothmund wollte keinen einzigen Juden mehr reinlassen, er sah die »*Verjudung*« der Schweiz vor sich. An der Grenze Riehen kam es häufig zu unmenschlichen Abweisungen, die Zöllner waren schärfer und gehorchten mehr den Berner Anweisungen, im Krieg wurden sie gar dem Militär unterstellt.

Riehen hat 18 km Grüne Grenze, also viele Stellen zur Flucht: der **Bahnhof**, wo die deutsche Bahn über Schweizer Territorium fährt; der **Stettenweg** hinter der Bahnlinie; die **Langen Erlen** an der Wiese; vor allem »**die Eiserne Hand**«, ein Kuriosum an der reichlich kuriosen Grenze, ein Zipfel ins deutsche Gebiet hinein ungefähr 1 km lang, den die Nazis aus Kostengründen 1942 nicht mit dem 3 m hohen Zaun eingrenzten. Also gab es hier eine 100 m breite Lücke in der Grenzsicherung. Deshalb patrouillierten hier die Grenzer beider Seiten umso eifriger, die Schweizer wollten keine Flüchtlinge. Viele Fluchtwege wurden von Schweizern verraten, die entweder selbst mit den Nazis sympathisierten oder zumindest Flüchtlinge generell draußen halten wollten. Ab 1942 verhängte Bern unter dem Druck der eigenen Armee eine vollständige Grenzsperre. Eine Lockerung gab es erst nach der Landung der Alliierten in der Normandie, als die deutschen Juden annähernd vollständig ermordet waren. 1944 flüchtete eine Menge Zwangsarbeiter, die nun in der Schweiz interniert wurden. Baselstadt nahm von 1938 bis 1943 mindestens 2.300 jüdische Flüchtlinge auf, ungefähr die Hälfte reiste weiter. Viele der beim Grenzübertritt umgekommenen Flüchtlinge liegen begraben auf dem **Friedhof am Hörnli** (Basel) oder dem **Tüllinger Friedhof**. In **Tumringen** war ein Polenlager.

Lukrezia Seiler/Jean-Claude Wacker: »Fast täglich kamen Flüchtlinge«. Riehen und Bettingen – zwei Schweizer Grenzdörfer in der Kriegszeit. Erinnerungen an die Jahre 1933-1948, Riehen (Basel) 3. Aufl. 1997, S. 23, 134, 152.

Gasthaus »Waldhorn«: Der Wirt Pfunder gilt bei Jägerschmid als sicherer Republikaner und wird deshalb Anfang 1798 nach Basel zu Umsturzvorbereitungen eingeladen. Es kommt zu mehreren konspirativen Treffen auch in der Gaststätte selbst.

Am **Grenzacher Horn**, einem weiteren merkwürdigen Zipfel, wo das deutsche Gebiet nur 200 m breit ist, treffen sich 1798/99 Verschwörer für eine deutsche Republik und zur Sprengung des Rastatter Kongresses, zusammen mit zuverlässigen Bauern der Gegend.

Der in der ganzen Gegend bekannte revolutionäre Demokrat Josef Spehn von Inzlingen, der seit der Lörracher Republik im Grenzgebiet flüchtig ist und oft in Riehen untertaucht, kommt am 31. 3. 1849 von der Schweizer Seite ans Grenzacher Horn und will mit einem Kahn nach Birsfelden übergesetzt werden. Die Grenzwache erkennt den steckbrieflich Gesuchten, dringt auf Schweizer Territorium vor, nimmt ihn gefangen und enführt ihn auf deutschen Boden.

Hotel Eckert am Hörnli: einst Sitz der Gestapo. Hier wohnte auch der Schweizer E., der ab 1943 in seine private Flüchtlingshilfe phantasievoll auch seine Kinder einbezog. Darüber erzählen seine beiden Töchter:

»Ein neuer Name tauchte in den Gesprächen (mit dem Vater) auf, ›Schwester Elisabeth‹ aus Freiburg, vermutlich ein Deckname. Von Schwester Elisabeth kamen Auskünfte und Dokumente. An einem schönen Tag brachte Vater dann plötzlich einen Koffer oder sonst

Das Grenzacher Horn, Treffpunkt der demokratischen Umstürzler

ein Gepäckstück auf seinem Velo aus Grenzach nach Hause. Das stand dann so in der Wohnung herum und dann wussten wir, dass wir an einem der nächsten Tage in den Wald hinaufgehen mussten. Wir spazierten also zu einer bestimmten Zeit durch den Hörnlifriedhof. Beim obern Ausgang beginnt ein schöner Spazierweg durch den Wald, der ausserhalb der Sperrzone lag und während des ganzen Krieges benützt werden durfte. Oben auf der Anhöhe, an einem ganz bestimmten Platz, suchten wir Blumen – es hatte so schöne blaue Blümchen dort im Frühling – oder Pilze oder schauten Käfer an, bis ein Grenzwächter auftauchte, den wir ansprechen mussten. Die ältere von uns beiden sah mit 15, 16 Jahren schon sehr erwachsen aus, war auch immer elegant angezogen und konnte als Frau die Aufmerksamkeit der jungen Männer auf sich ziehen. Unsere Aufgabe war es nun, mit dem Grenzwächter zu plaudern und zu scherzen und ihn von seiner Aufgabe abzulenken. Während dieser Zeit tauchte dann Vater mit einer oder mehreren Personen aus dem Wald auf, aus der Richtung der Sperrzone; sie wanderten als unauffällige Spaziergänger ohne Gepäck an uns vorbei und weiter durch den Wald gegen Riehen hinunter.« (Seiler/Wacker, S. 139f)
Eines Tages werden sie von einem Schweizer Grenzer abgeführt, zusammen mit dem Vater und dem Flüchtling, das Gewehr im Rücken. Doch der diensthabende Postenchef, offenbar eingeweiht, lässt sie springen und schnauzt den übereifrigen Wächter an.

»Dreiland-Zeitung«. Basel. Wer sich über kulturelle Ereignisse, Museen, Feste usw. im Dreieckland informieren will, besorgt sich am besten die Freitagsausgabe der *»Basler Zeitung«*, wegen der 16seitigen Beilage. Neben deutschen Artikeln gibt es auch einige französische, außerdem Kolumnen in den verschiedenen alemannischen Dialekten der Gegend.

Kapitel 9

BODENSEE

▪ JESTETTEN

In der Gegend zeigten sich schon seit den 1830er Jahren freiheitliche Tendenzen: Sympathien für die Schweizer Freiheit, freie Jagd, Petitionen für die Aufhebung der grundherrlichen Abgaben. Anfang 1848 wird ein Freiheitsbaum errichtet, beim Ausmarsch zum Heckerzug äußern sich die Frauen lauter und begeisterter als die Männer – aber sie brauchen auch nicht mitmarschieren und nicht schießen und bei dieser Expedition nicht sterben.

Am 9. 7. 1849 zieht sich der Rest der Freiheitstruppen unter Sigel von **Tiengen** (Waldshut) über **Grießen, Baltersweil** und **Jestetten** in den kleinen exklaveähnlichen Zipfel zurück, der in den Kanton Schaffhausen hineinreicht. Die engste Stelle ist nur 500 m breit. Eine chiliastische Situation wie schon auf der **Schusterinsel bei Weil/Rhein** (siehe Kap. 8). Nun der Abgesang:

»Bei dem Dorf Baltersweil wurde im Wald ein großes Lager aufgeschlagen, zu dessen Kommandanten der General Sigel Johann Philipp Becker ernannte. Die durch die angestrengten Tagmärsche ermüdeten Truppen bauten sich Laubhütten, und es wurde alle Mühe aufgeboten, um sie zu verproviantieren. Die Feinde rückten unterdessen nach Stühlingen vor. Die deutsche Republik war jetzt auf ein Terrain von weniger als einer Vier-

Das letzte Feldlager bei Jestetten

telquadratmeile beschränkt. Die Armee war nicht mehr schlagfähig. Der Bundesrat der Schweiz und seine an die Grenze geschickten Kommissäre und Kommandanten befanden sich in sichtlicher Verlegenheit. Sie fürchteten, mit in den allgemeinen europäischen Völkerkampf hineingezogen zu werden. Man drohte Sigel für den Fall, dass an den Grenzen noch eine Schlacht geliefert werde, mit der Entziehung des Asyls.«

Am 11. 7. werden die Truppenreste in Jestetten aufgelöst. Sigel bietet der Schweiz an, dass die Truppe geschlossen und mit ihren Waffen in eidgenössische Dienste übertritt und gegen die Preußen kämpft, deren Invasion man befürchtet. Doch die Schweizer Kommissare lehnen ab, so bleibt nur die Kapitulation.

»Hier standen mit Tagesanbruch die Trümmer der Revolutionsarmee in ernstem Schweigen. Sigel zögerte, weitere Befehle zu geben, ein mächtiger Kampf ging in seiner Seele vor; er musste seine ganze Kraft zusammennehmen, um das Wort auszusprechen: ›Es geht über den Rhein.‹ Manchen Mann sah man, gesenkten Hauptes, nur zuweilen nach dem Schwarzwald zurückblickend, in stummer Hingebung dem Zuge folgen. Es herrschte die Stimmung eines Leichenbegängnisses.«

Becker geht mit den Volkswehren bei **Rheinau** über die Rheinbrücke in die Schweiz, die Entwaffnung erfolgt vor dem **alten Klosterwirtshaus**. Sigel kommt mit den Linientruppen über den **Rafzer Zoll**, entwaffnet werden sie erst vor **Eglisau**. Am 12. 7. folgt die letzte Truppe unter Willich. Der Fahnenträger will die riesige schwarz-rot-goldene Fahnen nicht hergeben, reisst das Tuch herunter und wirft es in den Rhein. Die pfälzischen Truppenteile haben schon einige Tage früher bei **Basel** und **Rheinfelden** die Grenze überschritten.

Becker/Essellen: Geschichte der süddeutschen Mai-Revolution, 1849, S. 434f; R. R(üegg): Der Übertritt der badisch-pfälzischen Insurgenten auf Schweizerboden im Juli 1849, in: Der Republikaner, Zürich, Jg. 1878, S. 56-65.

1933 bietet sich der verwirrende Grenzverlauf als Einfallstor für die Propaganda gegen die Nazis und als Schlupfloch für Emigranten an. Aus dem Schnellzug Zürich-Schaffhausen flattern auf der Strecke zwischen Lottstetten und Jestetten, wo die Bahn über deutsches Gebiet fährt, den deutschen Bahnarbeitern immer wieder Propagandaschriften vor die Füße. Reaktion der Nazis: am 18. 12. 1933 müssen die Bahnarbeiter auf Befehl der Gestapo den Zug mit der roten Signalflagge stoppen. Die deutsche Polizei kontrolliert rechtswidrig Gepäck und Ausweise. Wehe, wenn die Schweizer so etwas gewagt hätten.

▩ LOTTSTETTEN

Das **Gasthaus »Engel«** an der Hauptstraße ist noch erhalten. Der Wirt heißt 1848 Joseph Weißhaar, einer der führenden radikalen Demokraten am Bodensee und vermögend. Am 15. 4. schickt Hecker von Engen Emma Herwegh zu ihm mit der Anweisung loszumarschieren. Weißhaar kommandiert zusammen mit Struve eine Kolonne, die am Hochrhein entlang Richtung Kandern zieht. Nach der Niederlage flieht er in die Schweiz, kehrt 1849 zurück und wird in Jestetten Zivilkommissar der Revolutionsregierung, dann Abgeordneter im Karlsruher Landtag, muss erneut fliehen und wird zu 8 Jahren Gefängnis verurteilt. 1864 lässt sich Weißhaar mit seinem Sohn im Kanton St. Gallen einbürgern.

Die **Engelscheune**, 1980 umgebaut zu Geschäfts- und Wohnräumen, zeigt eine Gedenktafel. Daneben der **Weißhaarbrunnen** und der **Weißhaarplatz**.

Rathaus: hier amtierte als Bürgermeister der revolutionäre Demokrat Alois Baumgartner, der im April 1848 mit Weißhaar loszog und dafür 2 Jahre Zuchthaus in Bruchsal büßte. Im 1. Stock veranschaulicht eine Vitrine den Wirt Weißhaar. Im Untergeschoss eine Kanone aus der Revolutionszeit.

Ute Grau/Georg Hertweck/Jürgen Schuhladen-Krämer (Bearb.): Revolution im Südwesten. Stätten der Demokratiebewegung 1848/49 in Baden-Württemberg, 1997, S. 277ff, S. 374ff.

▩ SCHAFFHAUSEN

Jos Fritz und seine Verschwörung des Bundschuhs hatten in der Stadt und im benachbarten Klettgau und Hegau 1513 und später Stützpunkte.

Gasthof »Zum Goldenen Schiff« (um 1984 abgerissen) an der Schiffsanlegestelle: Hier befindet sich von 1792 bis 1798 ein Büro des französischen Nachrichtendienstes, eine Zweigstelle der Basler Zentrale, das die in Deutschland operierenden Geheimagenten anleitet, u. a. Georg Kerner und den Elsässer Valentin Probst. Im Juni 1796 meldet ein Schaffhauser, dass sich im *»Schiff«* so etwas wie ein *»Club der Jacobiner«* treffe und *»täglich anwachse«*.

Kesslergasse, Brunnen: Im Mai 1794 errichten Unzufriedene hier einen Maibaum, der durch eine auf den Gipfel gesetzte Freiheitsmütze mit den drei Farben zum Freiheitsbaum wird. Ein alter Maibrauch wird politisiert, Stadtarbeiter legen auf Befehl den Baum um.

Während des Einmarsches der Revolutionstruppen 1796 nach Süddeutschland kommt es zu einer großen Flüchtlingsbewegung nach Schaffhausen. 2.500 Oberschwaben retten *»ihr Leben, ihre Weiber und Kinder und etwas von ihrem Eigentum vor den Franzo-*

sen, zuerst und hauptsächlich vor den Condéern«. Die Condéer stellten ein Emigrantenkorps dar, geführt vom Prinzen von Condé, das zusammen mit deutschen Truppen in Frankreich die feudalen Verhältnisse wiederherzustellen suchte.

1798 erfasst eine neue Revolutionsbewegung das ganze Land um Schaffhausen und mündet in die Helvetische Republik. In **Neunkirch** beschließt am 6. 2. 1798 ein Vereinigungskongress der Landgemeinden mit der Stadt die Befreiung des Landvolks und die Beseitigung der städtischen Vorrechte. Alle wollen es jetzt haben *»wie die Basler«*. Riesige Begeisterung auf dem Land, besonders im Schaffhauser Klettgau. Als Schaffhausen sich mit der Realisierung der neuen Freiheit nicht beeilt, ziehen 1.000 bewaffnete Klettgauer am 14. 3. nach Schaffhausen, die Stadt muss nachgeben. In diesem Frühjahr feiern die Freiheitsbäume innerhalb von zwei Wochen einen allgemeinen Siegeszug durch die Schweiz, man schätzt ihre Zahl auf 7.000.

Jos Fritz von Albrecht Dürer

Herrenacker: Am 19. 3. 1798 erfolgt mit 6 Wochen Verspätung gegenüber dem Land die Errichtung eines Freiheitsbaums mit Bändern, Freiheitsfahne und blecherner Freiheitskappe. Die 48 Abgeordneten der (Schaffhauser) Nationalversammlung graben das Loch dafür. Festessen der Abgeordneten in der »Krone«. Wegen des Verlustes ihrer bisherigen Vorherrschaft sehen viele Schaffhauser in dem Baum eher einen »*Sklavenbaum*«.

Mühlentor: Erneute Unruhen auf dem Land, ähnlich wie im Baselbiet. Anlass: in der neuen Verfassung von 1831 beansprucht die Stadt Schaffhausen bei nur 17 % der Bürger im kantonalen Großrat 43 % der Sitze. Das Landvolk soll nur 57% der Sitze bekommen, obwohl es 83 % der Bürger zählt. Am 16. 5. marschieren die Bauern des Klettgaus vor die Stadtmauern und sprengen das Mühlentor, werden aber vertrieben. In einer Abstimmung verwirft das Volk die Verfassung und bekommt daraufhin die Verdopplung seiner Sitze zugesichert.

Die **Schaffhauser Zeitung**, mit Sympathie für den Heckerzug 1848, begreift, dass die deutschen Fürstenknechte eine Gefahr für die Schweiz darstellen. Als ein Korrespondent einen württembergischen Offizier trifft, der nach Aufständischen sucht, bekommt er eine Drohung zu hören, die ähnlich schon seit Jahrhunderten kursiert, seit dem Schwabenkrieg und dem Bauernkrieg: »*Wenn wir mit den Badenern fertig sind, geht es hinter die Schweiz, diesen Herd der Revolution!*« (21. 4. 1848)

Die Nazis richten gleich 1933 in der Stadt einen Spionagedienst ein, der freilich bald enttarnt wird. Die Kantonsregierung stellt fest: die Spitzel haben »*unsere Gebietshoheit gröblich verletzt und die äußere Sicherheit der Eidgenossenschaft gefährdet*«. Die Gestapo Karlsruhe meldet im Dezember 1933: »*Die Kommunisten in Schaffhausen versuchen in der Presse die Arbeiterschaft gegen die angebliche Spitzeltätigkeit deutscher Beamten aufzuhetzen; es wurde beobachtet, dass die mit der Eisenbahn in Schaffhausen eintreffenden Deutschen unauffällig von Polizeibeamten in Zivil beobachtet werden.*«

Webergasse 48: Bei der Familie Hamburger befindet sich ab 1933 die Anlaufstelle der Roten Hilfe, wo die glücklich geflohenen Deutschen unterkommen können – sofern sie Kommunisten sind und linientreu. In **Nr. 13** leistet Frieda Schaufelberger Flüchtlingshilfe.

Repfengasse 21: Der Kaufmann Hans Wehrli nimmt Flüchtlinge auf, bevor man sie bei Basel/St. Louis über die grüne Grenze nach Frankreich bringt. – Die Gestapo ist so erbost, dass sie 1935 vier Schweizer Mitglieder der Roten Hilfe über die Grenze entführt.

Hans Ulrich Wipf: »Freiheit und Gleichheit« – Die Wirkung der Proklamation vom 6. Februar 1798 auf Stadt und Landschaft Schaffhausen, in: Schaffhauser Beiträge zur Geschichte, 51, 1974, S. 89–134; Hans Trümpy: Der Freiheitsbaum, in: Schweizerisches Archiv für Volkskunde, 57, 1961, S. 103–122; Hans Teubner: Exilland Schweiz, 1975, S. 14ff.

SINGEN

Am 15. 3. 1848 wird die Volksversammlung mit Joseph Ficklers Rede *»durch donnernde Bravos unterbrochen«.*

Mühlenstraße 13: Einst Gasthaus »Kreuz«, heute Kulturzentrum G. E. M. S. Hier treffen sich am 16. 4. 1848 die Singener Teilnehmer des Heckerzugs zum Abmarsch.

Altes Finanzamt: Am 27. 6. 1922 Protestdemonstration Singener Arbeiter gegen die Ermordung des liberalen Außenministers Walter Rathenau durch Rechtsradikale, Sturm auf das Finanzamt, in dem Symbole der Monarchie (z. B. Bilder) zerstört und zum Fenster hinausgeworfen werden.

Jugendherberge: Die kommunistische Jugend trifft sich hier am30. 1. 1933 nach Bekanntwerden der Machtübergabe an Hitler. Bis in die Abendstunden veranstalten Hitlergegner, meistens Kommunisten, in der Stadt kurze Kundgebungen und Demonstrationen, lösen sich auf und treffen sich erneut auf belebten Straßen und Plätzen. Auflösung der Ansammlung in der **Ekkehardstraße.** Nachts wird in einer Privatwohnung ein Flugblatt hergestellt, das zum Generalstreik aufruft und am 31. 1. vor Großbetrieben verteilt wird (u.a. **Maggi-Werke**). Aber die führenden Köpfe der Arbeiterparteien wollen keinen Streik. Gegen 16.40 Uhr zieht eine Arbeiterdemonstration zu diesen Werken und fordert zum Streik auf, ebenso am 1. Februar 1933

Harsenstraße 36: In der alten Nordstadt, einem roten Viertel, befindet sich ab 1933 eine *»Anlaufstelle«* für Flüchtlinge, zumeist Kommunisten. Hilfe leistet das Ehepaar Georg und Therese Harlander, damals schon Rentner. Ein Zimmer ist ständig für neuankommende Flüchtlinge reserviert. Unter den Beherbergten Hans Beimler, der aus dem KZ Dachau ausgebrochen ist. Später kommen seine Kinder und der Schriftsteller Hans Marchwitza. Die Abschnittsleitung der KPD hat Stützpunkte in Basel, Schaffhausen und Zürich, die SPD in St. Gallen. Die Gestapo zerschlägt die Singener Stelle, die betagte Frau Harlander stirbt kurz nach der Entlassung aus der Haft. Singen würdigte sie auf dem Gedenkstein für die Nazi-Opfer im **Waldfriedhof**. – Eine 2. Anlaufstelle für Flüchtende befand sich bei der Familie Schwarz im **Peterswäldle.**

Käte Weick: Widerstand und Verfolgung in Singen und Umgebung, 1982, S. 73ff.

ENGEN

Markplatz: Am 15. 3. 1848 findet hier eine Volksversammlung mit 2.000 Teilnehmern, vielen aus den Dörfern, und einer Rede des Konstanzer Radikaldemokraten Joseph Fickler statt, der Seele der Rebellion am Bodensee. Fickler ruft zu den Waffen, damit das Volk bei der Proklamierung der Republik gerüstet sei.

Als Hecker am 15. 4. 1848 von hier abmarschieren will, trifft er Emma Herwegh, die Kundschafterin der Pariser Arbeiterlegion. Er lehnt ein Zusammenwirken mit der Legion ab, weil diese aus Frankreich komme und die reaktionäre Presse gegen sie hetze.

Am Palmsonntag, dem 16. 4., gibt es ein selbständiges Freiheitsfest der Frauen. Auf dem Platz steht ein Freiheitsbaum mit der deutschen Fahne. Die Frauen besorgen sich Tische und Stühle, singen Freiheitslieder, reißen reaktionäre Maueranschläge der Regierung ab und verbrennen sie vor den Augen der Polizei. »*Nach Umwälzung der Dinge*« versieht man sie von Amts wegen mit dem Titel »*Lumpengesindel*«. – Auf dieser 1. Reise kauft Emma Herwegh in der Schweiz 900 Gewehre ein, die die Aufständischen freilich nie erreichen.

Joseph Fickler

Schieber: Konstanzer Freiheitschronik, 1848, S. 76; Emma Herwegh: Im Interesse der Wahrheit, 1998, S. 40.

Eine große Volksversammlung am 1. 4. 1848 in Altdorf bei Engen beschließt unter Ficklers Leitung: die eigenen Abgeordneten sollen in der Paulskirche mitteilen, dass »*der Seekreis entschieden die Gründung der Republik wolle*«.

ÜBERLINGEN

Franziskanerkirche am Hafen: Struve veranstaltet zur Werbung für den Heckerzug in der Kirche eine Volksversammlung mit 600-700 Teilnehmern, agitiert gegen »*die Sünden der Monarchie*«, wirbt für die Republik und fordert dazu auf, sich»*den nach Karlsruhe abgehenden republikanischen Kolonnen*« bewaffnet anzuschließen.

Gefängnis: Schon vor den Wahlen vom 5. 3. 1933 werden zahlreiche Kommunisten eingeliefert, das Gefängnis bildet einen eigenen Wahlbezirk. Wahlergebnis: bei 100%

Wahlbeteiligung 100 % für die KPD, gegenüber 9,8 % sonst in Baden.

Gedenkstätte des KZ Aufkirch beim Goldbacher Stollen, Obere Bahnhofstraße, westlich vom Stolleneingang: 1944/45 ein Zweiglager des KZ Dachau. Im Durchschnitt sind hier 800 Häftlinge, Italiener, Polen, Russen, Tschechen und Slowenen, die bis Kriegsende in 12-Stunden-Schichten 4 km Stollengänge in die Erde sprengten. Am Stollenausgang standen SS-Wachen mit scharfen Hunden.

1992 wird einer der ehemaligen Zwangsarbeiter, der Ukrainer Wassily Skralenko, eingeladen. Im Stollen erzählt er von der mörderischen Behandlung und seiner Flucht. Zusammen mit dem Grazer Adam Puntschart brach er in der Nacht 21./22. 3. 1945 aus.

»Auf ihrer Flucht nahmen sie zu niemandem Kontakt auf. Sie mieden Straßen aus Furcht, entdeckt zu werden. Sie schliefen im Wald und ernährten sich von vertrockneten Äpfeln, die vom letzten Herbst noch unter den Bäumen lagen. Da sie keine Karte von der Gegend besaßen, mussten sie sich an den Sternen und Bäumen orientieren, die an der Nordseite einen verstärkten Moosbewuchs aufweisen. Nach fünf Tagen und Nächten erreichten sie schließlich völlig erschöpft und ausgehungert die Schweizer Grenze bei Schaffhausen.«

Als man 1992 im Stollen den alten Skralenko fragt, an welches deutsche Wort er sich noch entsinnt, kommt wie aus der Pistole geschossen die Zahl 33.639, seine Häftlingsnummer. In der Nacht nach diesem Besuch beschmieren Neonazis den Gedenkstein am Stolleneingang mit Nazisymbolen und zerstören die Kreuze auf dem Friedhof. Skralenko fragt nur: *»Was wollen diese Menschen von den Toten?«* Keine Antwort.

Campingplatz am See. Das ausgebohrte Material aus den Stollen mussten die Zwangsarbeiter in den Bodensee schütten, darauf wurde in besseren Zeiten der Campingplatz errichtet. Auch im Urlaub sind wir vor den Spuren der Toten nicht sicher.

Gedenkstätte an der B 31 zwischen Weinreben mit 97 Gedenksteinen für *»97 Namenlose des Lagers Aufkirch«*.

Oswald Burger: Der Stollen. Hg. vom Verein Dokumentationsstätte Goldbacher Stollen und KZ Aufkirch in Überlingen, 1996; Ders.: Schatten in schöner Landschaft. Das KZ in Überlingen, in: Jochen Kelter (Hg.): Konstanzer Trichter. Lesebuch einer Region, 1983, S. 18-25; Ursula Krause-Schmitt: Heimatgeschichtlicher Wegweiser zu Stätten des Widerstandes und der Verfolgung 1933-1945. Bd. 5/2. Baden-Württemberg II, 1997.

Dokumentationsstätte Goldbacher Stollen und KZ Aufkirch in Überlingen e. V., Oswald Burger,

Seubertweg 12, 88 662 Überlingen, Tel. 07551-619 64. Wer Informationen braucht und eine Führung durch den alten KZ-Stollen wünscht, wende sich an »Kur und Touristik Überlingen«, Tel. 07551-99 11 22.

Der Schwabenkrieg (1499) gegen die Eidgenossenschaft begann damit, dass Kaiser Maximilian I. in **Überlingen** den Reichskrieg proklamierte. Von der **Insel Reichenau** setzte das Invasionsheer mit Booten in den **Thurgau** über, scheiterte aber trotz zahlenmäßiger Überlegenheit. Der Vertreter der Eidgenossenschaft im Reich hatte, als er die Aberkennung bisheriger Rechte zurückwies, dem Mainzer Erzkanzler ins Gesicht geschleudert: »*Was ihr droht, ist vormals schon andren misslungen, die es mit Hellebarden versucht haben. Und Hellebarden sind mehr zu fürchten als Gänsekiele.*« Als die deutschen Truppen einfielen, kursierte unter den Eidgenossen der Spruch: »*Man will uns einen Herrn setzen.*«
Worum ging es? Die Schweizer Geschichtsschreibung sieht im Schwabenkrieg den Beginn der Loslösung vom Reich, die deutsche schaut auf die Festigung des Landfriedens. Beide Seiten greifen zu kurz. In Wirklichkeit drehte es sich darum, die begehrte eidgenössische Lebensform blutig zu ersticken. Es ist die Zeit des Bundschuhs. Die Sehnsucht nach Bauernfreiheit regt sich allgemein am Südrand des Reichs. 1524 brach der Große Bauernkrieg genau dort aus, wo 1499 der Schwabenkrieg geendet hatte, im **Klettgau** und **Hegau**. Nicht alle Freiheitskämpfe gehen verloren, nicht jede Mühe um Befreiung ist für die Katz.
Landungsplatz, einst Synagogenplatz. 1332 geisterte durch die Stadt die unsinnige Mär, die Juden hätten ein christliches Kind durch Ritualmord umgebracht. 300 Juden wurden zusammengetrieben, in ihre Synagoge eingesperrt und verbrannt. Ihre Sterbelieder waren noch lange zu hören. Der Kaiser beabsichtigte zuerst, wegen der Ermordung seiner besten Steuerzahler die Stadtmauern einreißen zu lassen, am Ende eignete er sich nur den restlichen jüdischen Besitz an. Ab 1431 nahm Überlingen keine Juden mehr auf.

▩ BIRNAU

KZ-Friedhof (eingeweiht am 9. 4. 1946) an der **B 31 zwischen Überlingen und Uhldingen** für die Opfer des Dachauer Zweiglagers **Aufkirch**, die hier im Winter 1944/45 die Stollen für die Rüstungsproduktion graben mussten. Da vorher die französische Armee kam, wurde hier unten nichts mehr produziert. Die ums Leben gekommenen Häftlinge verscharrte man im **Degenhardter Wäld-**

chen nördlich von Überlingen, die Franzosen ließen sie 1946 exhumieren und hier beerdigen. Auf Befehl des Militärs musste die ganze Bevölkerung bei der Exhumierung und erneuten Bestattung dabeisein, damit sich keine neuen Legenden bildeten. Eine nützliche Übung, die die Alliierten auch woanders anordneten.

▒ HALBINSEL HÖRI

1933 richten die Kommunisten hier einen Vertrieb von antinazistischen Schriften aus der Schweiz über den »*Schiener Berg*«, die grüne Grenze der Höri, ein. Der Tarnname ihrer Truppe war »*Transportkolonne Otto*«. Bis die Gruppe Ende 1934 von den Nazis zerstört und in Mannheim verurteilt wird, können auch Flüchtlinge in die Schweiz gebracht werden. Bernhard Kuderer, bis 1933 Vorsitzender der Freidenker in Radolfzell und Konstanz, pflegt bei **Stühlingen** über die Grenze zu gehen und wird nie erwischt.
Wer gut zu Fuß ist, dem sei die Route durch die malerische Gegend ans Herz gelegt. Von **Radolfzell** die Aach aufwärts über **Bankholzen** auf die **Ruine Schrotzburg**, wo sich die Schweizer Freunde mit den deutschen trafen und ihr Schmuggelgut übergaben. Getarnt als harmlose Wanderer, mit Vesperpause auf der Ruine, während einige die Umgebung gegen Überraschungen sicherten. Weiter über den **Schiener Berg** geht's nach **Stein am Rhein**. Auch der Metallarbeiter Willi Bleicher (Stuttgart), 1933 als polizeibekanntes Mitglied der KPO gefährdet, später Bezirksleiter der IG Metall Baden-Württemberg, ging über eine solche grüne Grenze nach Schaffhausen und kehrte nach einigen Monaten zur Untergrundarbeit zurück.

Willi Bohn: Transportkolonne Otto, 1970; Käte Weick: Widerstand und Verfolgung in Singen und Umgebung, 1982, S. 86ff.

▒ KONSTANZ

Die städtischen Erinnerungstafeln an den Gebäuden haben bis jetzt mit der freiheitlichen Geschichte noch nichts am Hut. – Zur Zeit der deutschen Jakobiner beherbergte die Stadt reaktionäre Zeitungen, eine große antidemokratische, französische Emigrantenkolonie und Agenten der österreichischen Gegenspionage. Erst im Vormärz begannen sich die Konstanzer aus diesem Mief herauszuarbeiten. Konstanz wurde nach Mannheim die zweite oppositionelle Stadt Badens. Bezeichnend für diesen Gesinnungswandel ist Ignaz Heinrich von Wessenberg: ein liberaler, die Demokratisierung der katholischen Kirche anstrebender Generalvikar, Bildungsreformer und sozial fortschrittlich im Widerstand gegen das Metternich-Regime.
Eine völlig andere Komponente des Widerstands, das Märtyrer-

tum des Tschechen Jan Hus, wird bis heute klein gehalten und nur von Pragern gepflegt.
Erst im Nachwirken der APO wurde Hecker nach Konstanz zurückgeholt. 1976 ließ der *»furchtbare Jurist«* Filbinger, der noch nach Kriegsende deutsche Soldaten zum Tod verurteilte und dies selbst 30 Jahre später für absolut richtig hielt, die Allgemeinen Studentenausschüsse (AStA) auflösen. Die neu entstehenden Fachschaften wählten als Gallionsfigur Hecker. So erhielt die Universität in der rebellischen Subkultur den Namen *»Friedrich-Hecker-Universität«*. Die FDP kam zwei Jahre zu spät. Auf einem Ausstellungsplakat für die badische Revolution tauchte dasselbe Heckerbild auf wie bei den Studenten, freilich: das Gewehr in der linken Hand war wegretouschiert. Bildzensur – ein hübsche Leistung des modernen »Liberalismus«.
Rundgang durch die Altstadt. **Stephansplatz, Bürgersaal**. Einst Franziskanerkloster, seit 1818 Kaserne, 1845 Stadthaus. **Die Fassade mit dem riesigen, dreiteiligen Keramik-Relief des Berliner Künstlers Johannes Grützke**. Angebracht wurde es am 20. 6. 1998 unter dem Balkon, von dem aus Hecker am 12. 4. 1848 die Republik proklamiert haben soll. Thema: Aufbruch des Heckerzugs am 13. 4. 1848 von Konstanz. Linkes Bild: eine Menge argwöhnischer, ängstlicher oder begeisterter Gesichter. Mittelbild: Hecker beim Aufruf zum bewaffneten Widerstand, auf der Hand balanciert er die Freiheit als kleine Nacktfigur, links Gustav Struve. Rechtes Bild: eine bewaffnete Gruppe marschiert ab, mittendrin der Künstler als Schelm.

Martin Walser/Johannes Grützke: Der edle Hecker, 1998 (auf 10 reproduzierten Lithografien der Heckerzug); Gerd Zang/Elisabeth v. Gleichenstein: Die Revolution 1848/49 am See, 1998.

Stadthaus: Die Volksversammlung vom 16. 3. 1848 debattiert über die Republik. Bürgermeister Hüetlin droht für den Fall der Proklamation mit Rücktritt, auch der spätere Abgeordnete Dekan Dominik Kuenzer ist dagegen, *»im Alleingang«* diese Frage *»in einer so kleinen Ecke des Vaterlandes«* zu entscheiden. Während der Offenburger Versammlung vom Sonntag, dem 19. 3., wartet das Konstanzer Bürgermilitär auf das Zeichen zur Erhebung.
Stadthaus: Am 12. 4. 1848 hält Hecker eine Volksversamlung ab und erklärt im überfüllten Saal, *»Baden müsse vorangehen, es werde ganz Deutschland ihm folgen; er sei bereit, alles zu opfern, doch verwahre er sich gegen Landesverrat durch Zuziehung der französischen Hilfe.«* Gemeint ist die deutsche Arbeiterlegion aus Paris unter Herwegh. Diese opportunististsche Distanzierung zer-

splittert die schwachen Kräfte und erntet bei den Vorsichtigen und Gegnern dennoch keine Sympathien.

Der Kanton Thurgau lässt ab dem 12. 4. Kreuzlinger Landjäger die politische Lage auskundschaften, Polizeikräfte schleichen in Zivil durch Konstanzer Gasthäuser und *»bessere Gesellschaften«*.

Am Samstag, den 16. 4. 1848, eine originelle *»Konstanzer Revolution«*. Allgemeine Straßendiskussionen, wie es weitergehen soll, Hecker erwartet in Stockach weitere Zuzüge. Über Nacht hat *»die fürstendienerische Gegenpartei«* Flugschriften gegen die Erhebung produziert und lässt sie, dämlich genug, *»durch den uniformierten Amtsdiener unter das Volk verteilen«*. An jeder Ecke der Stadt heftige Gespräche, Briefe und Flugschriften werden vorgelesen. *»Kecke Frauen waren unerschöpflich an Witz und Spott über die Schläfrigkeit und den Hosenschlotter gewisser Männer.«* Als *»Gegengift«* gegen die reaktionäre Propaganda tauchen Witzblätter, Parodien usw. auf, die leider als verloren gelten müssen. Die Zettel der Reaktion werden als *»Angst- und Lügenzettel«* entlarvt und vor den Augen der Polizei massenweise zerrissen und verbrannt. Am nächsten Tag wird diese fröhliche Straßendemokratie durch die Ankunft bayerischer Truppen erstickt, die aber bald ausgetauscht werden müssen, weil sie über die Grenze nach **Kreuzlingen** gehen und in den Kneipen mit den emigrierten Freischärlern des Heckerzugs fraternisieren.

Schieber: Konstanzer Freiheitschronik vom Jahr 1848, Reprint 1998, S. 77/79.

Am 11. 7. 1849 hält der badische Revolutionsminister Goegg um 1 Uhr nachts vom Balkon die Abschiedsrede für die Reste der geschlagenen Freiheitstruppen. Vorher verteilt er die Staatskasse als Sold. (Herrliche Idee, war aber leider nicht mehr viel drin!)

»Goegg verglich die Größe des Zieles mit dem jetzigen Augenblick, erinnerte an die Zeit der Offenburger Versammlung, wie alles voll herrlicher, goldener Hoffnungen gewesen sei, wie an die jetzige Trauer und forderte zu Ausdauer, zur Standhaftigkeit, zur Hoffnung auf baldiges Wiedersehen im freien Vaterlande auf. Er schloss mit einem Lebehoch auf das künftige, einige, freie Deutschland, in welches alle mit Begeisterung einstimmten. Der Morgennebel bedeckte die Abschiedsszene mitleidig mit einem Schleier; die Trommeln wirbelten; die Soldaten umarmten sich und weinten. Doch der Morgenwind wehte frisch und blies die Hoffnung auf eine bessere Zukunft wach. Das war einer jener Momente, wo das Unglück sich in den Schleier der Schönheit hüllt und anzieht, anstatt zu erschrecken.«

Um 4 Uhr morgens betreten die Besiegten **Kreuzlingen**, als Flüchtlinge.

Becker/Essellen: Geschichte der süddeutschen Mai-Revolution, 1849, S. 438.

Stephanskirche. Am 12. 4. 1848, als man in der Stadt von einer Republik redet, taucht auf dem Zifferblatt der Turmuhr eine schwarz-rot-goldene Kokarde auf.
Bei der Renovierung der Kirchturmspitze 1985 entdecken Handwerker in der goldenen Kugel, auf der Kreuz und Hahn stehen, eine Bleikassette. Neben vergammelten Reliquien findet sich politisches Schmuggelgut revolutionärer Zeiten aus dem Jahr 1836: ein von der Polizei verfolgter Druck der Reden auf dem Hambacher Fest, eine Lithographie des Zugs auf das Hambacher Schloss. Stifter des listigen Verstecks war der Konstanzer demokratische Kaufmann Carl Zogelmann (1808-88), später Teilnehmer der Revolution, der in die Schweiz emigrieren musste und erst 1857 zurückkehrte. 1862 lässt er mit seinem Geld den *»Hussenstein«* aufstellen.
Untere Lauben, auf der Höhe von **Nr. 24** steht der geistreiche Brunnen des Bildhauers Peter Lenk (siehe am Hafen seine Imperia): rasante Autofahrer spucken auf Badende herunter. Am früheren Haus von **Nr. 73** lag 1415 Hus' Anhänger Hieronymus von Prag in Haft, bevor auch er den Scheiterhaufen besteigen musste.

Hussenstraße 4: 1848 Redaktionssitz der demokratischen *»Seeblätter«*, der besten Zeitung Süddeutschlands.
Hussenstraße 6: ehemals »Haus zur Sonne«, 1848 Treffpunkt der Republikaner.
Hussenstraße 13: einst »Badischer Hof«, heute städtischer Ratssaal. Hier trifft sich am 11. 4. 1848 der enttäuscht aus Frankfurt kommende Hecker mit seinen Anhängern Mögling, Sigel und Struve, um die 1. Erhebung vorzubereiten.

Kanzleistraße 15: Nach der Pariser Februarrevolution tritt am 5. 3. 1848 ein permanentes Komitee zusammen, um rasch reagieren zu können. Ihm gelingt nach den blutigen Berliner Märzkämpfen die sofortige Bewaffnung der Demokraten. Nach der Revolution werden im Hintergebäude Konstanzer Teilnehmer gefangen gehalten.
Hussenstraße 14: Herberge des 1416 hingerichteten Hussiten Hieronymus von Prag.
Hussenstraße 15: Das Geschäft des sozialdemokratischen Landtagsabgeordneten Karl Großhans, der am 16. 3. 1933 verhaftet wird. Am Abend vorher warnt ihn ein deutscher Zollbeamter am Emmishofer Zoll vor der bevorstehenden Verhaftung.
Am selben Tag wird der sozialde-

mokratische Stadtrat Hans Venedey aus einer alten Demokratenfamilie verhaftet. Seinen Bruder Dr. Hermann Venedey entlässt man am 7. 4. 1933 aus dem Schuldienst, weil er nicht unter der Hakenkreuzfahne unterrichten will. Flucht nach Basel. Die Nazizeitung nennt Venedey einen »*Salonbolschewisten*«, der jahrelang »*die deutsche Jugend vergiften konnte*«. Die Schweiz sei schon lange »*das Asyl gewerbsmäßiger Volksverräter*« geworden. Die ganze Familie sei »*vom Liberalismus zum Bolschewismus abgeglitten*«, er kein Deutscher mehr, weil er behaupte, »*daß Deutschland der Hauptschuldige am Weltkrieg sei*«.

Hussenstraße 64, beim Schnetztor, »*Hus-Haus*«: Hier lebte Hus 1414 während des Konstanzer Konzils, als er noch ein freier Mann war. Häuschen und Grundstück werden 1922 von der Gesellschaft des Hus-Museums in Prag erworben, von den Nazis als antideutscher Fremdkörper empfunden, doch nie angetastet. 1936 Errichtung des ersten Gedenkraums durch die Prager Hus-Gesellschaft. 1979/80 wird das Haus von der Stadt Prag mit tschechischen Handwerkern für 2 Mio. DM neu aufgebaut und das Hus-Museum eingerichtet. Konstanz lässt sich alles bezahlen. Seitdem ist das Haus ein Wallfahrtsort der Tschechen. Die Hussenstraße hieß vor der Reichseinigung Paulusstraße, 1938 Umbenennung in Römerstraße.
Der Vatikan hat Hus bis heute nicht rehabilitiert, das Verbrechen nie bereut.

Hushaus geöffnet Di-Sa 10-12, 14-18, So 10-12, 14-16 Uhr. Sommer 1. 6. – 30. 9. Di-So 10-17 Uhr, Eintritt frei. – Gegenüber liegt ein herrliches Antiquariat.

Haasis: Spuren der Besiegten, I, S. 283ff (der wenig bekannte deutsche Hussitismus); Ferdinand Seibt (Hg.): Jan Hus, 1997; Jan Hus und die Hussiten in europäischen Aspekten, 1987; Hermann Heimpel (Hg.): Drei Inquisitions-Verfahren aus dem Jahre 1425. Akten der Prozesse gegen die deutschen Hussiten, 1969.

Schwedenschanze: Am Garten des Wessenberg-Sozialzentrums steht seit 1983 eine **Gedenktafel für Georg Elser**. Bei **Nr. 10** wollte der Hitlerattentäter am 8. November 1939 gegen 20 Uhr 35, knapp eine Stunde vor der Explosion seiner Zeitzünderbombe im Münchner Bürgerbräukeller, die Grenze überschreiten. Elser ging links am Haus vorbei und wurde 25 m vor dem rettenden Zaun von Zöllnern gestellt und abgeführt.

Haasis: »Den Hitler jag' ich in die Luft«, Georg Elser, Der Attentäter. Eine Biographie, 1999.

Der **Hussenstein** liegt im Stadtteil Paradies, Döbelestraße, bei der Stadtgärtnerei, rechts zwischen riesigen Linden fast versteckt. Dort findet man jedes Jahr Anfang Juli frische Kränze mit tschechischen und deutschen Schleifen der Gesellschaft des Hus-Museums in Prag. Am 6. 7. 1415 wurde hier Hus als rebellischer Geistlicher einer freien Kirche verbrannt. Am 7. 6. 1416 endete hier auch Hieronymus von Prag im Feuer. Der erste Denkmalplan 1834 von Bürgermeister Hüetlin wurde durch Metternichs Intervention verhindert. Den Stein ließ 1862 der Konstanzer Demokrat Zogelmann auf eigene Kosten errichten. 1868 erste Gedenkfahrt der Prager Hus- Gesellschaft.

Andreas Nohl: Hieronymus. Chronik eines Verrats [Roman], 1993; Melchior Vischer: Jan Hus, 1940.

Verbrennung von Hus

Der Saubach am Gottlieber Zoll trennt den Konstanzer Stadtteil Paradies vom schweizerischen Tägermoos. Mitten durch die Stadt führt ein Grenzzaun, ein hässliches Stück nationaler Trennung, wie es entlang der gesamten deutsch-schweizerischen Grenze keines mehr gibt. Die Thurgauer schätzen den Zaun sehr als *»Schutz vor Asylanten«*.

In dieser Gegend wollten 1938 österreichische Juden in die Schweiz flüchten, als es noch keine Absperrung gab. Nach dem Anschwellen der Flüchtlingsströme 1938 – Österreich ist soeben überfallen – errichten die Nazis einen 3 m hohen Stacheldrahtzaun, nach dem Typus der KZ-Zäune. Die Konstanzer Juden machen die Erfahrung, dass der angrenzende Kanton Thurgau antisemitisch, fremdenabweisend und nazifreundlich ist. Wer damals Flüchtlingen half, hieß bei den Thurgauern nur *»Emigrantenschlepper«*. Der deutsche Judenexperte Hans Globke und der Schweizer Polizeichef Dr. Rothmund einigten sich darauf, den deutschen Juden ein rotes »J« in den Pass zu stempeln, so dass die Flüchtlinge gleich zur Sonderbehandlung empfohlen waren.

Arnulf Moser: Der Zaun im Kopf. Zur Geschichte der deutsch-schweizerischen Grenze um Konstanz, 1992.

Fischenzstraße 1: Bis zum Brand von 1932 stand hier die Uhrenfabrik Schuckmann, in der der spätere Hitlerattentäter Georg Elser seine Grundkenntnisse des Uhrenbaus erwarb, so dass er am 8. 11. 1939 den Münchner Bürgerbräukeller in die Luft sprengen konnte.

Turnierstraße 26: Die Wohnung des Schreiners Karl Durst, der täglich zur Arbeit nach Kreuzlingen geht. Eine *»Anlaufstelle«* der illegalen Sozialdemokratie, wo von 1933 bis 1936 flüchtige Parteifunktionäre in die Schweiz gebracht und illegale Druckschriften geschmuggelt werden.

Petershausen: Hier bildet sich selbst Anfang März 1933 nach dem Reichstagsbrand ein kommunistischer Arbeiterzug, der über die Brücke in die Lauben und Bodanstraße geht. Auf dem Bodanplatz trifft er auf einen Zug der SA, der von der Markstätte losgezogen ist. Die Polizei, lastwagenweise herangekarrt, löst den Arbeiterzug vom Hafen her auf und treibt die Leute durch die Rosgartenstraße, wobei eine Menge Schaufenster zu Bruch geht.

Klosterhof: Hier exerziert die Bürgerwehr ab März 1848, aber beim Heckerzug am 13. 4. macht niemand mehr aus der Führung der Bürgerwehr mit.

Mainaustraße 29: Einst Zentrale der Konstanzer Gestapo. Hier wird der Hitlerattentäter Georg Elser in der Nacht des 8./9. 11. 1939 im 1. Stock verhört und dann nach München gebracht.

Marktstätte: Nach der Verhaftung von Fickler in Karlsruhe am 8. 4. 1848 durch den Verräter Mathy verbrennen hier Sensenmänner Mathys Bild. Am 13. 4. Sammelplatz für den Ausmarsch zum Heckerzug, es erscheinen nur 40 Teilnehmer, meistens arme Handwerksgesellen und Arbeitslose.

Nach Hitlers Machtantritt am 30. 1. 1933 verteilen Kommunisten in der nächsten Nacht hier Flugblätter, die zum Generalstreik auffordern. Der Betrieb des Textilwerks Strohmeyer wird durch sie stillgelegt.

Konzil: Während des Konzils fand hier 1417 die Papstwahl statt. Vor 1848 befand sich hier das erste Hus-Museum, dessen Direktor war der radikale Demokrat Joseph Fickler, Chef des oppositionellen Bellevue-Verlags in Kreuzlingen, Redakteur der radikalen »*Seeblätter*« und Haupt der Dissidenten (Deutschkatholiken), 1848 eine wichtige Persönlichkeit neben Hecker. Er hält hier 1846 deutschkatholische Gottesdienste ab. Karl Rotteck empfiehlt bei einem Besuch, das erste Dampfschiff des Bodensees »*Jan Hus*« zu nennen.

Am 3. 12. 1848 erfolgt von hier der Abmarsch zur Totenfeier für den in Wien ermordeten deutschkatholischen Abgeordneten Robert Blum. 1.200 Trauergäste ziehen zum Stadthaus, wo die Trauerfeier stattfindet, weil kein Geistlicher eine Kirche zur Verfügung stellt. Das Militär ist in Alarmbereitschaft.

Hafen: Am 6. 4. 1848 geht das Gerücht um, reaktionäre Soldaten würden die Stadt besetzen. Zur Verteidigung wird die kleine **Küstenstrecke nach Kreuzlingen** durch Schanzen verbarrikadiert, eine Aufschichtung von Kot und Backsteinen, dazwischen Kanonen und Wände aus horizontalen Bohlen, hinter denen im Ernstfall Schützen stehen sollen. Blinder Alarm. Ein Schweizer Spion macht sich in seinem Bericht über die untaugliche Anlage lustig.

Hafeneinfahrt mit der Imperia: Die weithin vorteilhaft wirkende weibliche Gestalt verdankt sich einer von Balzacs »*Tolldreisten Geschichten*«. Die Arbeit des Bildhauers Peter Lenk, 1993 aufgestellt, ist eine geistreiche Rache des modernen Konstanz am Pfaffentum, die Freiheitsstatue einer aus langer Bevormundung sich befreienden Stadt. Zuerst empört diskutiert, hat man sie inzwischen richtig liebgewonnen.

Die Story: als zur Zeit des Konstanzer Konzils eine päpstliche Kutsche umstürzte, purzelten flotte Damen vor die Füße der erstaunten Gläubigen. Die Statue ist 9 m hoch, 18 Tonnen schwer und dreht sich in 4 Minuten einmal herum, um Imperias Reize von allen Seiten sehen zu lassen. Was für ein Busen! Ein bisschen viel Silicon. In ihren Händen hält Imperia zwei Wichte: den einen mit Kaiserkrone und Reichsapfel, den anderen mit der päpstlichen Tiara.

Münster. Tagungsort des Konstanzer Konzils von 1414 bis 1418. Hier wurde über Hus und Hieronymus der Tod beschlossen. Heute fehlt ein Hinweis an diesem Ort der Schande.

Münsterplatz 5: Das Haus des Demokraten und Anwalts Ignaz Vanotti, der knapp über der Grenze in Kreuzlingen 1839 den zensurfreien Exilverlag Belle-Vue gründet. Mit der Niederlage der Revolution muss er in die Schweiz flüchten, kehrt nach 10 Jahren verarmt zurück und stirbt 1870 vergessen. Sein Vetter, der Arzt Eduard Vanotti, nimmt im April 1848 am Heckerzug teil.

Wessenberghaus: Wessenbergstraße, beim Münster. Als Wessenberg mit seiner Reformpolitik an Österreich scheitert, wird der Bischofssitz 1827 von Konstanz nach Freiburg verlegt und die Diözese geteilt, was der geistigen Freiheit der Stadt nur gut tat.

Stadttheater: Früher war es ein Jesuitentheater mit agitatorischen Stücken gegen den verbrannten Hus, wobei man eine Puppe zu verbrennen pflegte, um in Übung zu bleiben. Kein Wunder, dass später die Demokraten die Jesuiten nirgends schätzten.

Inselhotel: Einst ein Dominikanerinnenkloster, der Kreuzgang steht noch. Hier war Hus 1415 inhaftiert, das Gefängnis existiert nicht mehr, ein Fragment davon ist im Hus-Haus zu sehen.

Rheintor: Von der Rheinbrücke streuten die Pfaffen 1415 die Asche von Jan Hus in den Rhein. Über die Brücke führte im Dritten Reich die *»Horst-Wessel-Straße«*. Die Konstanzer sagen heute stolz: Hitler besuchte nie Konstanz, er kam nur bis Radolfzell. Konstanz war eine Hochburg des katholischen Zentrums.

Kreuzlinger Tor: Ecke Kreuzlingerstraße/Schwedenschanze, 1866 abgebrochen. Hier verweigern Kreuzlinger Demokraten nach der bayerischen Besetzung von Konstanz im April 1848 den Soldaten den Übergang und lassen nur Sympathisanten über die Grenze.

Nach Heckers Niederlage bei Kandern emigrieren 100-150 in den Thurgau und halten sich in Kreuzlinger Gasthäusern auf. Sigel bleibt hier bis zu Struves Zug nach Lörrach im September 1848.

Am 11. 7. 1849 kommen die letzten Besiegten der badischen Freiheitsarmee durch das Tor. Trotz aller Bitterkeit sind sich die Geschlagenen ihrer historischen Bedeutung bewusst. *»Wir haben eine Revolution scheitern sehen, welche als die Ouvertüre eines großen Dramas die Aufmerksamkeit der zivilisierten Welt verdient und die in die Denktafeln der Weltgeschichte mit unvergesslichen Zügen eingezeichnet ist.«*

Becker/Essellen: Geschichte der süddeutschen Mai-Revolution, 1849, S. 451.

Reinhold Reith: Bürgerliche und plebejische Gasthauskultur im vormärzlichen Konstanz, in: Jochen Kelter (Hg.): Konstanzer Trichter. Lesebuch einer Region, 1983, S. 54-60; Gert Zang: Das Wirtshaus als Ort der politischen Kultur, ebenda S. 61-73.

KREUZLINGEN

Durch das **Kreuzlinger Tor** stürmten im April 1499 beim Schwabenkrieg 5.000 Kaiserliche, die dann von 1.500 Eidgenossen beim nahegelegenen **Schwaderloh** verheerend geschlagen wurden.

»Villa Belle-Vue«, Hauptstraße 14, heute CWL-Haus, vorher Binswanger-Klinik: Gerade 100 m von der Grenze entfernt richtet der Konstanzer Demokrat und Anwalt Ignazs Vanotti 1839 eine freie Druckerei und einen legendären Exilverlag ein. Als Erscheinungsort nennt er *»Belle-Vue bei Constanz«* und führt so die badische Polizei an der Nase herum. Hier erscheint Wirths Zeitung *»Deutsche Volkshalle«*, das damals radikalste deutsche Blatt. Viele Bücher des Verlags bekommen wegen des Verbots eine

Exilverlag Belle-Vue in Kreuzlingen

extra kleine und dünne Form, um leichter über die grüne Grenze zu schlüpfen. Das erste Taschenbuchformat – eine Antwort auf die Polizei. Eine komplette Sammlung dieser Exilliteratur kann man heute in der Thurgauischen Kantonsbibliothek (Frauenfeld) lesen.
Die Ironie der Geschichte: das Verlagshaus wurde später ein *»Asyl für Nerven- und Gemütskranke«*. Heute sorgt man darin für die Bandenwerbung des Deutschen Fussballbundes.
Im *»Löwen«* fanden 1845 die in Konstanz verbotenen Gottesdienste der Deutschkatholiken statt.

Ernst Herdi: Geschichte des Thurgaus, 1943; Michail Krausnick: Johann Georg August Wirth, 1997 (S. 205ff über Wirths publizistische Tätigkeit in Kreuzlingen); Heinz Bothien (Hg.): Die Exilantendruckerei Belle-Vue bei Constanz 1840-1848, Frauenfeld 1998; Hermann M. Venedey: Belle-Vue bei Constanz. Geschichte eines politischen Verlages im Vormärz, 1973.

Nach dem Verbot der deutschen Sozialdemokratie übernimmt Joseph Belli, *»der rote Feldpostmeister«*, der seit 1877 eine Schuhmacherei in Kreuzlingen betreibt, 1879 den Schmuggel des in der Schweiz gedruckten *»Sozialdemokraten«* entlang der Bodenseegrenze nach Deutschland. Als eines Abends ein bekannter Konstanzer Spitzel, genannt *»der Windhund«*, wieder einmal vor Bellis Kreuzlinger Wohnung schnüffelt, reisst Bellis Frau die Tür auf und schüttet ihm den vollen Spülkübel ins Gesicht und den Ruf hinterher: *»Dies für die Wacht am Rhein!«* Die Ballen mit verbotener Ware werden von **Kreuzlingen** und **Münsterlingen** mit Nachen nach Konstanz gerudert, drüben wartet in einem Versteck ein Zimmermann mit einem Wagen. Wenn die Thurgauer wegen eines Schmugglers zuviel Ärger mit den badischen Behörden bekamen, konnten sie ihn auch schon mal gefesselt an die Grenze schleppen und ausliefern.

Joseph Belli: Die rote Feldpost unterm Sozialistengesetz, 1912, Neudruck 1956, Auszüge in Rolf Weber (Hg.): Rosen unter Alpenschnee, 1983, S. 366ff.

ERMATINGEN

Der Ortsvorsteher Seiler verweigert 1849 die rigide Internierung der deutschen Emigranten. Seiler habe, wie der Chef der Thurgauer Landjäger schreibt, *»selbst Flüchtlingen in seinem Haus Unterschlupf gegeben und als denselben durch den Landjäger Kreis die Internierungsscheine zugestellt wurden«*, gesagt: *»Es ist dies ein barbarisches Verfahren gegen diese Leute, wir befinden uns noch nicht in Russland. Der Landjäger möge dem Chef des Corps nur sagen, wenn er so dreinfahre, so werde er (Seiler) nicht mehr lange an seiner Stelle verbleiben.«*

▩ MAINAU

Nach Kriegsende 1945 kommen erschöpfte französische Häftlinge aus dem KZ Dachau hierher in Quarantäne und zur Erholung. Sie werden einquartiert in Baracken der Nazizeit, der Organisation Todt, die vorher hier ein Erholungsheim betrieb und bis Kriegsende hier französische Kollaborateure wohnen ließ. Von den Baracken, 1951 abgerissen, zeugen heute noch Grundmauern. Da nur schwächste Ex-Häftlinge hierher gelangen, sterben noch viele, die auf der Insel begraben werden. Graf Bernadotte lässt 1946, als die Franzosen abzogen sind, die Leichen exhumieren und auf einer französischen Militärabteilung des **Konstanzer Friedhofs** erneut bestatten: 33 späte Opfer. Die Insel soll keine Spuren ihrer Gewalt-Geschichte bewahren. Die idyllische Blumeninsel – Trugbild und Geschichtsklitterung.

Arnulf Moser: Inseln der Glückseligkeit. Die Reichenau und die Mainau als Erholungsorte für französische KZ-Häftlinge 1945, in: Allmende, Nr. 38/39, 13. Jg. 1993, S. 203-215; Ders.: Die andere Mainau 1945. Paradies für befreite KZ-Häftlinge, 1995.

▩ REICHENAU

1499 Ausgangspunkt eines deutschen Invasionsheeres gegen die rechtsbewussten, aufmüpfigen Eidgenossen.

Eingang zur Insel. Als Anfang Juli 1849 die Reste der Freiheitsarmee sich der Grenze nähern, haben die einst in die Schweiz geflüchteten großherzoglichen Gendarmen, denen die Schweizer im Exil die Waffen gelassen haben, den Zugang zur Insel stark verbarrikadiert.

Vor 1945 befand sich im Ort eine Eliteschule der Nazis, nun ist er ein Erholungsort für KZ-Häftlinge, weswegen die Einwohner evakuiert wurden. Einer der Befreiten über seine ersten Empfindungen: *»Dann lernten wir wieder Mensch zu werden bei einem Spaziergang, aber nicht mehr von Baracke zu Baracke in einem von Stacheldraht umzäunten Gebiet, das von Wachtürmen überragt war, sondern in einem schmucken kleinen Städtchen, wo wir loszogen, um die Häuser unserer Freunde zu finden, wobei wir auch noch die Aussicht auf eine hübsche Landschaft genossen ... Und dann gab es da einige kleine Boote, die Ruder an Bord. Und wenn es auch nicht das Meer war, was für ein Vergnügen, eine kleine Runde auf dem Wasser zu drehen, zu träumen, dass man so bis nach Frankreich rudern könnte – selbst wenn mein körperlicher Zustand mir die Reise untersagte.«* (A. Moser: Inseln der Glückseligkeit, S. 212)

Carola Buchwald u.a.: Die Reichenau im Sommer 1945. Erholung für KZ-Häftlinge aus Dachau, Evakuierung der Einwohner, Reichenau 1994.

Klosterhof: Während der Revolution der Fürstenländer gibt es hier im Oktober 1795 und im Sommer 1797 große Volksaufläufe und Demonstrationen. Bei den Kundgebungen dient der **Brunnen im Klosterhof** als Rednertribüne. Als französische Truppen 1799 die Schweiz besetzen, wird am 21. 1. 1799 im Hof ein Freiheitsfest zelebriert. An die Spitze des Zugs durch die Stadt stellt General Massena eine leicht geschürzte »*Göttin der Freiheit*« , umgeben von Nymphen.

Das **Tafelzimmer im südlichen Flügel des Regierungsgebäudes**: Der Fürstabt vereinbart im Oktober 1795 mit den Revolutionsausschüssen des Fürstenlandes im »*Gütlichen Vertrag*« die Aufhebung der Leibeigenschaft und die Übertragung wichtiger Rechte auf das Volk. Ein einmaliger Vorgang in der alten Eidgenossenschaft vor der Helvetischen Republik.

Der **Großratssaal im östlichen Regierungsflügel**: Parlamentssaal, in dem 1803 erstmals der Kanton St. Gallen proklamiert wird, in Abwendung von der Helvetik. Hier führt man mit der Verfassung von 1831 die Volkssouveränität ein, verankert erstmals in der Schweiz die Mitsprache des Volks bei der Gesetzgebung mittels des »*Veto*«, heute Referendum. Die künstlerische Gestaltung des Saals von 1882 zeigt in Allegorien den liberalen Staat.

Kantonspolizei, Moosbrugger Straße: Amtssitz des Polizeichefs Grüninger, der wegen ausgedehnter Flüchtlingshilfe 1939 entlassen und bestraft wird.

Moosbrugger Straße 14: Amtswohnung von Grüninger.

Freiheitsstein am Schlössli: Spisergasse/Ecke Zeughausgasse. Im Fall von Totschlag gab es im Mittelalter in Kirchen, Friedhöfen und Klöstern Asyl. Eine dieser Zufluchtsstätten war das Kloster St. Gallen. Innerhalb »*Jahr und Tag*«, was genau 1 Jahr, 6 Wochen und 3 Tage bedeutete, hatte der Geflüchtete die Chance, seine Angelegenheiten zu regeln. Als 1566 zwischen Kloster und Stadt eine Scheidemauer entstand, bestimmte der Rat als neue »*Freiheit*« den Platz zwischen der Klostermauer und den Häusern der Spisergasse. Der Stein war die Grenzmarke des Immunitätsbezirks. – Angesichts unverantwortlicher Abschiebungspraktiken in kriegszerrüttete Länder feiert das kirchliche Asylrecht in Deutschland Auferstehung.

Kantonsschulpark (über das Spisertor in den Burggraben zur Kantonsschule): Die Bürgerschaft der Stadtrepublik St. Gallen schwört hier am 30. 8. 1798 den Eid auf die Verfassung der Helvetischen Republik.

Militärschule auf der Kreuzbleiche und **Kavalleriestall** am Spisertor (beide Gebäude stehen nicht mehr): Als im Sommer 1849 eine

Flüchtlingswelle auf die Schweiz zukommt, übernimmt der Kanton zuerst 723 Flüchtlinge, später werden es 1.200, im Juli 1850 sind nur noch 64 da. Das Leben der Asylanten reglementiert unerbittlich die *»Kasernenordnung für die Flüchtlinge«* . Jeder hat die Pflicht, einen Verstoß gegen diese Ordnung sofort zu denunzieren, sonst wird er *»als Mitschuldiger mitbestraft«*. Um 6 Uhr Aufstehen, Aufräumen und Saalreinigung, 7 Uhr Appell, Morgensuppe, 10 Uhr Appell, 11 Uhr Mittagssuppe, 13 Uhr Aufräumen, 14 Uhr Appell, 19 Uhr Appell, Abendsuppe, 21 Uhr Schluss der Kaserne, Appell. Wer um 21 Uhr fehlt, erleidet *»besonders schwere Ahndung«*. Ohne Erlaubnis darf sich keiner weiter als eine Viertelstunde von der Kaserne wegbegeben, ohne Erlaubnis kein Privathaus betreten. Wer nach 21 Uhr außerhalb der Kaserne angetroffen wird, bekommt mindestens einen Tag Polizeiarrest bei Wasser und Brot. Im Fall von Unsittlichkeit, Betrunkenheit, Untreue, Unredlichkeit, Rohheit gegen Obere, Unrecht gegen Personen folgen *»strengste Polizei- oder Militärstrafen oder sofortiger polizeilicher Abschub nach der Heimat«*.

Haasis: Spuren der Besiegten, III, 1984, S. 777/778. Für den Rundgang danke ich Markus Kaiser (Staatsarchiv).

Polizeihauptmann Grüninger

Sein Schicksal wird 1968 von der nächsten Generation untersucht. Gegen alle Kritik bleibt die Kantonsregierung jahrelang bei der alten Leier: Paul Grüninger sei Rechtsbrecher, er werde nicht rehabilitiert.

Was hat er getan? Grüninger war kantonaler Polizeichef von St. Gallen, verantwortlich für die Grenzwachen. Nach der Besetzung Österreichs 1938 flüchten massenweise Juden und andere in die Schweiz, sie hatten die SS erlebt und machten sich keine Illusionen mehr. Übergangsstellen für die Flüchtlinge aus dem Vorarlberg sind **Buchs** im St. Galler Rheintal (bei Liechtenstein), **Diepoldsau** (bei Hohenems, im Juli 1938 ist hier der Rhein halbtrocken, die Flüchtlinge kommen **rechts vom Zollamt durch das Gebüsch**, bereits informiert mit Fotos und Skizzen über den Fluchtweg) und **St. Margarethen** (Bodensee). St. Gallen errichtet ein Flüchtlingslager in **Diepoldsau** (in einer leerstehenden Stickerei), für die Kosten kommt die Israelitische Gemeinde auf. Unter den Flüchtlingen sind Autoren wie Walter Mehring und Carl Zuckmayer.

Die Schweizer Regierung erschwert die Flucht, antisemitische Töne kommen auf, wie sie aus Berlin stammen könnten. Im August 1938 erklärt Bern die Grenze für gesperrt, doch Grüninger drückt weiter die Augen zu und weigert sich, die Flüchtlinge in den Tod zu schicken. Die St. Galler wissen durch ihre Zeitungen recht genau,

wie es im Nazireich zugeht. Grüninger wird am 3. 4. 1939 fristlos entlassen, angeklagt und 1940 verurteilt.
Heute gilt er als ein leuchtendes Beispiel für Zivilcourage, als Retter Hunderter von Flüchtlingen, sein Name ziert Ehrentafeln in Washington und Los Angeles.
Gegen den erbitterten Widerstand der St. Galler Behörden beschließt das Bezirksgericht 1996, dem 1972 gestorbenen Grüninger den Tatbestand der *»Notstandshilfe«* zuzubilligen. Grüningers Fälschungen bei Einreisedaten und Berichten an den Bund seien nicht rechtswidrig gewesen, weil er nur so das Leben jüdischer Flüchtlinge vor dem Tod in einem Konzentrationslager retten konnte.
1998 bewilligt das Kantonsparlament 1,3 Millionen Franken für eine *»Paul-Grüninger-Stiftung«*. Diese Summe war Grüninger seit der Entlassung an Gehalt und Pension entgangen.

Stefan Keller: Geschichte von Flucht und Hilfe. Der Fall Grüninger, in: Allmende, Nr. 38/39, 13. Jg., 1993, S. 5-30; Ders.: Grüningers Fall. Geschichten von Flucht und Hilfe, Zürich 1993; Carl Zuckmayer: Als wär's ein Stück von mir, 1966 (Autobiografie, darin seine Flucht).

Historisches Museum St. Gallen, Museumstr. 50. Di-Sa 10-12, 14-17. So 10-17. Tel. 0041-71-244 78 32.
Friedhof in Au: Grabstätte von Paul Grüninger (1891-1972) und seiner Frau Alice (1897-1984).

■ HERISAU (Appenzell Außerrhoden)

Der beeindruckende **Platz der Landsgemeinde** ist eine Gelegenheit, an die großartige Appenzeller Freiheitsbewegung zu erinnern. Die Landsgemeinde als alte Demokratieform wurde 1996 abgeschafft, in Appenzell Innerrhoden mit Tagungsort Appenzell besteht sie noch.
Die frühen Siege der Appenzeller Bauern erschütterten die Feudalherrschaft der Habsburger im Vorarlberg, was 1391 auch dort zu einer Eidgenossenschaft führte. Habsburg konnte sie nur mit Militärgewalt brechen. 1405 schloss die Stadt **Feldkirch** sich dem Freiheitsbund von **Appenzell** und der Stadt **St. Gallen** an. So entsteht der *»Bund ob dem See«*, eine *»Einung«*, wie man eine Republik damals nennt. Der Bund zerstört eine feudale Zwingburg nach der andern.
Den Höhepunkt der antifeudalen Kampagne stellt im Jahr 1406 der Marsch des Appenzeller Aufgebots über **Oberstaufen** bis **Kempten** dar, eine Expedition von 250 km. Der deutsche Süden riecht stark eidgenössisch. Die benachbarten Bauern gründen ihrerseits einen *»Neuen Bund«* und nennen sich *»die gemeine Bauernschaft im Allgäu«*.

Die 2. Appenzeller Expedition reicht bis nach **Tirol** hinein: über den **Arlberg** ins **Stanzertal** bis **Landeck**. Eine Marschleistung von 350 km und über zwei Pässe. Selbst eine Habsburger Chronik muss zugeben:
»Im Jahr 1407 und vorher herrschten die Appenzeller überall im Land und waren gegen alle Herrschaften und besonders gegen diejenigen, welche um sie herum lagen und zu denen sie gelangen konnten. Im Thurgau und in der Nähe brannten und brachen sie die Burgen nieder. Zur selben Zeit war ein Laufen in die Bauern gekommen, dass sie alle Appenzeller sein wollten. Und niemand wollte gegen sie Widerstand leisten. Die Bürger von Feldkirch und das ganze Land hatten zu den Appenzellern geschworen. Sie brachen daselbst Montfort, Tosters und viele Festen dort in der Nähe nieder. Sie zogen über den Arlberg und nach Landeck hinein, was ihnen niemand verwehrte, weil die Bauern alle gerne Appenzeller sein wollten. Es war ein wunderliches Laufen, doch währte es nicht lange.«

Haasis: Spuren der Besiegten, I, S. 279/280.

Die Feudalherrn schließen sich zusammen und gehen mit politischen Tricks (selbsternannten »*Schiedsgerichten*«) und einem Wirtschaftskrieg vor: sie blockieren die Kornausfuhr in den Bodenseeraum, was eine große Hungersnot zur Folge hat. Die freien Bauern werden mit der Reichsacht und dem päpstlichen Bann belegt, die schwäbische Ritterschaft überzieht das Land mit Krieg.

▩ GAIS (Appenzell Außerrhoden)

Zwischen Gais und Altstätten fand in den Appenzellerkriegen am 17. 6. 1405 die **Schlacht am Stoß** statt. Die **Schlachtkapelle** liegt am Stoß, auf dem Pass (942 m) von Altstätten nach Gais. Zur Kapelle gibt es bis heute jedes Jahr eine Prozession, *»die Stoßwallfahrt«*, der politische Sieg wird religiös-patriotisch gefeiert. 100 m östlich davon steht seit 1905 ein vom Kanton – Außerrhoden aufgestellter **Obelisk**.
Die alten Schlachtfelder der eidgenössischen Freiheitskämpfe machen ein Kernstück des schweizerischen Geschichtsbewusstseins aus. 1905 betonte die Appenzeller Zeitung: mit ihren Freiheitskämpfen habe die Schweiz einen *»Beitrag zum Fortschritte europäischer Kultur«* geliefert. Das sah man in Europa anders.
Ein von Habsburg und dem Abt von St. Gallen aufgestelltes Invasionsheer sucht sich 1405 das Appenzeller Land zu unterwerfen. Marschroute: von **Rheineck** das Rheintal aufwärts bis **Altstätten**, dann auf einem steilen Weg bis zum **Stoß**

(bei Gais, 7 km von Altstätten), wo eine Schanze mit Verhau die engste Stelle versperrt, die Pforte zum Appenzeller Land. Oberhalb des Passes liegen Bauern von Appenzell-Innerrhoden im Hinterhalt, verstärkt durch Freischärler aus Schwyz und Glarus. Wetter und Gelände begünstigen die Verteidiger: nasskalt, das schwerfällige, gepanzerte feindliche Reiterheer erschöpft durch einen 25 km-Tagesmarsch, der Weg steil hinauf, eng, die Flanken nicht kontrollierbar. Die Verteidiger greifen zu einer List: sie lassen die Schanze unverteidigt liegen, verstecken sich auf der Höhe. Die feindlichen Reiter können sich in der Enge nicht entfalten, die Bogenschützen bei der Nässe nicht schießen. Die sorglose, lange auseinandergezogene Marschkolonne wird aus der Höhe angegriffen, zerschlagen und bis ins Tal nach Altstätten verfolgt.

Die Appenzeller Bauern legen die Hände nicht in den Schoß, sondern antworten mit einem Volksaufstand, greifen alle umliegenden Feudalherren an, zerstören deren Burgen und gründen den »*Bund ob dem See*«, der das südliche Bodenseegebiet bis ins Vorarlberg beherrscht und von Feudalherren säubert.

▩ VÖGELINSEGG (Appenzell Außerrhoden)

bei Speicher, mit der Trogener Bahn von St. Gallen aus zu erreichen

Das **Denkmal auf der Vögelinsegg** steht an falscher Stelle, der Freiheitskampf fand weiter unten statt, noch auf Stadtsanktgaller Boden im sogenannten **Loch**.

Seit 1367 kämpfen die Appenzeller Bauern gegen den Abt von St. Gallen, der ihre Rechte sich aneignen will. Als der Abt sich mit Habsburg verbündet, schließen die Appenzeller 1401 ein Bündnis mit der Stadt St. Gallen. Die Bauern lassen viele Burgen des Abtes in Flammen aufgehen. Es beginnt ein Bauernkrieg, der im Gegensatz zur deutschen Geschichte Erfolg hat und in eine freiheitliche Staatsgründung mündet. Der Städtebund am See will vermitteln, schlägt sich aber bald auf die Seite des Abtes. Die Appenzeller bekommen Unterstützung aus Schwyz. Bei Vögelinsegg laufen die unvorsichtigen Städtebündler in einen Hinterhalt und werden von den zahlenmäßig unterlegenen Appenzellern vernichtend geschlagen. Von nun an hält sich der Städtebund aus den Streitigkeiten heraus, außer der Stadt Konstanz, zu deren Bürgern der Abt von St. Gallen zählt.

Historische Wanderung vom Vögelinsegg zum Stoß. Mit der Trogener Bahn (ab Vorplatz des Hauptbahnhofs St. Gallen) zur Haltestelle Notkersegg, die Hauptstraße Speicher – St. Gallen überqueren, und auf dem Wanderweg südöstlich zum Restaurant »*Schwarzer Bär*« an der

Hauptstraße. Nun liegt vor uns das Schlachtfeld zwischen Rank und Vögelingsegg oberhalb des Bauernhofes. Über Wiesen und Pfade geht es zum Denkmal. – Abstieg in Richtung Steinegg, dann über die Neppenegg zur Hohen Buche hinauf. Abwärts zur Wissegg und hinauf zum Unteren Gäbris. Sträßchen über den Schwäbrig auf den Sommersberg. Zuletzt steil hinab zur Stoß-Kappelle. Gehzeit 4-5 Stunden.

▒ BUCHS am Alpenrhein

Wer sich die Flüchtlingssituation von 1938 und Paul Grüningers Mut vorstellen will, sollte nach Buchs ins St. Galler Rheintal reisen. Man stelle sich den Übergang über den Fluss vor, die ungewissen Reaktionen aus dem Zollhaus und das Diepoldsauer Flüchtlingslager .

1798 rangen die Untertanen der Gegend um ihre Freiheit. Das Werdenberg, wie der Bezirk hieß, gehörte als unfreies Untertanenland zu Glarus, das südlich anschließende Sarganser Land zu Zürich. Die Landvögte sind gefürchtet wegen ihrer Arroganz. Als aus der revolutionären Bewegung Anfang 1798 die Helvetische Republik hervorgeht, verjagen die Werdenberger die Glarner und Zürcher Amtsleute und stellen innerhalb von 14 Tagen 43 Freiheitsbäume auf.

Der 1. Baum ist nur eine Drohgebärde: Ende Februar taucht nachts auf dem Gartenzaun des Landschreiberhauses in **Buchs** ein Tannenbäumchen auf, zusammen mit einem Drohreim gegen einen ortsbekannten *»Aristokraten«*. Es folgt ein Bäumchen in **Grabs** vor der Kirche. Als der Landvogt das **Schloss Werdenberg** verlassen hat, getrauen sich die Leute bei Tag und massenweise: 150 Einwohner von **Grabs** holen am 9. 3. 1798 die größte Tanne im Wald und stellen sie in einem Volksfest zusammen mit den Leuten von **Buchs** und **Sevelen** *»aufs Wuhr«* vor die Stadt **Werdenberg**. Das ist der *»Landesfreiheitsbaum«*, dem nach und nach alle kleineren Gemeinden folgen.

In der ganzen Schweiz wachsen in den beiden März-Wochen 7.000 Freiheitsbäume mit passenden Festen aus dem Boden. Die Schweizer wissen ihre Freiheit zu inszenieren.

Gerhard R. Hochuli: Freudentaumel und Freiheitsbäume in Werdenberg, in: Terra Plana, 1/1998, Mels, S. 17/21; Wilfried Ebert: Der frohe Tanz der Gleichheit. Der Freiheitsbaum in der Schweiz 1798 bis 1802, Zürich 1996; Hans Jakob Reich: Wendezeit im Werdenberg, in: Werdenberger Jahrbuch 1998, Buchs 1997.

▒ BREGENZ

1406 belagern die Appenzeller die Stadt und liegen am Platz der späteren **Seekapelle** vor dem **Aus-**

fallstor der Maurachgasse. Ein überlegenes Ritterheer zieht durch den unteren Teil der **heutigen Gallusgasse** beim späteren **Kapuzinerkloster** heran und besiegt die Belagerer. Diese finden ihr Massengrab bei der Seekapelle. Die Ritter proklamieren in einem Aufruf: *»Wohlauf, lasst uns den Appenzellern nachziehen und Weib und Kind erschlagen, damit weder Aufzucht noch Nachkommenschaft aus ihnen mehr entspringe zum Verderben des Adels!«* Die Kraft des Bauernbundes ob dem See reicht nicht aus, um die skrupellosen Feudalherren in Tirol und Oberschwaben nachhaltig aus dem Land zu jagen.

Haasis: Spuren der Besiegten, I, S. 276–283.

Oberstadt, Marktplatz, am oberen Tor, Eponastraße, Tagungsort der Landstände, altes Rathaus, heute Wohnhaus. Der ständische Vorarlberger Landtag tagte abwechslungsweise in den **Rathäusern von Bregenz und Feldkirch.** Das alte Bregenzer Rathaus entstand 1662.

Die Stadt und die Landstände stehen im Zentrum der Gemeinderebellion in Vorarlberg von 1691 bis 1727. Der Vorarlberger Landtag berät 1703 über die unruhige Stimmung des Volkes, das Mitwirkung auf Gemeindeebene verlangt. Die Oppositionspartei im Land nennt sich *»der Gemeine Mann«* und hält erste rebellische Versammlungen im **Montafon**, in **Bludenz**, **Rankweil, Dornbirn** und **Sonnenberg** ab. Bei den nächsten Geschworenenwahlen gewinnt im **Montafon** erstmals *»der Gemeine Mann«*, nicht die Partei der *»Ständischen«*, die konservativen Amtsinhaber. Das Programm: Recht auf Widerstand bei einer ungerechten Herrschaft; die Landsgemeinde (Versammlung aller grundbesitzenden Männer des Tales) als Grundlage der Verfassung, auch der Landtag hat sich der Kontrolle durch die Gemeindeabgeordneten zu unterziehen; Besteuerung gerecht und nach dem wirklichen Vermögen; auch Adel und Klerus haben Steuern zu zahlen. Treffen der Oppositionsköpfe aus ganz Vorarlberg in der Bregenzer **Oberstadt**, im »**Ochsen**«.

Im Winter 1704/05 plündern die eigenen österreichischen Truppen das Land aus, der ständische Landtag und die staatliche Verwaltung lassen feige alles geschehen. Die verzweifelten Bauern greifen zum Mittel der Steuerverweigerung. Als Gegenschlag und um die Kriegskosten vom Volk zu erpressen, sperren die Herren den Bregenzer Einnehmer der Weinsteuer ins Gefängnis. Antwort der Bauern: am 11. 5. 1706 Sternmarsch von 2.000 nach Bregenz hinunter, am 13. Einzug in der Stadt, Missfallenskundgebungen vor den Häusern verhasster Amtsinhaber. Als die Verhandlungen nur zu Verzögerungen führen und die Soldaten nicht ausziehen, nimmt das Bauernheer beide Verhandlungsdelegationen *»in Arrest«*. Am 16. 5. verlassen die letzten Soldaten die Stadt, erst danach zieht auch das Bauernheer ab, ein Bauerndelegierter bleibt zurück, um die Bilanz der Landstände zu prüfen.

1707 will die Regierung das Rad zurückdrehen und setzt auf die Reicheren, die die *»ständische Partei«* wählen, von der die Vermögenden bei der Steuererhebung geschont werden. Am 26. 2. 1708 der 2. Sternmarsch nach Bregenz, als eine neue Steuer sogar auf die Ausfuhr (!) von Garn erhoben wird. Erneuter Sieg der Demokraten, die Steuer wird abgeschafft, das neugekommene Militär muss wieder abziehen.

Kapuzinerkloster. Als die bewaffneten Demonstranten im Februar 1708 einmarschieren, kann der Verantwortliche für die Garnsteuer, der Vogteiverwalter Baron Pappus, sich gerade noch ins Kloster flüchten und Asyl beantragen. Er muss die Steuer aufheben und flieht nach Lindau/Bodensee.

Haasis: Spuren der Besiegten, II, S. 493-507; Ders.: Edelweißpiraten, 1966, S. 41-54 (Die Schlotterhosen von Bregenz).

▩ LINGENAU im Bregenzer Wald

Hier trifft sich die Partei des *»Gemeinen Mannes«* ab 1703. Als 1706 beim Steuerstreik der Bregenzer Weinsteuereinnehmer verhaftet wird, beschließen auch die Gemeindegenossen des Hinteren Bregenzer Waldes (**Lingenau, Sulzberg, Alberschwende**), an einem hohen Feiertag, dem Kreuzmittwoch 12. 5., einen Sternmarsch zu unternehmen und ihren Anhänger zu befreien. Die Demonstranten zwingen am 11. 5. den Landammann und den Landschreiber zum Mitziehen. Unterwegs nehmen sie ein Dorf nach dem anderen mit und bleiben in Bildstein stehen, 6 km vor den Toren von Bregenz. Um Mitternacht trifft der freigelassene Weinsteuereinnehmer beim Bauernheer ein. Am 12. 5. erfolgt der Weitermarsch bis Rickenbach, um die Zuzüge aus anderen Gegenden aufzunehmen. Das jetzt 2.000köpfige Heer fordert den sofortigen Abzug des Militärs. Es wird ein Sieg des *»Gemeinen Mannes«*.

Nachwort

Die Mentalität der Freiheit lebt aus der Ohnmacht
von Volker Gallé

Bruchlose Identität verschluckt ihr Umland vom Zentrum her punktgenau und hypnotisch im Strudel konzentrischer Kreise, erstarrt in monomanischen Festungspanzern und bewehrt sich schließlich kriegerisch an den Rändern. Das ist der Anfang vom Ende. Kulturelle Bewegung im Sinne von schöpferischer Individualität dagegen kommt immer von den Bruchstellen, wo Identitäten aufeinandertreffen und sich begegnen. Nur an den Rändern können Krieg und Tod überwunden werden, wenn die Ohnmacht in einer Geste des Staunens immer neu Freiheitsräume aufbrechen läßt, welche sich dem Fremden zuwenden. Die Methoden dafür sind dialektisches Denken und alltäglicher Diskurs. Gegensätze werden in einer Art sozialer Auferstehung aufgehoben. Der Vorschein dieser Auferstehung ist das Licht, in das Landschaft sich taucht, wenn sie schön wird, wenn sie Heimat bietet, ist aber auch das Licht, in das die nur scheinbar blinde Liebe den geliebten-liebenden Menschen taucht, sei es zwischen Erwachsenen oder zwischen Eltern und Kindern. Die heutzutage sexualisierte Gesellschaft hat die Erotik nur durch Ersatzhandlungen kommerzialisieren können, weil sie auf einem elementaren und natürlichen Grundmuster aufbaut. Das gilt ebenso für die »Natalität«, wie Hannah Arendt die empathische Zuversicht auf eine bessere Zukunft beim Anblick eines Neugeborenen genannt hat. In all diesen Fällen werden feste Körper, werden Grenzen durchlässig, erhalten eine Aura, die schon einmal da war und doch immer wieder neu geschaffen werden muß. René Schickele nennt das – ausgehend von seinem individuellen Blick – »geistiges Elsässertum« und mischt damit Konkretes, Besonderes und Darüberhinausreichendes, Allgemeines, wie es die Kunst immer entgegen der Dogmen von Wissenschaft und Religion getan hat, und zwar auf dem Hintergrund der Landschaft. Wer an der Grenze lebt, dem wird eine solche Sichtweise mit der Muttermilch eingegeben und dadurch zur lebenslangen Mentalität. So ist es auch kein Wunder, wenn der in Ludwigshafen geborene Philosoph Ernst Bloch in seinem »Prinzip Hoffnung« all dies in einem berühmten Satz zusammenfaßt: »Die wirkliche Genesis ist nicht am Anfang, sondern am Ende, und sie beginnt erst anzufangen, wenn Gesellschaft und Dasein radikal werden, das heißt an der Wurzel fassen. Die Wurzel der Geschichte aber ist der arbeitende, schaffende, die Gegebenheiten umbildende und überholende Mensch. Hat er sich erfaßt und das Seine ohne Entäußerung und Entfremdung in realer Demokratie begründet, so entsteht in der Welt etwas, das allen in die Kindheit scheint und worin noch niemand war: Heimat.« (S.1628)

Europa hat in diesem Sinne zwei radikale Bruchstellen, einmal das geistige Lotharingien, das sich an Rhein und Rhône von den Niederlanden und Belgien über das Rhein- und Moselland, den Oberrhein mit der Rhein-Main-Mündung, die Pfalz, Baden und das Elsaß, die Schweiz, die Franche-Comté und Burgund bis nach Savoyen und ans Mittelmeer zieht und wo Germanisches und Galloromanisches, später Deutsches und Französisches aufeinandertreffen, und zum anderen das geistige Mitteleuropa, das sich vom Baltikum über Polen, Tschechien und Ungarn zum Balkan und ans Mittelmeer zieht und wo Germanisches und Slawisches aufeinandertreffen. Uns beschäftigt die Bruchlandschaft im Westen.

Nun liegt es in der Natur der Sache, daß bei unsrer an regionalen Besonderheiten interessierter Methode Unterschiede nicht verschliffen werden sollen, Unterschiede, die es zweifelsohne aufgrund von Landschaft, Kultur und Geschichte zwischen der Schweiz, den Niederlanden, dem Elsaß und Südwestdeutschland beispielsweise gibt, aber es interessieren jetzt erst einmal die Gemeinsamkeiten.

Da ist zuallererst die wiederholte Grenzerfahrung, die ja bereits als Muster beschrieben worden ist. Sie verbindet sich eher mit regionaler Kleine als regionaler Größe, d.h. mit der wiederholten Erfahrung der Ohn-Macht gegenüber größeren Einheiten und Machtzentren. Sie kann zur Unterwerfung, zum Opportunismus und zur Reduzierung der menschlichen Beziehungen auf überlebensorientierte Geschäftsbeziehungen führen, aber auch zum ironischen Blick, zur undogmatischen Liberalität im menschlichen Umgang, zu kaufmännischem Geschick und zur Auferstehung im Sozialen.

Im Süden der Bruchlandschaft hat das romanisch inspirierte Erbrecht der Alemannen und Franken nicht nur die kulturellen Beziehungen nach Westen in den elementaren Strukturen der familiären Selbstwahrnehmung verankert, sondern auch das Prinzip des Teilens, also das Prinzip von Brüderlichkeit und Gleichheit zur Lebensstrategie entwickelt. Emmanuel Todd beschreibt in seinem Buch »Das Schicksal der Immigranten«, wie die Realteilung des Erbes unter den Geschwistern unbewußt eine Vorstellung von der Gleichheit der Brüder und vielerorts auch der Schwestern vermittelte, während das Erstgeburtsrecht unbewußt ein hierarchisches Gesellschaftssystem inszenierte. Auf dieser Struktur bauen dann jeweils das universalistische, bzw. das differentialistische Staatsbürgerrecht Frankreichs und Deutschlands auf. Im deutschen Südwesten herrschte wie in den romanischen Ländern Realteilung, was im übrigen auch die Zersplitterung des Besitzes und damit Individualismus, Förderalismus, oekonomische Schwäche und politische Ohn-Macht zur Folge hatte.

Die mentalitätsbildende Bedeutung der französischen Revolution und ihrer Folgen, so z.B. in der Verteidigung der rheinischen Institutionen 1848/49 oder etwa in den Traditionen der Mainzer Saalfastnacht, ist bereits zur Genüge dargelegt worden, aber die förderalistische Tradition der genannten Regionen, welche Individuum und Gemeinschaften gleichberechtigt in immer neue, komplexe Vertragsverhältnisse setzt, beruht auf noch älteren Wurzeln, z.B. auf denen der Kommunebewegung des Mittelalters. Die war auch zur Zeit des Humanismus, dessen Protagonisten aus den Niederlanden und aus dem Elsaß stammten, noch landschaftsprägend gegenüber den immer stärker dominierenden Territorialfürsten: »Seit dem Zusammenbruch königlicher Macht um 1250 hatten sich die Menschen der beiden politischen Landschaften (Schweiz und Oberrheintal, der Verf.) daran gewöhnt, selbst für Recht und Ordnung zu sorgen. Ihr Hauptinstrument dabei war der Zusammenschluß kleinerer Mächte.« (Thomas Brady, Zwischen Gott und Mammon, S.62) Man verteidigte seine Unabhängigkeit – und zwar militärisch erfolgreich – auch gegen den Anspruch Karls des Kühnen, ein burgundisches Mittelreich zwischen Frankreich und Deutschland zu installieren. Das wäre die Fortsetzung des fränkischen Lotharingiens gewesen, die Umsetzung der »jahrhundertealten Utopie eines selbstständigen Rhein-Rhône-Staates« (Laetitia Boehm, Geschichte Burgunds, S.9). Das politische Scheitern dieser Staatsidee, nicht zuletzt an der Mentalität der Region selbst, deutet darauf hin, daß es hier nicht um die Gestaltung politischer Macht geht, sondern um ein geistiges Klima der Begegnung und kultureller Kreativität, wie es z.B. Johan Huizinga in seinem Standardwerk »Herbst des Mittelalters« für die germanisch-romanische Grenzlandschaft westlich des Niederrheins beschrieben hat. Zu diesem regionalen Archetypus paßt übrigens auch die vergebliche Staatenbildung der namensgebenden Burgunder und ihr im Nibelungenlied warnend-demonstrativ geschilderter Untergang aufgrund gewalttätigen Machtstrebens und gegenseitigen Verrats. Nicht zuletzt waren die Städte am Rhein jahrhundertelang Quellen und Zufluchtsstätten von Ketzerei und Rebellion. Aus der Reformation bekannt sind Basel, Straßburg und Worms, in Köln gab es früh Gemeinden der Katharer, Schwerpunkte der Täuferbewegung waren die Schweiz und die Niederlande. Zuckmayers »Völkermühle Europas« gab viel Gelegenheit zu multikultureller Grenzüberschreitung. Aber auch der Rückfall ins Gegenteil, in die Abgrenzung und Verfolgung von Minderheiten, meist auf Druck der Hierarchien von außerhalb, gehört zur Geschichte dieser Landschaft, gleichsam als ihr Schattenwurf. Besonders betroffen waren davon die alten jüdischen Gemeinden am Oberrhein, die andererseits in ihrer Geschichte von Emanzipation, Assimilation und Identitätssuche als besonders eindrückliches Beispiel für eine Mentalität des Verstehens angesehen werden können.

Aber auch dies alles fußt auf einer nochmals älteren kulturellen Bewußtseins- oder besser Unbewußtseinsschicht. Carlo Ginzburg hat nachgewiesen, daß die Region der heutigen »Eurobanane«, von den Niederlanden über den Rhein bis nach Oberitalien, nicht nur die Zentren der Hexenverfolgung ausbildete, sondern gleichzeitig auch die Zentren des galloromanischen Matronenkultes und seiner Ausläufer in der christlichen und heidnischen Volksfrömmigkeit des Mittelalters barg. Der Dreijungfernstein im Wormser Dom z.B. knüpft nicht nur Sagenbeziehungen zwischen Straßburg und Köln, wenn er die Ursulalegende und die Verehrung der drei Frauen Embede, Warbede und Willebede verbindet, sondern auch zur Verehrung der Göttinnen-Trias im keltisch-romanischen Raum von Eifel und Mosel. Hier könnten Reste steinzeitlicher Göttinnenverehrung fortbestanden haben, wie sie von Ranke-Graves oder Marija Gimbutas skizziert worden sind. Das wiederum paßt zu den revolutionären Undinen- und Sylphenbildern der Neuzeit, von der Lorelei über die Marianne bis zur Germania als lockende, freiheitsfeurige, trauernde Göttinnen einer sehr sinnlichen, bilder- und körperfreundlichen Vernunft. Diese soziokulturellen Seelenbilder finden sich übrigens in großer Zahl in der Region des Rheins. Als Beispiel dafür kann der 1910 in Guntersblum geborene und 1995 in Paris verstorbene Schriftsteller Georg K. Glaser gelten, für den sich die Bindung zur Mutter und zur Geburtsheimat auf der lebenslangen Suche nach sich selbst und geeigneten Bruderschaften verband mit der Lichtmetapher von Paris und der 48er Tradition seiner Großeltern.

In einem Aufsatz zu den »Ideen von 1789« hat Jürgen Habermas 1989 zwei nach wie vor uneingelöste soziale Muster aus dem Forderungskatalog der französischen Revolution beschrieben, die – heute aktueller denn je – auch eine enge Beziehung zur Rheinregion haben. Das eine ist das System des öffentlichen Diskurses als demokratisches Grundprinzip, also der argumentativen Überzeugung und schließlichen Übereinstimmung aller Bürgerinnen und Bürger durch gelebtes Verstehen, dem gegenüber die Mehrheitsabstimmung des staatlichen Systems nur eine vorläufige und unvollständige Übereinkunft darstellt, die immer wieder neu im Diskurs überprüft und weitergetrieben werden kann. Das andere Muster ist die freie Assoziation im Wirtschaftsleben wie sie den Utopien der Frühsozialisten, Anarchisten und Anhängern der Genossenschaftsbewegung entspricht. Beide Formen verselbstständigen sich heute außerhalb der klassischen Institutionen der bürgerlich-kapitalistischen Ordnung (Parlament, Parteien, Vereine, Tarifparteien, Firmenbesitz, Privateigentum etc.) in der projektorientierten Gesellschaft und stellen die einzige Chance dar, den Gewaltstrukturen globaler Macht auf zivile Art und Weise entgegenzuwirken. Für diese Denk- und Handlungsmuster gibt es zahlreiche Beispiele in der politischen Geschichte der Rheinregion. Habermas bezieht sich z.B. auf das 1847 in Mannheim erschiene Buch »System der socialen Politik« von J. Fröbel. Beispiele für das Modell der freien Assoziation sind aber auch der Mainzer Anarchosyndikalist Rudolf Rocker oder die Genossenschaftsvordenker Raiffeisen im Westerwald und Karl Georg Winkelblech in Hessen (siehe Ricarda Huch, 1848, S. 360 ff.)

Für die Mentalität der Grenzüberschreitung gibt es darüber hinaus zahlreiche biografische und ethnografische Beispiele in der Region. So gründete sich z.B. die stilbildende Historikerschule der »Annales«, welche es sich zum Ziel setzte, die Grenzen der Wissenschaften zum Zweck eines historisch-geografischen Gesamtbildes zu überschreiten, nicht von ungefähr in Straßburg. Einer ihrer Väter, Lucien Febvre, stammt aus der Franche-Comté und somit aus der Region. Er hat sich nicht nur mit dem lutherischen Deutschtum auseinandergesetzt, sondern in einem bemerkenswerten Buch über den Rhein wichtige Bausteine für eine Theorie der regionalen Grenzüberschreitung geliefert: »Die Länder am Rhein: Das sind vor allem Länder, die zwischen zwei Welten liegen und ständig ihr politisches oder geistiges Lotharingien dazwischenschieben. Grenzgebiete also. Von einem Ufer zum anderen, von einem Land zum anderen stellen sich die Kontakte nicht immer auf die gleiche Weise her ... Diese Grenzgebiete sind aber nie Endstationen...Nicht um Grenzlinien geht es hier, sondern um Grenzgebiete ... Zwischen ihnen gibt es Verbindungslinien. »Lange Brücken«, wie man bei uns sagt, feste und dauerhafte Straßen, über die sich beide Seiten durchmischt haben: Gallien, bzw. später Frankreich mit seinen atlantischen und mediterranen Einflüssen – und Germanien, bzw. später Deutschland, das noch lange Zeit den feuchten Duft der Wälder atmete und weitertrug.« (S.30/31)

Ein ethnografisches Beispiel ist das elsässische Lied vom »Hans im Schnakeloch«, der nicht hat, was er will und nicht will, was er hat. Da hat man im Volkslied die oft scheinbar aussichtlose Doppelexistenz im Grenzland aufgegriffen und nicht als Sysiphosbild, sondern als ironisches Paradox ausgelegt und damit ins Menschliche überhaupt gehoben. So wird die Chance zur Bewegung offen gelassen und aufs Konkrete zugespitzt. Der oberrheinische Witz erinnert manchmal an den jiddischen Humor, der ja nach den Pogromen der Kreuzzugszeit von hier »ausgewandert« ist und sich in der östlichen Bruchstelle Europas »niedergelassen« und weiterentwickelt hat. Dort ist er, wie z.B. Franz Kafkas Werk deutlich zeigt, zur Grundlage moderner Weltliteratur geworden.

Einen Hinweis auf die europäische und verbindende Dimension dieser Mentalität in Zeiten des Friedens – nicht umsonst waren René Schickele und viele andere Intellektuelle der Region Pazifisten – bieten auch aktuelle Untersuchungen zu »EU-Akzeptanz und europäische Identität im deutsch-französischen Grenzgebiet« (Martin Schmidberger, in: Aus Politik und Zeitgeschichte, B 25-26/1998). Die Untersuchung belegt mit Umfrageergebnissen, »daß die EU-Akzeptanz im deutsch-französischen Grenzraum überdurchschnittlich hoch ist. Insbesondere werden in den Grenzregionen, die aufgrund ihrer Grenzlage lange Zeit mit Standortnachteilen zu kämpfen hatten, große Hoffnungen auf den Binnenmarkt und den mit ihm einhergehenden Wegfall der ökonomischen Grenzbarrieren gesetzt. Die überdurchschnittliche EU-Akzeptanz im Grenzraum basiert zudem auf einer weit vorangeschrittenen sozialen Integration der Bevölkerungen: Das Vertrauen zwischen der deutschen und französischen Bevölkerung ist in den Regionen entlang der Grenze wesentlich stärker ausgeprägt als dies für die gesamte bundesdeutsche bzw. französische Bevölkerung gilt.« (S.25)

Diese regionale Situation kann auch als Muster für andere soziale Prozesse gelten, so für die Integration von Ausländern. Auch die Beschreibung antisemitischer Strategien in der Nazidiktatur zeigt, daß ihnen immer die konkreten Erfahrungen der Menschen miteinander hinderlich waren. Die Nazigrößen setzten daher darauf, die Vertreibung und Vernichtung der Juden zu entpersönlichen und als höhere, durch eine völkisch-rassistische, sozial-darwinistische Moral geforderte Pflichtaufgabe zu begründen. Die Zupsitzung der Abgrenzung bis hin zur kriegerischen Grenzverletzung gegenüber der friedlichen Grenzüberschreitung kommt also von außen und von oben, von den Zentren und nicht von den fraternisierenden Rändern her. Schmidberger stellt aber auch fest, daß Integration und Vertrauen in direkter Grenznähe nicht die »Entwicklung einer gemeinsamen grenzüberschreitenden Identität« bedeuten. Die kulturellen Beziehungen bleiben regional, national, ethnisch, also im Besonderen verhaftet, während die wirtschaftlichen, sozialen und politischen Beziehungen individuell vermenschlichen und verallgemeinern zugleich. In dieser Zuordnung besteht auch keine chauvinistische Gefahr, sondern umgekehrt bei ihrer Anerkennung die Möglichkeit zur Bildung bewegter und integrativer kultureller Muster, wie sie schon Johann Gottfried Herder vorgeschwebt haben, wenn er in seinen »Ideen zur Philosophie der Geschichte der Menschheit« (Reprint 1995, Syndikat, Bodenheim, S.551) die Kultur Europas auf »ein gemeinschaftliches, wetteiferndes Bestreben« gründet, dessen Ziel eine allseitig ausgebildete Humanität darstellt.

Literaturhinweise:

Laetitia Boehm, Geschichte Burgunds, Wiesbaden 1998

Ernst Bloch, Das Prinzip Hoffnung, Frankfurt 1977

Thomas Brady, Zwischen Gott und Mammon: Protestantische Ethik und deutsche Reformation, Berlin 1996

Peter Burke, Offene Geschichte: Die Schule der Annales, Frankfurt 1998

Lucien Febvre, Der Rhein und seine Geschichte, Frankfurt 1994

Forum für Philosophie Bad Homburg (Hrsg.), Die Ideen von 1789, Frankfurt 1989

Volker Gallé, Geheimnisvolles Rheinland-Pfalz, Marburg 1996

J.G.Herder, Ideen zur Philosophie der Geschichte der Menschheit, Bodenheim 1995

Ricards Huch, 1848: Die Revolution des 19. Jahrhunderts in Deutschland, Köln 1968

Rudolf Rocker, Die Entscheidung des Abendlandes, Hamburg 1949

René Schickele, Überwindung der Grenze, Kehl 1987

Martin Schmidberger, EU-Akzeptanz und europäische Identität im deutsch-französischen Grenzgebiet, in: Aus Politik und Zeitgeschichte B25-26/1998

Jenö Szücs, Die drei historischen Regionen Europas, Frankfurt 1994

Emmanuel Todd, Das Schicksal der Immigranten, Düsseldorf 1998
K.D.Wolff u.a. (Hrsg.), Georg K.Glaser: Zeuge seiner Zeit (Ausstellungskatalog der Stadtbibliothek Worms), Basel/Frankfurt 1997

Tagelöhnerhaus in Wörrstadt um 1848 (So sah es bei den meisten demokratischen Freischärlern zuhause aus)

Register

ORTE

PERSONEN